KB007350

나이듦,

가슴뛰는 내일

나이듦, 가슴 뛰는 내일
100세시대 행복하게 나이 드는 삶의 지혜

초판 1쇄 발행   2020년 7월 24일

지은이	김양식
펴낸이	오세룡

기획 · 편집	김영미 유나리 박성화 손미숙 김정은
취재 · 기획	최은영 곽은영
디자인	지노 디자인 이승욱
	고혜정 김효선 장혜정
홍보 · 마케팅	이주하

펴낸곳	수류책방
주소	서울특별시 종로구 새문안로3길 23 경희궁의 아침 4단지 805호
전화	02-765-1251
전송	02-764-1251
출판등록	제2014-000052호

ISBN	979-11-952794-8-7 03330

©	김양식

• 수류책방은 담앤북스의 인문·교양 브랜드입니다.
• 이 책은 저작권법에 따라 보호받는 저작물이므로 무단 전재와 복제를 금합니다.
• 이 책 내용의 전부 또는 일부를 이용하려면 반드시 저작권자와 수류책방의 서면 동의를 받아야 합니다.
• 이 도서의 국립중앙도서관 출판예정도서목록(CIP)은 서지정보유통지원시스템 홈페이지(http://seoji.nl.go.kr)와
  국가자료종합목록 구축시스템(http://kolis-net.nl.go.kr)에서 이용하실 수 있습니다. (CIP제어번호 : CIP2020027077)
• 잘못된 책은 구입하신 서점에서 바꾸어 드립니다.
• 책값은 뒤표지에 있습니다.

100세시대 행복하게 나이 드는 삶의 지혜

김양식 지음

나이 듦,

가슴 뛰는 내일

책을 펴내며

이 책은 2020년 10대 트렌드의 하나로 부각된 오팔세대 신중년층의 제3인생기, 인생 3막을 위해 쓴 글이다. 인류 문명사에서 처음 경험하는 백세시대가 다가오지만, 신중년층의 미래 인식과 준비는 아직 부족한 실정이다. 분명한 사실은 인생 후반기 50년은 이전 생애와는 다른 가치관과 삶의 목표, 생활 태도가 필요하다는 점이다. 그렇지 않으면 기존 삶의 관성에 떠밀려 고통스러운 노화와 함께 길고 긴 노년기를 보내야 한다.

역사학을 전공한 필자도 그랬었다. 다행히 2018년에 김태창 박사가 이끄는 동양포럼에서 주관한 '노년철학 한·일국제회의'에 참석하게 되어 노년 문제를 전문적으로 다루게 되었다. 특히 3박 4일에 걸친 합숙 세미나를 통해, 그리고 우리보다 앞서 초고령 장수사회를 맞이한 일본 학자들과의 발표·토론을 통해 노년 문제를 깊이 사유할 수 있었다.

필자는 이제 나이 60을 막 넘겼지만 미지의 노년 세계를 잘 모른다. 다행히 몇 년 전 92세로 돌아가신 아버지를 모시며 옆에서 지켜본 간접 경험과, 주변에서 다양한 모습으로 노년기를 보내고 있는 분들의 삶을 관찰한 것이 큰 도움이 되었다. 백세시대를 생각하면 가슴 뛰는 울림과 동시에 과연 어떤 삶이 기다릴지 불안하다. 그래서 이 책을 썼다. 다가올 나의 노년을 위해서, 그리고 함께 노년의 길을 걷고 있는 동시대의 벗들을 위해서, 건강하면서도 행복하게 나이 들어가는 삶의 지혜를 찾아보고자 하였다.

제3인생기에 속한 60~70대는 인생의 황금기이다. 계절에 비유하면 가을이다. 가을이니, 곱게 물들어야 하고 무르익어야 한다. 지금 나이가 어느 시점에 있든 인생 후반기 여물어가는 삶을 살아가기 위해서는 새로운 인생 설계가 필요하다. 인생 전반기의 삶은 리셋되어야 한다. 평생 다니던 직장을 그만둔 것은 위기이자 기회이다. 살아오면서 축적된 많은 경험과 시행착오, 축적된 지혜는 최고의 자산이다. 나이듦은 가슴 뛰는 내일이다. 나이 들수록 삶이 무르익어 더 향기롭고 더 멋진 나날이 되길 소망해 본다.

이 책에서는 한국인 일반이 가지고 있는 부정적 노년상의 실체를 해명하는 동시에 그것을 어떻게 극복해야 하는지 해결책을 찾아보고자 하였다. 그래서 건강, 자아실현, 사회활동, 인간관계 등 4대 영역

12개 미덕을 정리한 뒤 그것을 삶으로 실천할 수 있는 바람직한 태도와 습관을 각각 12개씩 뽑아 제시하였다. 이들 미덕과 실천이 추구하는 삶은 영적으로 성숙하게 나이 들어가는 것으로, 궁극적으로 대자유를 누리는 자아 초월이다.

이 책이 가능할 수 있었던 것은 국내외 의학자, 심리학자, 노년학자, 수행자, 기자들의 좋은 글을 비롯해 바람직한 노년의 삶을 보내고 있는 주변 어르신들의 지혜와 식견들이 있었기 때문이다. 필자는 단지 그들의 고견을 받아들이고 재정리하면서 약간의 생각을 보탰을 뿐이다. 그들에게 감사하고 또 감사드린다.

이 책이 백세시대를 살아가는 인생 길벗들이 지혜롭고 행복하게 나이 들어가는 데 작은 길라잡이 역할을 하였으면 한다.

2020년 7월
일경재에서 장보 씀

차례

제1부

나이듦의 위기와 기회

과거에 발목이 잡혀 있으면 앞날을 기약할 수 없다.

잘 나이 들어가는 것은

지금까지 살아온 지난날들보다 오히려 더 힘든 일이 될 수 있다.

과연 건강하면서도 행복하게 나이 들어갈 수는 없을까?

1.   나이듦의 위기

나이 들어가는 것은 쇠퇴하는 것이 아니라
성장하는 것이다. 젊었을 때보다 더 유연하고,
창조적이며, 가치 있는 자신을 발견할 때 더 이상
쓸모없이 초라하게 나이 든 노인은 없다.

· 마크 아그로닌 ·

오늘날 20세기 놀라운 과학기술의 발달로 인간 수명이 급격히 늘어난 결과, 인류문명사에서 일찍이 경험하지 못한 장수시대를 맞이하고 있다. 2025년에는 65세 인구가 1천만 명이 넘고, 2030년이 되면 평균 수명도 87세로 세계 최고에 이를 전망이다. 앞으로 다가올 장수시대 초고령 사회, 노년의 나라는 과연 노인들의 천국이 될까? 아니면 지옥이 될까? 속단할 수 없다.

분명한 사실은 백세시대가 성큼 다가왔어도 50＋세대 상당수가 그 위기와 기회 가능성을 인지하고 적극적으로 대응하지 못하고 있는 현실이다. 그냥 삶의 관성에 떠밀려 기존 방식대로 안이하게 살아간다. 이는 꼰대, 식충이, 삼식이 등과 같이 노인을 폄하하는 은어에 잘 나타나 있다. 점점 세대 단절은 가속화되고 노령층의 사회경제적 존재 가치와 위상도 크게 위협받고 있는 등 고령화에 따른 어두운 그림자가 점점 깊이 드리우고 있다.

이미 여러 통계는 우리 모두가 가야 할 고령화 사회 노인 문제의 심각성을 잘 말해 주고 있다. 실제 한국의 노인들은 빈곤과 사회적 고립이 심화되어 세계 선진국 가운데 제일 가난한 노인으로 살아가고 있다. 우리나라 65세 이상 고령층의 빈곤율은 OECD 평균 14.8퍼센트보다 3배가량이나 높다. 나이 들어서도 일을 해야만 하는 고용률 역시 선진국의 평균 14.9퍼센트보다 무려 배 이상인 31.3퍼센트에 이른다. 60대 이상 가계 대출 비중은 2014년 이후 0.5퍼센트씩 증가하여 2019년에 18.1퍼센트에 이를 정도로 빚으로 노후를 살아가고 있다. 이런 상황에서 65세 이상 70퍼센트가 늙으신 부모를 부양해야 하는 이중고를 겪고 있는 현실이니, 경제적으로 풍요로운 노년이 아니라 가난한 노년의 시대가 기다리고 있는 것이다.

최근 고령화 사회가 되면서 매년 노인 교통사고 역시 크게 증가하고 있어, 2019년부터 75세 이상 운전자의 면허증을 자진 반납받고 있다. 우리보다 고령화가 빠른 일본은 이미 노인 교통사고가 매년 급증하고 있어 큰 국가 문제로 부각되고 있다. 일본 전체 교통 사망사고 가운데 75세 이상 운전자가 14.8퍼센트나 된다. 우리도 곧 닥칠 문제이다.

더 심각한 것은 우리나라 고령층의 질병률이 매우 높다는 점이다. 65세 이상의 노령인구 89.2퍼센트가 고혈압과 같은 만성질환을 앓고 있으며, 3개월 이상 세 종류가 넘는 약을 지속적으로 복용하는 비율도 61.7퍼센트에 이른다. 그래서 65세 이상 고령인구가 의사에게 처방을 받아 하루에 먹는 약이 평균 3.9개에 이를 정도로 약물에 의존하는 노년을 보내고 있다(2017년도 노인실태조사보고서). 건강하게 나이 들어가는 것이 아니라 아프며 늙어가는 것이다. 우울증으로 병원을 찾는 환자도 최근 5년간 28.6퍼센트나 증가하였다. 노인 자살률 역시 선진국 가운데 가장 높아, 2015년 기준으로 인구 10만 명당 58.6명이 자살하였다. OECD 회원국의 평균 18.8명보다 3배 이상이나 될 정도로 심각하다. 노인 자살은 50대 이후 점차 늘어나다가 70대 이후 큰 폭으로 증가하는데, 대부분 우울증과 빈곤 때문이다.

이와 같은 각종 통계는 회색쇼크라 할 정도로 우울한 고령화 사회의 단면을 잘 보여준다. 고령화의 위기와 불안은 한국인의 건강 수명에 단적으로 나타나 있다. 2019년 한국인의 평균 수명은 83세로 늘었지만, 건강 수명은 64.9세에 불과하다. 한국에서 나이 들어간다는 것은 19년이란 긴긴 세월을 건강하지 못한 채 병원을 전전하면서 가난과 고통 속에서 생을 마감해야 하는 현실이다. 그래서 선진국은 50대 이후 나이 들수록 행복지수가 높아지는 반면, 우리나라는 오히려 행복지수가 낮아진다고 한다. 이는 한국 노인들이 오래 살더라도 불행하게 늙어가면서 죽어간다는 의미이다. 행복한 삶의 지속이 아니라, 고통스러운 목숨의 연장인 것이다.

우울한 장수시대, 누구에게나 해당될 수 있는 가난하고 병든 노년기가 기다리고 있다. 오래 산다고 마냥 좋아할 일이 아니다. 암울한 백세시대가 우리를 기다리고 있다. 삶의 질이 뒷받침되지 않는 상황에서 수명만 늘어난다면, 한국사회에서 나이를 먹는다는 것은 고통일 수밖에 없다. 게다가 나이 들어 예전처럼 자식에게 의존할 수도 없다. 2019년 한국복지패널 기초분석보고서에 의하면, 늙으신 부모를 반드시 모시겠다고 답한 자녀의 비율이 23.3퍼센트에 불과하다. 이젠 더 이상 노후를 자식에게 기대할 수 없으며, 전적으로 자기 자신이 노년기를 책임져야만 한다.

어두운 고령화 사회에서 살아가는 고령자들은 설상가상으로 노화에 따른 개인적인 고통마저 감내해야 한다. 노화는 20대부터 나타나기 시작해 50대부터 뚜렷이 그 증상이 느껴진다. 노화는 인간 염색체의 유전 정보를 보호하는 텔로미어 telomere 가 나이를 먹으면서 세포 분열이 반복됨에 따라 점점 그 길이가 짧아지면서 나타나, 암과 같은 각종 질병이 발생하는 것으로 알려져 있다. 일반적으로 나타나는 노화 증상은 다음과 같다.

- 걸음걸이가 점점 불편해진다.
- 눈이 점점 침침하고 나빠진다.
- 병원을 찾는 횟수가 많아진다.
- 이성에 대한 호기심이 사라진다.
- 잠이 오지 않아 뒤척이는 시간이 많아진다.
- 삶의 의욕이 사라지고 무력해지는 자신을 종종 느낀다.
- 미래에 대한 희망보다 불안감이 더 커진다.

- 전보다 우울한 시간이 많아지거나 짜증을 잘 낸다.
- 남의 말을 잘 듣지 않고 자기 말만 하는 경우가 많아진다.
- 전보다 고집이 세졌고 말이 많아졌다는 말을 듣는다.
- 일상생활에서 점점 재미있는 일이 줄어든다.
- 사람 이름이 떠오르지 않는 경우가 늘어난다.
- 며칠 전 일이 잘 기억나지 않는다.
- 약속이나 물건을 잊어버리는 경우가 점점 늘어난다.
- 사람들과 잘 어울리지 못한다.
- 다른 사람으로부터 노인 대접을 받는 일이 늘어난다.
- TV 보는 시간이 늘어난다.

이러한 노화 증상은 피할 수 없는 현실이다. 증상이 나타나는 나이와 정도의 차이만 있을 뿐이다. 어느 누구도 피해갈 수 없는 인생길에서 만나는 노화의 숲이다. 그 숲에는 노년의 4대 고통으로 알려진 빈곤, 고독, 할 일 없음, 질병 등이 기다리고 있다. 나이 들면서 노화에 따른 불안감은 점점 더 커지고, 수시로 찾아오는 무릎 통증과 깜박이는 기억력은 불안감을 키운다. 그래서 노화에 따른 증상과 심리적 불안감에서 벗어나고자 나름대로 노력하지만, 손쉬운 일이 아니다. 그동안 살아오면서 굳어진 고정관념과 생활습관은 새로운 변화를 쉽게 허락하지 않는다. 미국의 교육 개혁가인 호로스만[1795~1895]이 습관은 철사를 꼬아 만든 쇠줄과 같다고 말한 것처럼, 그동안 살아오면서 만들어진 습관과 라이프 스타일은 손쉽게 바뀌지 않는다.

더욱이 노년층에 진입한 베이비부머 세대의 성장 과정을 보면, 그들은 한국전쟁 이후 대부분 가난한 농촌에서 태어나 잘살아 보기 위해 열심히 공부하고 열심히 일하고 열심히 가정과 국가를 위해 헌신한 세대이다. 그 덕에 나라는 잘살고 자식들도 보다 좋은 세상에서 살게 되었다. 수명도 늘어나 어린 시절 꿈도 꾸지 못한 백세시대에 살게 되어 새로운 인생3막을 멋지게 살아가고자 꿈꾸나, 현실은 어두울 뿐이다. 또한 금쪽 같은 자식 낳아 잘 길러보려고 있는 돈 없는 돈 다 들여 시집 장가 보내놓고 보니, 마음은 아직 청춘인데 직장에서 은퇴해야 하고, 몸은 늙어가고, 자식들에게 의존하긴 싫고, 노후 준비는 안 되어 있는 현실이 일반적이다.

이런 현실에서 노년을 향해 달려가는 중노년층의 사고방식과 습관은 주로 아날로그 방식으로 경직되어 있어, 디지털 시대로의 창조적 적응과 혁신이 어려울 수밖에 없다. 또한 자기 자신을 주체로 한 자율적인 아날로그 방식이 아니라, 국가와 사회 및 전통에 의해 타율적으로 만들어진 측면이 있다. 예를 들어 어린 시절에 주입된 반공주의는 이념의 장벽으로 작용하고, 충효사상은 사적인 것보다 공적인 것을 우선시하고, 가부장적 인간관계는 권위와 종속에 익숙하게 하였다. 그렇게 성장하고 인식하면서 평생 살아왔으니, 자신도 모르는 사이에 굳어진 생각과 습관들은 21세기 디지털 시대에 나이 들어가는 것을 힘들게 한다. 멋지게 나이 들어 노년을 보내고 싶어도 마음뿐, 어제나 오늘이나 똑같은 모습으로 우울하게 늙어갈 뿐이다.

실제 주변의 일부 은퇴자들의 삶을 보면, 퇴직 이후 그동안 하지 못한 일들을 하느라 바쁘게 보낸다. 취미 생활을 하거나 국내외 여행을 가고 자격증을 취득하는 등등. 실업자가 과로사한다는 말이 나올 정도로 은퇴 이후 바쁘게 보내지만, 3~4년 뒤에는 그것도 시들해진다. 의욕은 사라지고 사는 재미도 없어지고 초라해진 자신의 모습에 우울감은 커져만 간다. 설령 하는 일이 있어도 즐겁지 않다. 은퇴 이후 화려하게 꿈꾸었던 새로운 삶은 점점 멀어져 갈 뿐이다. 그들은 단지 무엇인가를 하고자 하였지, 자기 혁신이 없었다. 미국의 심리학자인 윌리엄 제임스[1842~1910]가 습관을 바꾸는 것만으로도 자신의 인생을 확 바꿀 수 있다고 하였다. 기존의 가치관과 생활방식과 습관이 그대로라면 새로운 삶을 꿈꾸는 것은 무리이다. 지난 과거가 미래로 가는 발목을 잡는다.

과거에 발목이 잡혀 있으면 앞날을 기약할 수 없다. 과연 건강하면서도 행복하게 나이 들어갈 수는 없을까? 미래지향적인 자기 혁신이 필요하지만 그것은 손쉬운 일이 아니다. 스위스의 문학가이자 철학자였던 앙리 프레데릭 아미엘[1821~1881]은 나이 들어가는 법을 아는 것은 지혜의 걸작으로써 위대한 삶의 예술 가운데에서도 가장 어려운 것에 속한다고 하였다. 백번 공감이 가는 명언이다. 잘 나이 들어가는 것은 지금까지 살아온 지난날들보다 오히려 더 힘든 일이 될지도 모른다. 과연 건강하면서도 행복하게 잘 나이 들어갈 수는 없을까?

그 답을 묻는다.

2.　　인생 3막을 위한 삶의 재구성

우리 모두는 여러모로 젊은 시절보다
나이 든 뒤에 더 행복해진다.
젊은이는 무모하게 살아가지만,
노인은 점점 더 현명해진다.

· 윈스턴 처칠 ·

인생 3막 주인공인 50＋세대 신중년층은 대부분 전과는 다른 생활환경에서 나이 들어간다. 퇴직을 앞두거나 은퇴를 하여 새로운 일을 찾고, 자녀들도 출가하여 자식을 낳아 부모 역할에다 조부모 역할까지 한다. 대인관계도 점점 좁아져 방콕하거나 공원을 전전하는 예도 많다. 지난날을 기억하면서 인생무상함에 빠지거나, 삶의 의욕을 잃고 단지 시간만 죽이는 경우도 많다. 여성들의 경우 폐경기가 지나고 자식 양육에서 해방되어 자유로워지지만, 마음속 공허감은 어쩔 수 없다. 우울한 현실이다.

이런 현실에서 나이 50살을 넘기면, 삶의 질과 수명은 전적으로 본인 하기에 따라 극과 극으로 달라진다. 젊었을 때와는 달리 나이는 정말 숫자에 불과하다. 80세 이상으로 평균수명은 늘어나지만, 자기 자신을 어떻게 돌보냐에 따라 60대에 병들어 요절할 수도 있고 백세를 넘길 수도 있다. 병약하여 70대에도 수술을 못 하는 사람이 있는가 하면, 90세를 넘겨서도 큰 수술을 거뜬히 이겨내는 사람이 있다. 나이 들수록 우울과 고독에 빠져 슬픈 나날을 보내는 사람이 있는가 하면, 너무나 자유롭고 즐겁게 나이 들어가는 사람이 있다. 앞으로 나이 들수록 개인 간의 삶의 질 격차는 더 커지고 다양해질 전망이다. 이 글을 정리하는 중에도 아주 건강하고 실력 있는 어느 학자가 나이 70에 갑자기 쓰러져 위독하다는 소식을 듣는다. 안타까운 일이다.

인생은 모두 어머니 자궁에서 동시에 시작하지만, 50세를 넘어서는 전적으로 스스로 자기 자신을 돌보아야 한다. 어떠한 인생 마침표를 찍느냐도 전적으로 본인의 의지와 실천에 의해 좌우된다. 50세 이전 인생 전반기는 학벌, 돈, 권력 등과 같은 외부적 요인이 삶을 규정짓는 부분이 많았으나, 인생 후반기는 가치관, 습관, 삶의 태도 등과 같은 자신의 내부적 요소들이 운명을, 인생을 결정짓는다. 그래서 나이 들수록 돈으로 사는 삶이 아니라, 지혜로 살아가는 삶이 되어야 한다고 한다.

다행히 최근 노년학자 대부분은 노년기를 쇠퇴기가 아니라 성장기로 보고 있다. 생각과 행동을 바꾸면 얼마든지 나이 들면서도 행복하고, 오히려 젊은 날들보다 더 즐거울 수 있다고 한다. 누구에게나 나이 들어도 행복해질 기회가 주어진 것이다.

사람의 마음을 과학적으로 분석한 칼 융[1875~1961]은 인생 후반기 그 자체가 중요한 의미를 지닌다고 하였다. 우리보다 150년 전에 살았던 영국의 위대한 정치가 윈스턴 처칠 [1874~1965]은 젊은 시절보다 나이 들수록 더 행복하고 더 현명해진다고 하였다. 인간이 나이 들어가는 의미를 탐구하기 위해 814명을 대상으로 오랫동안 종단 연구를 한 하버드 대학교 인생성장보고서인 『행복의 조건 [aging well]』은 우리가 어떻게 나이 들어가야 하는지 잘 말해주고 있다. 이 책을 저술한 조지 베일런트 역시 나이 들어서도 얼마든지 성장하고 행복하게 즐거운 삶을 살 수 있다고 하였다.[1] 2008년에 미국 스토니브룩 대학교 연구팀이 18~85세의 미국인 3만 4천여 명을 대상으로 한 삶의 만족도 조사에서도 50대 이후 행복과 즐거움이 점차 늘어나 80대에 절정을 이루는 것으로 조사되었다.[2]

그렇다면 희망이 보인다. 50대 이후 인생 후반기는 늙어 죽어가는 시기가 아니다. 가수 노사연이 '우린 늙어가는 것이 아니라 조금씩 익어간다'고 노래하여 많은 공감을 얻고 있듯이, 우리는 무르익어간다. 나이 들수록 인생의 절정을 향해 점점 성숙하고 더 행복해지는 나날들이 기다리고 있다.

특히 인생 후반기에서 가장 중요한 연령대는 60세부터 80세까지이다. 미국 스탠퍼드 대학교 연구진은 18~95세 4,263명을 대상으로 노화 과정을 연구하였는데, 34세, 60세, 78세에 각각 노화 속도가 빨라지는 것을 밝혀냈다.[3] 이 말은 34세, 60세, 78세가 늙어가는 인생의 변곡점이 된다는 의미이다. 이는 사람이 태어나 크게 세 번 늙어 죽음에 이른다는 것을 말해 주고 있다. 다시 말해 34세는 청년기에서 중년기로, 60세는 중년기에서 노년기로, 78세는 노년기에서 죽음에 이르는 시기로 진입하는 나이이다. 이는 노년기라는 관점에서 볼 때 두 가지 중요한 메시지를 던지고 있다. 하나는 인생의 변곡점인 60세와 78세 전후에 각별히 몸과 마음을 돌보고 건강을 챙겨야 한다는 의미이다. 또 하나는 인생 후반기에 최고의 황금기는 60~78세라는 의미이다.

이것은 실제 백세를 살아보니 60~75세가 최고의 인생 절정기였다고 회고한 철학자 김형석 교수의 말과도 일치한다. 독일의 정신과 전문의 하르트무트 라데볼트는 40년간 노인 문제를 연구해서 펴낸 『인생의 재발견』에서, 노년의 삶을 준비하고 실현하는 시기를 60세부터 75세로 보았다.[4] 20세기 최고의 세계적 경영학자이자 지성으로 불리어지는 피터 드러커[1909~2005]는 97세까지 살았는데, 살아보니, 60세부터 90세에 이르는 30년이 인생의 전성기였다고 한다.

이와 같이 인생 3막이 펼쳐지는 60세부터 80세에 이르는 20년은 인생의 황금기이다. 결코 짧은 세월이 아니다. 무엇이든 할 수 있는 시간이다. 그렇다면 50대에 새로운 후반기 인생을 준비하여 60~70대 황금기를 구가한 뒤 80세 이후 서서히 인생을 마무리 짓는 인생 디자인이 필요하다. 하르트무트 라데볼트도 『인생의 재발견』에서 60세 이후 노년기를 의미 있게 보내기 위해서는 60세 전후 은퇴 전에 미리미리 대비하는 것이 중요하다고 하였다.

60~80세를 인생 황금기로 보내기 위해서는 먼저 이 시기가 인생 황금기라는 사실을 의미 있게 받아들일 필요가 있다. 늙고 병들어 죽

어가는 시기가 아니다.

　아울러 50대 이후 펼쳐지는 금빛 인생을 향유하기 위해서는 무엇보다도 인생 후반기를 어떻게 살아가야 할 것인지 새틀을 짤 필요가 있다. 틀 짜기 효과를 통해 새로운 제2, 제3의 인생을 새롭게 살아가는 것이다. 틀 짜기 효과는 다른 말로 프레임 효과라고도 한다. 어떤 틀로 상황을 인식하느냐에 따라 세상이 달라지는 것을 의미한다. 예를 들어 물이 반 정도 찬 컵을 보고 물이 반밖에 없다고 생각하는 사람과 '물이 반씩이나 남아 있네'라고 긍정적으로 생각하는 사람의 차이이다. 그것은 생각의 차이를 넘어서 매우 큰 결과로 이어진다.

　인생 3막 새틀짜기는 기본적으로 나이 들어가는 자신의 모습을 되돌아본 뒤, 인생에 대한 새로운 관점을 정립하고 삶의 틀을 새롭게 디자인하는 것이다. 새틀은 세상을 바라보는, 나이듦을 대하는 마음의 창이다. 그것은 새로운 인생 후반기를 살아갈 몸 만들기요, 마음의 눈을 뜨는 것이자, 새롭게 걸어갈 인생길 이정표를 세우는 일이다. 그래야 나잇값을 할 수 있다. 나이듦의 미학을 즐길 수 있다. 누에가 더 큰 성장을 위해 잠을 자고 허물을 벗듯이, 행복한 인생 3막을 위해서는 바쁘게 살아왔던 중년기 2막의 장막을 걷어내고 이전과는 다른 몸과 마음이 되어야 한다.

　인생 1막은 부모 밑에서 자라면서 인생 무대에 나갈 준비기이고, 2막은 돈을 벌고 결혼해 아이를 낳아 기르는 중년기이고, 50대 이후 펼쳐지는 3막은 외형적인 껍데기를 훌훌 벗어던지고 진정한 자기 자신으로 존재하면서 지혜롭고 행복하게 여물어가는 생애기이다. 2막에서는 돈과 권력과 명예가 중요했는지 모르지만, 3막에서는 외형적인 성취보다 내면의 고요와 평화, 감사, 사랑, 행복 등으로 장식된 무대가 필요한 시기이다. 그 때문에 인생 3막이 향기롭고 아름답게 무르익어 가기 위해서는 2막 때와는 다른 시나리오와 연출, 삶의 테크놀로지가 필요하다. 한 마디로 인생 3막을 위한 새틀을 짜야 한다.

나이 들어가면서 변화된 나의 몸과 삶의 환경에 능동적이고 주체적으로 적응하면서 새로운 인생의 의미를 찾아가는 것은 매우 중요하다. 실제 삶의 의미를 추구하고 가치 지향적인 삶을 사는 노인들이 그렇지 않은 노인들보다 삶의 질이 훨씬 높다는 연구들이 많다. 세포의 노화를 막는 방법을 연구한 미국 애리조나 의과대학의 앤드루 웨일 교수는 우아하고 곱게 늙어가는 장수비법으로 충분한 수면, 스트레스 해소, 잦은 스킨십과 충분한 성관계 등을 제시하면서도, 최고의 비법은 노화를 자연스럽게 받아들이면서 지혜, 깊이, 부드러움과 같은 나이듦의 장점들을 적극적으로 살려내는 것이라고 하였다. 그를 위해서는 먼저 나이 들어가는 현실을 있는 그대로 받아들이고 자기 내면을 들여다보는 것이 무엇보다도 중요하다. 이것은 행복하게 나이 들어가기 위한 출발점이자 대전제이다.

세계적인 영성 지도자이자 심리치료사인 토마스 무어도 나이듦에 대한 희망의 여정을 노래한 『나이 공부 Ageless Soul』에서 나이듦을 다루는 가장 효과적인 방법은 있는 그대로의 자신으로 사는 것이라고 하였다. 이런 주장은 세계적인 노년학자는 물론 『백년을 살아보니』의 주인공 김형석 교수를 비롯해 이미 노년을 지혜롭게 산 모든 사람들이 이구동성으로 하는 말이다.

인생 후반기에서 50대는 아동기, 60대는 청년기, 70대는 황금기, 80대는 노숙기라는 말이 있다. 50대에 새롭게 인생에 눈을 뜨고, 60대에 새로운 시도를 통해, 70대에 활짝 꽃피운 뒤 80대에 삶을 초월한 대자유를 누릴 수 있다면 가장 이상적인 인생 후반기이다.

새틀짜기는 나이 들수록 힘들어지고 그 효과도 줄어든다. 그것은 전적으로 자기 주도적으로 할 수밖에 없다. 어느 누구도 대신해 줄 수 없다. 스스로 세상을 바라보는 눈이 달라져야 하고, 나이 들어가는 자기 존재와 삶의 가치를 새롭게 재발견할 수 있어야 한다. 자기 혁신이 필요하다. 그런 다음 행복하게 나이 들어가는데 필요한 삶의 태도와 습관을 일상적인 삶 속에서 길들여 갈 수만 있다면, 50대 이후에 펼쳐질 인생 3막을 금빛 인생으로 살아갈 수 있을 것으로 믿는다.

제2부

나이듦에 대한 새로운 이해

백세시대 초고령사회에 신세대로 등장한 신중년층은

지금까지 어느 인류도 경험하지 못한 새로운 세상을 열어가고 있다.

나이듦은 늙고 병들어 죽어가는 것이 아니라,

자기 자신을 계발하고 인생을 즐기면서

여물어가는 인생을 살아가는 것이다.

가슴 뛰는 나이듦,

그것은 모두가 가야 할 길이자 지향해야 할 삶의 방향이다.

1.　젊은 노년층의 탄생

나이듦을 다루는 가장 효과적인 방법은
있는 그대로의 자신으로 사는 것이다.
있는 그대로의 자신으로,
그리고 자신의 나이대로 살자.

· 토마스 무어 ·

:　생애주기와 노년기

우주의 모든 생명체는 태어나 죽는 존재이다. 그것
이 자연의 섭리이며 자연스러운 현상이다. 중국
진나라 시황제 기원전 259~210는 자연의 이치를 거슬러 불로장생하고자 하였
으나, 그 역시 50년밖에 살지 못하였다.

　생명이 태어나 죽는 일련의 과정을 『주역』에서는 원형이정 元亨利貞 으
로 표현한다. 그것은 자연이 끊임없이 순환하는 천도 天道이자 자연의
이치로서, 인간 역시 예외일 수 없다. 사계절을 따라 만물이 순환하듯
이, 인간 역시 사계절을 보낸 뒤 겨울이 되면 죽음을 맞이한다. 그래

서 동서고금을 막론하고 사람이 태어나 죽는 일련의 생애를 구분하고
자 하였으니, 일반적으로 사람은 아동기-청년기-중년기-노년기를
거쳐 지구별을 떠나간다.

인도의 힌두 전통에서는 인생을 25년 단위로 4주기로 나눈다. 이것
을 아슈라마 다르마라고 한다. 제1기는 태어나 생존하기 위해 부지
런히 배우는 학생기學生期이다. 제2기는 25~49세로 집에서 가족과 함
께 보내는 가주기家住期이다. 이 시기는 결혼하고 아이를 양육하는 등
가정의 일원으로서, 사회인으로서 의무를 다하는 시기이다. 제3기는
50~74세로 일상적인 삶에서 벗어나 자아를 실현하는 임주기林住期이
다. 이 시기는 노년기에 접어들면서 가정과 일에서 벗어나 정신적인
목적을 추구하는 시기이다. 제4기는 75세 이후로 집을 떠나 고행을
하면서 죽기 전 깨달음을 얻기 위한 유행기遊行期이다.

앞의 두 시기가 사회적 의무를 다하는 시기라면, 뒤의 두 시기는 중
노년기에 개인적인 영적 깨달음을 추구하는 시기이다. 실제 인도에서
는 집을 떠나 깨달음의 길을 걷는 노년의 수행자를 볼 수 있는데, 몇
년 전 인도 리시케시 갠지스강가에서 만난 군 장성 출신의 70대 수행
자 뒷모습이 지금도 아른거린다. 이처럼 인도의 인생 4주기에서 추구
하는 노년의 길은 깨달음의 길, 생명의 원천인 우주로 돌아가는 길,
다음 생에 태어날 준비기이다. 노년기는 쇠퇴하거나 병들어 고통을
받는 부정적인 생애 시기가 아니다. 오히려 인생의 완성기이다.

그렇다면 마지막 생애주기인 노년기는 몇 살부터일까? 일반적으로
노년기는 65세 이상으로 보고 있다. 2005년에 UN에서 규정한 노인

연령은 65세 이상으로, 현재 중년과 노년을 나누는 기준점으로 전 세계에서 통용되고 있다. 독일의 노인연금법은 수혜자의 나이를 65세로 규정하고 있다. 미국의 인구통계국은 55세 이상을 노령층으로 분류하되, 10년 단위로 나누어 85세 이상을 초고령층으로 설정하고 있다. 영국도 55세 이상을 노년기로 분류하면서, 75세를 기준으로 55~75세를 개인 성취기, 76세 이상을 인생 마감기로 설정하였다.

우리나라도 노인복지법에서 65세 이상을 노인으로 설정하고 있으나, 대한노인회에 가입할 수 있는 나이는 56세이고, 고령자고용촉진법에서 정한 고령자는 55세 이상이다. 국민연금법에서 노령 연금 수령 나이는 60세 이상이다. 통계청의 인구 분류는 0~14세를 유소년 인구, 15~64세를 생산가능 인구, 65세 이상을 고령 인구로 구분 짓고 있다. 또 국민연금을 받을 수 있는 나이는 62세 이상, 노인 기초연금과 노인장기요양보험, 지하철 경로 우대, 노인 의료비 본인부담 감면제도 등의 각종 복지 혜택은 65세 이상이다.

이와 같이 현행 여러 법과 제도에서 규정한 노인 기준은 통상적으로 60~65세 이상이다. 또는 65세를 기준으로 65~74세를 초기노인 영 시니어, young old, 75~84세를 중기노인 미들 시니어, middle old, 85세 이상을 초고령노인 올드 시니어, old old 으로 세분하기도 한다.

그렇지만 최근 건강한 중년층이 증가하고 노년기가 길어지면서 정년 연장뿐 아니라 노인 기준 연령도 70세 이상으로 올려야 한다는 논의가 한창이다. 우리 사회 심리적 고령의 기준점 역시 장수사회가 되면서 대략 70대 초반으로 여기고 있다. 실제 65세 이상 3천여 명을 조사한 결과, 나이 든 사람들이 스스로 노인으로 여기는 나이는 대략 72.5세였다. 75세라고 한 사람도 열 명 가운데 네 명이나 되었다.[5] 장수시대가 열리면서 노인의 연령도 65세에서 최소 70세 이상으로 늦추어지고 있는 현실이다.

: 백세시대 젊은 노년층의 탄생

60세 이상을 노인으로 보는 것은 20세기 산업화 시대의 유산이다. 최근 전 세계적으로 평균 수명이 늘어나고 장수하는 인구가 증가하면서 생애주기 역시 새롭게 정의되고 있다. 중년기가 연장되고, 노년기가 늦추어지고 있는 추세이다. 중년기가 늘어난다는 것은 일을 해야 하는 나이가 늘어난다는 의미이다.

단적인 예로 법원은 2019년에 노동 가능연한을 60세에서 65세로 연장하였다. 이런 흐름에 따라 노년기 시점도 자연히 늦추어지면서, 지금까지 65~75세를 전기 고령기, 이후를 후기 고령기로 보았지만, 최소 5년을 늦추어 70대를 전기 고령기, 80대 이상을 후기 고령기로 설정하는 추세이다. 최근 새롭게 부각된 50＋세대는 만 50~64세, 신중년층은 50~69세를 지칭한다.

그렇다면 현실적으로 중년기는 69세까지, 노년기는 70세부터로 보는 것이 타당하다. 노년기는 다시 70대를 전기 고령기, 80대 이상을 후기 고령기로 설정할 수 있다. 또는 70대를 초기 노인, 80대를 중기

노인, 90대 이상을 초고령 노인으로 분류할 수 있다.

UN이 2015년에 새롭게 발표한 생애주기별 연령지표에 따르면, 18~65세 청년, 66~79세 중년, 80세 이상을 노년으로 분류하였다. 이전에 중년의 나이였던 50~65세는 후기 청년기이다. 중년기도 65세에서 79세로 무려 15년이나 연장되었다. UN에서 새로 정한 중년기인 66~79세에 새로운 인생을 모험적으로 도전하는 사람들도 점차 늘어나는 추세이다.

인생에서 중년기가 늘어나는 것은 인구 고령화와 맞물려 있다. 우리나라는 고령화가 세계에서 가장 빠른 나라이다. 2000년 한국의 평균 수명은 76세였으나, 5년이 지난 2015년에는 82.6세로 6년이나 늘어났다. 그 결과 2017년에 65세 이상 노인 인구는 전체 인구 가운데 14퍼센트 이상 차지하는 고령사회에 진입하였고, 2025년에는 65세 이상이 1천만 명이 되어 20.1퍼센트에 이를 전망이다. 2036년에는 전인구의 30퍼센트가, 2051년에는 40퍼센트 대에 진입한다고 한다. 기대수명도 점차 증가해 2020년 83.2세(남성 80.3세, 여성 86.1세)에서 2025년 84.2세(남성 81.5세, 여성 86.9세)로 늘어날 전망이다.

그에 따라 인구피라미드 모양은 오각형에서 역삼각형으로 바뀌면서, 15~64세의 생산연령 인구의 비중도 OECD 회원국 가운데 가장 낮아진다. 2020~2024년까지 4년 동안 생산연령인구는 무려 130만 8천 명이나 줄어들 전망이다. 생산연령인구 1백 명이 부양해야 하는 인구도 2017년 36.7명에서 2067년 120.2명으로 세 배 이상 증가한다. 이것은 고스란히 후손들의 부담이 될 것이며, 노인 부양비도 선진

장래 인구 추계(통계청, 2016)

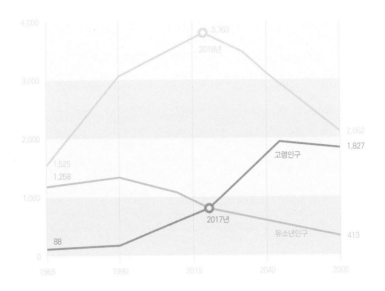

국 최고 수준에 이르러 미래세대와 국가 부담이 가중될 전망이다.

한국의 노령인구가 급증하는 것은 해방 이후에 태어난 높은 비중의 연령층(1945~1954년생)이 모두 65세 이상의 노령층이 되었기 때문이다. 특히 인구 비중이 가장 높은 베이비부머(1955~1963년생)가 65세 이상의 노년기에 진입하면서 노령화가 가속화되고 있다.

해방 이후에 태어나 노년기에 진입한 새로운 노년층은 이전 노년층과는 인생 이력이 다르다. 삶의 방식, 문화, 가치관 등에서도 해방 이전에 태어난 기존 노년층과는 질적으로 다른 세대이다. 이들은 전통적인 노년세대와는 달리 대부분 고학력 출신으로 현대적인 생활문화

나이듦에 대한 새로운 이해

한국인 기대 수명 추이(세계보건기구, 영국 임페리얼 칼리지, 2017)

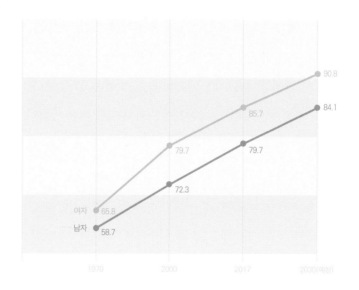

에 익숙하다. 70대에도 활력이 넘치는 건강을 유지하는 비율이 점점 높아감에 따라, 새로운 노년층의 비율과 장수문화는 앞으로 더욱 강화될 것이다.

우리나라가 초고령사회, 장수사회가 되면서 기대 수명도 세계 최고가 될 것이다. 2030년 한국인의 기대 수명은 여성이 90.8세, 남성이 84.1세로 세계에서 가장 오래 사는 나라가 된다. 그 다음은 프랑스, 호주, 일본 순이다. 2017년보다 여성은 5.1세, 남성은 4.4세 증가한다. 세계 최고의 장수사회가 다가오는 지금, 앞으로 제3인생기를 살아가는 신중년층, 1960년 전후로 태어난 젊은 노년층이 새로운 사회

×

를 이끌어 간 것이다.

  나이 든 중년층 내지 젊은 노년층은 기존 노년층과는 달리 자기 계발에 적극적이다. 사회 활동도 능동적이다. 스스로 성공적인 노화의 필요성을 자각하고 실천하면서 인생 후반의 삶을 긍정적으로 설계하고 행복한 여생을 지향하는 세대이다. 그에 따라 긍정적이고 활동적인 노화, 생산적인 나이듦, 성숙하게 나이 들기에 대한 관심이 급증하고 있다.

  이들 신세대는 55~75세 신중년기의 젊은 고령자를 뜻하는 YO[Young Old]세대로 불리거나,[6] 꽃노년, 그레이트 그레이[Great Grey](멋지게 사는 노년), 또는 액티브 시니어[Active Senior](건강하고 활동적인 중장년층)라고 한다. 이들은 나이를 의식하지 않고 자신들이 하고 싶은 일에 과감히 도전하면서 성취감을 느끼고 삶의 행복을 추구하는 젊은 노년층으로, 실제는 중년기가 연장되면서 새롭게 등장한 후기 중년층이라 할 수 있다.

  이들은 오팔세대로 불리어지기도 한다. 오팔[OPAL]이란 'Old People with Active Lifes'의 약자로, 이미 일본에서는 2002년경부터 쓰이던 말이다. 베이비부머세대를 중심으로 한 50~60대가 주축인 오팔세대는 경제력을 바탕으로 활동적이고 아름다운 삶을 추구하는 신세대로, 중년층과 노년층 사이에 있는 신중년들이다. 이들의 사회적 부각은 매우 의미 있고 중요한 현상으로, 심지어 2020년 한국을 이끌고 갈 10대 트렌드 가운데 하나로 꼽혔을 정도이다.[7]

  실제 최근 들어 이들의 부상은 주목된다. 유튜브 활용도는 50대 이상이 평균 60퍼센트보다 많은 66.6퍼센트로, 젊은 2030보다 높은 비율이다. 소비활동 역시 왕성하다. 한 달 평균 카드 사용액은 액티브 시니어층이 177만 원으로 가장 많다. 시니어산업 규모 역시 급성장하여, 2010년 27조 원에서 2020년에는 2.7배 증가한 72조 원이 넘어설 전망이다. 이들에게서 더 이상 사회적 돌봄의 대상, 젊은이에게 부담 주는 식충이, 누군가의 도움이 필요한 나약한 노년과 같은 고정된 이미지는 찾아볼 수 없다. 그들은 젊은이에게 없는 장점을 활용하여 새로운 인생 3막을 활기차게 열어나가는 그레이트 그레이, 꽃노년들이다. 그들은 분명 백세시대에 새로 나타난 신세대들이다.

백세시대 초고령사회에 새로운 신세대로 등장한 신중년층은 지금까지 어느 인류도 경험하지 못한 새로운 세상을 열어가고 있다. 미국 밀컨스 연구소는 인류가 전혀 사용해 본 경험이 없는 자원이 고령자라고 하였다. 이들은 늙고 병들어 죽어가는 존재가 아니라, 적극적으로 자기 자신을 계발하고 인생을 즐기는 데 많은 노력과 투자를 아끼지 않는다.

이러한 현상은 앞으로 1960년 전후에 태어난 베이비부머 세대가 중노년기에 접어들면서 더욱 가속화될 것이다. 그에 따라 실버시장이 새로운 시장으로 부상하고, 점차 고령층의 사회적·경제적·문화적 역할도 크게 주목받을 것이다. 이러한 시대 변화에 능동적으로, 그리고 주체적으로 대응하기 위해서는 인류 역사상 처음 출현하는 백세시대의 새로운 장수문화를 창출할 액티브한 신노년상의 정립이 절실히 필요하다. 그것은 50＋세대, 신중년층이 가야 할 길이자 지향해야 할 삶의 목표 지점이기도 하다.

2. 노년기를 어떻게 바라볼 것인가?

나이 들어가는 삶이 이전 삶의
우스꽝스러운 하찮은 뒤풀이가 되지 않는
해결책은 단 하나밖에 없다.
그것은 우리의 삶에 의미를 주는 목표들을
계속하여 추구하는 것이다.

· 시몬 드 보브아르 ·

: 노년을 바라보는 지독한 오해와 진실

노년의 양면성

'나이듦은 바라보는 시각에 따라 하늘과 땅 차이가 난다'

일반적으로 전통사회에서 노년은 지혜의 상징이었다. 전통사회에서 삶의 기술과 지혜는 사람과 사람의 관계에 의해 이루어지고, 일평생 다양한 경험과 지혜가 축적된 노인은 지혜의 보고이자 기술의 원천이기에 극진히 대우받았다. 그 때문에 동서양을 막론하고 전통사회에서는 노인을 존경의 대상으로 바라보았다.

　그렇지만 현실적으로 노년기는 죽음을 앞둔 생명의 퇴화기이다. 마냥 긍정적으로만 볼 수는 없다. 노화에 따른 신체적, 정신적 위기는 본인은 물론 주변인에게 고통스러운 일이다.

　나이 들어가는 것을 의미하는 한자어인 '노老. aging'의 뜻도 긍정과 부정 두 의미가 동시에 내포되어 있다. 노련미, 노숙과 같은 단어에서 '노'자는 오랫동안 경험을 쌓아 무르익었다는 의미를 지닌다. 반대로 노추, 노쇠, 노둔과 같은 용례는 오래되고 낡았다는 의미이다. 노년이 상징하는 바도 긍정과 부정의 인식이 혼재된 다의적인 어휘로써, 실제 일상생활에서 노년의 존재, 노년의 역할과 인식, 노년의 삶의 형태 등은 매우 다양하고 질적인 편차도 크다.

　나이 들면서 노화에 따른 부정적인 현상들, 예를 들어 신체적 쇠락과 질병, 사회적인 고립과 무력감, 삶의 허무감 등은 정도의 차이일 뿐 누구에게나 닥치는 공통적인 숙명이다. 그런데도 누구는 노년기에 더 알찬 인생을 살고 건강하게 장수하는 반면, 누구는 꽃다운 60대에 요절하거나 고통과 신음 속에서 죽음만을 기다린다. 그 차이는 기본적으로 나이 들어가는 자신의 모습을 긍정적으로 받아들이느냐, 아니면 부정적으로 받아들이느냐가 중요한 변수로 작용한다.

　한 예로 고대 그리스 시대 아리스토텔레스와 소크라테스는 노인들을 쓸모없는 존재로 인식한 반면, 플라톤은 지혜의 보고인 노인들이 일정한 사회적 역할을 할 수 있는 것으로 보았다. 플라톤은 그의 책 『국가』에서, 그리스신화에서 위대한 사냥꾼으로 알려진 케팔로스의 입을 빌려 소크라테스의 부정적인 노년인식을 지적하였다. 소크라테스가 자기가 늙어 가족에게 무시당한다고 불평하면서 모든 참상이 모두 늙었기 때문이라고 하자, 플라톤은 나이 탓이 아니라 성격 때문이라고 하였다.

> "소크라테스 선생, 사람 됨됨이가 반듯하고 자족할 줄 알면 나이 들어가는 것도 가벼운 짐에 불과하다오."

플라톤의 지적은 올바르다. 소크라테스처럼 나이 들면서 겪게 되는 것을 부정적으로 바라보고 나이 탓을 하게 되면, 온통 불평불만뿐이다. 나이 들어가는 자기 존재가치도 발견할 수 없게 된다. 반대로 나이듦을 바라보는 관점을 바꾸면, 나이 들면서 겪게 되는 변화와 증상들을 전혀 다른 의미로 바라볼 수 있다.

또 다른 예로 조선 후기 실학자인 성호 이익과 다산 정약용의 말을 통해, 보는 관점에서 따라서 노년상이 크게 달라짐을 알 수 있다. 성호 이익 1681~1763은 흰머리와 어두운 눈이 순식간에 왔다고 하면서 노화의 충격을 언급하였다.

> "대낮에는 꾸벅꾸벅 졸음이 오고 밤에는 잠이 오지 않으며, 곡뜻할 때는 눈물이 없고, 웃을 때는 눈물이 흐르며, 30년 전 일은 모두 기억되어도 눈 앞의 일은 문득 잊어버리고, 고기를 먹으면 뱃속에 들어가는 것 없이 모두 이빨 사이에 끼며, 흰 얼굴은 검어지고 검은 머리는 도리어 희어진다."

이것이 이익이 말한 '노인의 열 가지 좌절'이다. 이 열 가지는 노화에 따른 일반적인 현상으로 나이 들면서 누구나 겪게 되는 증상이나, 성호 이익은 그것에 좌절하고 낙심하였다.

반면에 다산 정약용¹⁷⁶²~¹⁸³⁶은 그렇지 않았다. 다산은 58세에 수염과 머리가 하얗게 되었고, 71세에 치아도 빠지고 거의 대머리가 되었다. 한때는 평생 이룩한 방대한 학문적 성과에서 의미를 찾지 못하고 인생 허무감에 사로잡히기도 하고 고독감에 쓸쓸한 시간을 보내기도 하였다.

그럼에도 다산은 노화를 있는 그대로 받아들이고 긍정적으로 바라보면서 그의 인생 어느 시기보다 자유롭게 노년기를 보냈다. 다산은 71세에 지은 노인일쾌사老人一快事라는 시에서, 노인에게 유쾌한 일 여섯 가지를 제시하였다.⁸ 그 여섯 가지는 대머리가 돼 머리를 감거나 빗질해야 하는 번거로움이 없는 것, 이가 모두 빠져 치통이 사라진 것, 눈이 어두워 책을 보거나 학문 연구를 하지 않아도 되는 것, 귀가 먹어 세상의 온갖 소리를 듣지 않아도 되는 것, 마음 내키는 대로 미친 듯 시를 쓰는 것, 때때로 벗들과 바둑을 두는 것 등이다. 다산이 바라본 노년은 유쾌 상쾌 통쾌한 나날이었다.

이렇듯 똑같은 노화를 어떻게 보느냐에 따라 성호 이익처럼 절망에 빠질 수도 있고, 다산 정약용처럼 있는 그대로 수용하면서 긍정적으로 바라보는 유쾌함과 자유로움을 즐길 수도 있다. 다산은 늙음을 긍정적으로 받아들임으로써 오히려 더 큰 자유로 나아갔다.⁹

다행히 성호 이익도 더 나이를 먹으면서 노화에 따른 충격에서 벗어나 나이듦의 즐거움을 누린 것으로 보인다. 성호 이익이 말년에 어떻게 나이듦을 받아들이고 어떠한 노년의 삶을 지향했는가는 「세안행歲晏行」이란 시에 잘 나타나 있다. 마지막 부분만 옮기면 다음과 같다.[10]

살아서는 하늘에 순응하고 죽어서는 편안하리 存余順事沒余寧
시름에 잠겨서 근심한들 무슨 소용 있으랴 慨慨愁怨果何濟
모름지기 서책 속에다 힘을 써야 할지니 且須勉力黃卷內
괴로움 속에서 즐거움 찾을 것을 스스로 맹서한다 苦中生甜是自誓

성호 이익도 나이듦을 자연스럽게 받아들이면서 하늘에 순응하고 죽어서 편안해지겠다고 다짐한다. 그러면서 시름에 잠겨 근심한들 소용없으니, 부지런히 글공부하면서 괴로움 속에서도 즐거움을 찾겠다고 스스로 맹세하고 있다. 실제 성호 이익은 나이 먹어서 하는 공부에서 젊었을 때 맛보지 못한 재미를 깨달았다고 하면서 하루하루 발전하는 자신의 모습에 기쁨을 감추지 않았다.

이러한 사례는 다산 정약용과 같은 해에 태어나 다산보다 1년 뒤인 76세에 죽은 심노숭1762~1837이 본 노년 인식에서도 엿볼 수 있다. 심노숭은 노론의 명문가에서 태어나 젊었을 때 매우 자유분방한 생활을 하면서도 글쓰기 병에 걸렸다고 할 정도로 많은 글을 남긴 선비였다. 그의 나이 31살 때 아내를 잃고서 아내의 죽음을 애도하여 남긴 「신산종수기新山種樹記」가 고전 수필로 교과서에 실려 있다.

어느 날 여선덕이란 사람이 심노승을 찾아와 나이 들어 겪게 되는 다섯 가지 형벌을 언급하였다.[11]

- 눈에 보이는 것이 분명하지 않은 목형 目刑
- 이빨로 단단한 것을 씹을 힘이 없는 치형 齒刑
- 다리에 걸어 갈 힘이 없는 각형 脚刑
- 귀로 들어도 정확하지 않은 이형 耳刑
- 성생활을 즐길 수 없는 궁형 宮刑

그러자 심노승은 나이 들어가는 다섯 가지 즐거움으로 화답하였다. 똑같은 노화 증상을 다른 눈으로 보니, 나이 들어가는 의미 역시 전혀 다르게 받아들여졌다.

- 보이는 것이 또렷하지 않으니 눈을 감고 정신을 수양할 수 있는 점
- 단단한 것을 씹을 힘이 없으니 연한 것을 씹어 위를 편안하게 할 수 있는 점
- 다리에 걸어갈 힘이 없으니 편안히 앉아 힘을 아낄 수 있는 점
- 나쁜 소문을 듣지 않아 마음이 절로 고요한 점
- 여색으로 반드시 망신을 당할 행동에서 저절로 멀어지니 목숨을 오래 이어갈 수 있는 점

이와 같이 이익과 정약용, 심노승이 바라본 노년처럼 나이 들어가

는 여러 증상을 어떻게 받아들이느냐에 따라 나이듦의 가치와 삶은 극과 극을 달린다. 이것은 노화에 따른 삶의 질이 마음먹기에 따라 얼마든지 달라질 수 있다는 반증이다.

노년의 정체성
'노인 스스로 자기 자신을 더 늙게 한다'

사람들은 나이 들어 '노인'이 되는 것을 스스로 부정하고 저항하려는 심리가 있다. 젊음에 집착하여 나이 들어가는 자신의 모습을 있는 그대로 받아들이지 못하기 때문이다. 나이 들면서 흰 머리는 늘어나고 몸은 약해지고 직장에서 퇴직하면서 사회적 무력감과 위기감에 사로잡힌다. 불안한 마음에 머리 염색을 하고 이런저런 모임에 나가는 등 나이 들어가는 것에 끊임없이 저항해 보지만, 결국 삶의 의욕을 잃고 자포자기한 채로 살아가는 노인들을 주변에서 흔히 볼 수 있다. 일종의 노년기 정체성 위기이다. 이런 상태에서는 더 이상의 발전을 기대할 수 없다. 삶의 의미도 찾을 수 없다. 매일 반복되는 하루하루를 지루하게 살다가 죽음을 맞이할 뿐이다.

로마의 위대한 철학자 키케로^{기원전 106~43}는 2천 년 전임에도 노년의 모습을 아주 정확히 꿰뚫었다. 키케로는 나이 들어가는 것이 불만스러운 네 가지 이유로 첫째, 활동이 부자유스러운 점, 둘째, 체력이 노쇠해지는 점, 셋째, 육체적인 쾌락을 즐길 수 없는 점, 넷째, 죽음이 코앞에 다가오는 점이다. 그래서 노년에 접어들면 온갖 불만을 토로

하고 어리석게도 힘든 노년기를 보낸다고 지적하였다. 반면에 노년기를 평온하고 자유롭게 보내며 다른 사람들로부터 존경을 받는 노인들도 있다고 하였다. 그러면서 키케로는 노년의 행복과 불행은 나이 들어서가 아니라 그 사람의 성격 탓이라고 하였다.[12]

키케로의 말은 2천 년이 지난 지금에도 살아있는 명언이다. 정약용이나 심노승의 노년 인식과도 일맥상통한다. 생물학적으로 늙어가는 것은 어쩔 수 없는 자연법칙이다. 문제는 그것을 어떻게 수용하고 해석하느냐에 따라 노년기의 자화상이 얼마든지 달라질 수 있음에도 불구하고, 노년기에 접어든 대부분의 사람들은 젊었을 때 인식된 부정적인 노인상을 가지고 노년을 맞이하기 때문에 나이 들어가는 것을 불안한 눈으로 바라볼 수밖에 없다.

어린 시절부터 형성된 '나이듦=늙음=낡음=퇴물'이라는 편견과 고정관념이 나이 들어가는 자신의 모습을 있는 그대로 받아들이지 못하게 한다. 그래서 스스로를 정체성 위기에 빠트리고 나이 들면서 엄습하는 부정적인 생각과 불안에서 벗어나지 못한다. 그것은 나이 들어가는 자신을 스스로 더 늙게 할 뿐 아니라, 자신이 파 놓은 '늙은이의 함정'에 빠져 허우적거릴 개연성이 높다.

노년의 능력

'노인은 힘없는 존재이다'

일반적으로 노년은 힘이 없는 존재로 알고 있다. 노년

은 한낱 부양의 대상일 뿐, 그들이 가족과 지역 및 나라를 위해 무엇인가 할 수 있다는 신뢰가 없다. 생산 능력을 상실한 노년은 자식이나 국가의 도움이 필요할 뿐, 유익한 생산 활동을 할 힘이 없는 것으로 간주된다. 사회적으로도 노년은 늙은이 취급을 받아 가까이하지 않으려 하거나 평가절하하여, 노인들로 하여금 주체적인 사회 활동을 어렵게 한다.

그러나 최근 노년학자들의 연구에 의하면, 노년은 노년 나름대로의 능력을 가지고 있으며 그것을 활용할 사회적 가치가 충분한 것으로 증명되고 있다. 이미 2천 년 전에 키케로는 그의 나이 62세에 쓴 책에서 노년의 강점을 다음과 같이 꼽고 있다.[13]

- 노년의 나이에도 제대로 참여할 수 있다.
- 판단력은 노년이 되면 더 높은 수준에 도달한다.
- 국가는 노인들의 힘으로 제자리를 찾고 지탱된다.
- 어느 정도 나이가 들면 분별력을 갖추게 마련이다.
- 오히려 노인들이 세부사항을 잘 기억한다.
- 제아무리 나이가 들어도 지적인 능력은 건재하다.
- 고령의 나이에도 작업에 몰두할 수 있다.
- 노년에 접어들어도 학업에 대한 열정은 식지 않는다.
- 다음 세대를 이롭게 하고자 나무를 심는다.
- 소중한 그 무엇인가를 후손들에게 전하고자 한다.
- 나이가 들수록 좋은 광경을 볼 수 있다.

- 노인이 된다는 것은 오히려 즐거운 일이다.
- 매일 새로운 것을 배우면서 하루하루 늙어간다.

이와 같은 키케로의 노년 예찬은 2천 년이 지난 오늘날에도 그대로 살아있는 지적이다. 젊은 시절이 무한한 가능성이 있었던 시절이었다면, 노년기 역시 무한한 가능성이 열려 있는 인생기이다. 늙어 쓸모없다는 나이 중압감이 스스로를 더 늙게 하고 힘없는 존재로 만든다. 나이 들어서도 얼마든지 성장할 수 있고 꿈을 이룰 수 있으며 보다 완숙된 인생의 열매를 맺을 수 있다는 믿음과 의지가 필요하다.

미국에서 가장 뛰어나고 경험 많은 노인의학 전문가로 알려진 마크 윌리엄스는 많은 사람들이 나이가 들면 아주 사소한 실수에도 최악의 해석을 내려 노화에 대한 고점관념에서 벗어나지 못하지만, 실제 노력만 하면 얼마든지 창조성이 확장되고 지혜와 감수성이 더욱 깊어지며 여러 신체 기능이 더 올라갈 수 있다고 한다. 따라서 나이 들어 힘이 없는 것은 나이 때문이 아니다. 기존의 생각이 바뀌지 않고 노력을 하지 않았기 때문이다. 살아오면서 군어진 고정관념에 사로잡혀 노년의 힘을 육체적인 힘으로만 보기에, 노년의 또 다른 힘인 삶의 지혜와 정신적 가치를 발견하지 못하고 있는 것이다.

아노미 현상과 노인의 위기

조선시대에는 60세 이후를 노년기로 보고 국역을 면제하는 동시에, 국가 차원에서 신분에 따라 차등적으로 예우하였다. 왕은 60세, 정2품 고관·종친 등은 70세, 일반인은 80세부터 사회적 예우를 받았다. 80세 이후는 신분에 관계없이 모든 사람을 대상으로 양로연을 베풀어 축하하는 등 극진한 예우를 하였다.[14] 80세 이상 고령자를 초청하여 잔치를 베푸는 양로연은 중앙은 물론 지방에서도 봄과 가을에 개최되었다. 국가 차원에서 개최되는 조선시대 대표적인 노년을 위한 행사였다. 노인은 일평생 덕을 쌓은 군자이자 지혜의 보고이기 때문에 그에 상응하는 대우를 한 것이다.

이러한 조선왕조 차원의 노인 예우는 기본적으로 성리학에 기반을 둔 효사상과 정치이념에 바탕을 둔 것이지만, 그보다 더 본질적인 것은 노인의 역할이 살아 있었다는 점이다. 조선시대 가정에서 노인은 없으면 안 되는 존재였다. 수백 년 대대로 살아온 마을에서도 '어르신'은 꼭 필요한 존재였다.

가정이든 마을이든 노인은 살아있는 아키비스트(기록 연구사)로서 움직이는 기억의 저장소이자 기술과 지혜의 보고였다. 기록과 전승이 입에서 입으로 전해지던 시대, 노인은 지식과 정보와 지혜의 매개자였던 것이다.

그러나 19세기 조선사회가 세계 자본주의 체제에 편입되어 서구의 자본주의 물결이 도도히 몰아닥치면서 노인의 위기는 시작되었다. 조선을 점령한 자본주의는 본질적으로 두 가지 측면에서 전통적인 노인상을 해체하고 노인들을 사회의 중심부에서 주변부로 밀어내었다.

첫째는 사회진화론의 영향이다. 19세기 말에 우리나라에 전해진 서구의 사회진화론은 인간사회를 적자생존과 약육강식이 지배하는 생존 경쟁사회로 파악하였다. 이 논리는 일제의 식민지 지배와 맞물려 확대 재생산되면서 한국인의 의식 속에 침투되었다.

사회진화론은 현 중노년층이 태어나 성장한 지난 20세기의 식민지시대-분단시대-독재시대를 거치면서 그 폐해가 매우 컸다. 교실에서 1등만이 대접을 받고 꼴찌는 사람대접을 제대로 받지 못하였다. 회사에서는 사장 이하 임원진은 왕인 반면, 종업원은 부지런히 일만 하는 근로자였다. 대학도 서울대학교를 필두로 한 서열 순위였고 개인의 실력보다 학력과 학벌이 중요하였다.

이러한 폐단은 노인에게도 그대로 적용되었다. 모든 사회 시스템과 문화가 젊은이를 중심으로 재편되면서, 나이 들면 더 이상 생산 능력이 없는 퇴물로 인식되었다. 그에 따라 20세기 한국사회의 노인들은 점점 주변부로 밀려났고 타자화되어 갔다.

두 번째로 존경받던 노인들이 소외된 데에는 고도의 잉여가치를 실현하는 자본주의 관점에서만 노인을 바라보았기 때문이다. 생산과 비생산의 양극단에서 잉여가치를 낳는 생산만이 가치의 중심에 놓여 있었다. 나이 들어 일을 할 수 없는 노인에 대한 평가는 사회경제적 가치를 낳지 못하는 비생산자요, 생산층에 기생하는 식충이로밖에 인식되지 않았다. 늙으면 생산성과 효율성이 없는 무가치한 존재로 전락되었다.

그리하여 20세기 후반 자본주의 산업화는 '한강의 기적'을 낳았지만, 노인이 설 땅은 점점 좁아져만 갔다. 노인의 든든한 버팀목이었던 효사상도 박제화되고 산업화와 함께 나타난 도시화는 노인이 대접받던 마을과 대가족을 해체하면서 노인을 주변부로 몰아갔다. 노인들은 더 이상 마을에서, 가정에서 누리던 지위와 권위를 인정받을 수 없게 되었다. 노인들이 할 역할도 점점 없어지고, 있어도 그 가치를 인정받지 못하는 시대가 되었다. 대중매체는 물론 여러 문학과 예술작품에서도 노인을 퇴물로 시각화하고 상징화하였다. 20세기 노인에 대한 부정적인 이미지는 점점 더 확대 재생산되어 오늘에 이르고 있다.

이렇게 일반화된 부정적인 노년상으로부터 노인들 역시 자유로울 수 없었다. 사회진화론적인 생애 인식은 일선에서 물러난 노인들로 하여금 자신들을 퇴물로 인식하게 하여, 노인들 스스로 자신들을 늙은이로 취급하고 사회적 역할을 차단하였다. 그에 따라 사회적으로 고립되고 소외된 채 안방 늙은이 신세로 전락하거나, 자식들에게 부담만을 안기는 존재로 인식되었다. 전통적으로 존경받던 노인의 역할은 소멸되고 세대는 단절되는 등 사회 전체가 부정적인 노인상에 빠져들기에 이르렀다.

이런 사회 분위기에서는 노년기의 생애 가치를 찾을 수 없다. 그것은 노년의 삶을 더욱 어렵게 하는 요인으로 작용하여, 나이 들면서 삶

나이듦에 대한 새로운 이해

의 질을 악화시키는 악순환의 함정에 노인들을 빠뜨렸다. 이른바 아노미 속으로 노인들이 빨려 들어간 것이다.

아노미Anomie란 프랑스 사회학자 에밀 뒤르켐1858~1917의 『사회분업론』과 『자살론』에서 유래한 말로, 사회적 기준이나 규범이 붕괴되어 공통의 가치관과 의미를 상실한 상태를 말한다. 이런 상태에서는 사회 구성원들이 무기력, 목적의식의 결여, 감정의 공허함과 절망 등을 겪게 된다. 다시 말해 전통사회에 당연한 것처럼 여겨지던 경로사상, 어르신에 대한 예의범절과 규범, 세대 간의 유기적인 연대와 역할 분담 등이 해체되면서 대안 없이 공황상태에 빠진 것이다. 사회적으로 주류층에서 밀려난 노인들은 극심한 무기력과 절망감에 휩싸일 수밖에 없다. 우리나라 노인 자살률이 OECD 국가 가운데 가장 높은 것은 우연이 아니다.

2016~2018년 3년간 노인 학대도 14,090건이 될 정도로 심각하다. 더욱 놀라운 것은 그 가운데 70퍼센트가 직계 가족이 가해자라는 점이다. 직계 가족 가운데에서도 아들의 학대가 가장 많은 37.3퍼센트나 되었다. 그것도 89퍼센트가 주로 가정에서 이루어졌다. 이런 사회병리적인 현상이 나타나는 것 역시 아노미 현상이 극단적으로 표출된 것이다.

우리는 진시황이 꿈꾸던 장수사회에 살게 되었지만, 존경받지 못하는 노년의 시대를 맞이하고 있다. 조선시대 '노인을 위한 나라'에서, 지난 백년을 거치면서 지금은 '아이만을 위한 나라'로 바뀌었다. 지난 1백 년 동안 우리는 '어린이날'을 축복 속에서 보냈지만, '어버이날'

은 부담스러운 날로 보냈다. 어르신이 수저를 먼저 들어야 밥을 먹던 시절은 전설이 되어가고 있다.

노인은 더 이상 존경받는 위치가 아니며 집에서 아이나 보고 공원에 나가 소일하는 무용지물이 되었다. 전국에 노인병원과 요양원은 날로 번창하고, 막대한 국가 재정을 축내는 존재가 되었다. 한마디로 세계적인 베스트셀러 작가인 테드 피시먼이 말한 회색 쇼크에서 빠져 나오지 못하고 있다.

노년층은 철저히 사회로부터 타자화되었을 뿐 아니라, 사회적으로 어르신의 존재 의미와 가치를 상실한 시대에 살고 있다. 노년들이 늙어서 미안한 시대가 되었다. 그 결과 자식들로부터 학대받는 부모들이 늘어나고 빈곤과 고독을 못 이겨 자살하는 노인들이 저승행 줄을 길게 서 있는 현실이다. 특히 기존의 노인상은 젊은이의 시각과 관점에서만 바라보았기 때문에, 노년층을 가치 중심에 놓고 접근하지 못하였다. 타자화된 것이다. 그 때문에 노년층은 사회에서 비주류층이자 소외층으로 전락되었고, 노인들의 목소리를 제대로 담아내지 못하였다. 더 이상 유의미한 사회적 역할을 기대할 수도 없게 되었다.

가정에서 설 땅을 잃어버린 노인들, 사회 주변부로 전락한 노인들, 사회 경제적으로 소외된 노인들이 스스로 제 자리를 찾아가기 위해서는 먼저 현실을 직시해야 한다. 이제는 단지 나이 먹은 어른이라는 장유유서만으로 존경받는 시대는 지났다. 나이와 성별에 관계없이 모든 사람은 똑같은 존재이며 대등한 위치에서 주체적으로 목소리를 내는 시대이다. 가정과 마을 및 사회에서 어르신으로 대우받던 전통적인 도덕적 관습과 역할도 용납되지 않는다.

그렇다면 노인들이 제자리를 찾기 위해서는 무엇보다도 노년층 스스로 전통에 기댄 꼰대의식을 버리고 나이를 초월한 대등한 세대의식이 필요하다. 그런 다음 생애주기에서 노년기에 걸맞은 사회적 가치와 역할을 새롭게 자리매김해야 한다.

20세기를 넘어 21세기로

21세기 초고령사회는 인류 역사상 처음 접하는 노년의 시대를 낳고 있다. 노년세대가 최고의 사회적 자본으로 새롭게 부상하고 있다. 삶의 질이 중요한 21세기 현대사회에서 노인들의 사회적 활동과 역할은 점점 그 가치와 중요성이 커지고 있고, 세대 간의 공존과 공복 필요성도 증대되고 있다.

이러한 상황에서 기존의 부정적인 노인상은 청산되어야 한다. 노년기는 절대로 쇠퇴기가 아니다. 오히려 자율적으로 성취하는 생애 원숙기이며 완성기이다. 노력 여하에 따라 끊임없이 성장할 수 있는 시기이다. 정신과 의사인 이시형 박사도 YO세대의 등장을 강조하면서 '나이듦=약해짐'이라는 고정관념에서 벗어나 '나이듦=강해짐'으로 인식 전환이 이루어져야 한다고 역설하였다.[15] 그것은 헤르만 헤세의 『데미안』에서 아프락사스가 알을 깨고 나오듯이, 나이 들면서 스스로 자신을 감싸고 있는 고정관념의 벽과 껍데기를 깨는 일이기도 하다.

따라서 기존의 부정적인 노인상을 청산하고 노년 스스로를 주체로 한 긍정적인 신노년상이 재정립되어야 한다. 그것은 노년층을 주체로 한 보다 긍정적이고 지속가능한 노년상이다. 나이 들어가는 것을 즐겁게 받아들이면 노화 속도를 늦출 수 있을 뿐 아니라, 삶의 질도 크게 좋아진다는 사실은 이미 여러 연구를 통해 입증된 사실이다.

새로운 노년상 정립을 위해서는 닭과 병아리가 동시에 알을 쪼듯 국가 사회와 노년층의 졸탁동시^{啐啄同時}가 이루어져야 하나, 무엇보다 우선 부정적인 노인상으로 세뇌되어 있는 고령자들 자신부터 주체적인 자각이 필요하다. 그래야 나이 들면서 스스로 장수사회에서 주체적이고 긍정적인 삶을 영위하고, 이것이 사회적으로 확산되면서 사회 전체의 인식 전환이 이루어질 것으로 기대한다.

이러한 주장은 이미 유럽에서 1970년대에 제기되었다. 프랑스의 작가이자 철학자인 시몬 드 보부아르^{1908~1986}는 그녀의 나이 60세였던 1970년에 파리에서 출간한 『노년』에서 고령의 비활동 인구를 폐물 취급하는 소비사회의 비인간적인 면을 통렬히 비판하면서, 노년의 해방을 위해서는 노년 스스로 주체적인 자각을 하고 의미 있는 존재로 만들어가야 한다고 주장하였다. 노년에 대한 시몬 드 보부아르의 충고는 50년이 지난 지금에도 살아 있다. 그는 나이 든 사람들이 하찮은 생활에서 벗어날 수 있는 유일한 해결책은 스스로 삶에 의미를 주는 목표들을 계속해서 추구해야 한다고 하였다. 그러면서 지나치게 나이를 의식하지 말고 정정당당히 참여적인 인생을 살아가야 한다고 하였다. 그것이 사회적 활동이든 정치적인 일이든 창조적인 일이든 무엇인가에 헌신할 때 나이를 들어도 의미 있는 삶을 살 수 있다고 하였다.

시몬 드 보부아르의 주장은 매우 타당하다. 나이 들어서도 스스로 사회나 정치적으로 지적이고 창조적인 일에 헌신할 때, 노인의 굴레에서 스스로 벗어나 당당하고 참여적인 인생을 살 수 있다. 그것은 곧 주체적인 노년의 가치 창출과 역할 찾기라 할 수 있다.

안도현 시인은 「너에게 묻는다」라는 시에서, 하얀 껍데기만 남아 있는 연탄재에 한없는 애정을 표하면서 연탄재의 아름다움을 노래하였다. 노년기는 분명 연탄처럼 마지막 불꽃을 태우고 재로 사라지는 소중한 시기이다. 연탄이 자신의 몸뚱어리를 다 태워 아랫목을 따끈따끈하게 만들어 주듯이, 노년 역시 여생을 불태워 주변을 따뜻하게 해야 한다. 찌질하게 꺼져가는 연탄이 아니라, 마지막까지 활활 타는, 그래서 누구도 함부로 발로 찰 수 없는 연탄재가 되어야 한다. 연탄과 같은 자신의 존재 가치를 재발견하고 삶의 이정표를 재정립한 뒤 생애 마지막 단계인 노년기 생명의 불꽃을 불태울 수 있어야 한다. 그를 위해서는 먼저 20세기 자본주의 사회가 파놓은 노인의 함정에서 탈출하여 새로운 노년상을 정립하고 실천하면서 열정적인 삶을 살아갈 필요가 있다.

특히 유념할 점은 20~30대의 젊은 시절을 기준으로 나이 들어가는 지금을 바라보아서는 안 된다. 그것은 젊은 날에 집착한 나머지 인식의 오류, 생각의 동굴에 빠진 것이자, 현실을 외면한 것이다. 그렇게 되면 점점 상실감이 커지고 삶이 위축될 수밖에 없다. 현재 지금, 나의 모습을 있는 그대로 받아들이고 젊어지려는 집착에서 벗어나야 한다. 오히려 나이 들어가는 것을 즐긴다. 스스로 주체적인 목소리를 내면서 모든 세대가 공감할 수 있는 노년상이 필요하다. 그를 통해 모든 세대가 대등하게 공존하면서 노년의 사회적 가치와 역할이 인정받을 수 있기를 희망한다.

:   생애 발달 단계설로 본 노년기의 가치와 의미

대나무가 매듭을 짓고 한 마디씩 성장하고 누에가 잠을 자고 한 단계씩 성장하듯이, 인간도 단계별로 성장한다. 그런 의미에서 노년기는 기본적으로 후퇴기가 아니다. 이전 시기보다 한 단계 성숙한 발전기이자 마지막 생애를 꽃피워 유종의 미를 거두는 시기이다.

이러한 관점에서 노년기를 바라본 이론이 전생애 발달 관점이다.[16] 이것은 인간 발달이 잉태부터 죽음까지 생애 전체를 걸쳐 단계별로 이루어지고 있다고 보는 발달심리학적 견해이다. 특히 이 관점을 눈여겨보아야 할 점은 노년기를 쇠퇴기로 보지 않고 일련의 생애 발달 단계로 보고 있다는 점이다. 이는 기존에 노년기를 쇠퇴기로만 본 시각에서 일대 혁명적 발상으로, 노년기를 부정에서 긍정으로, 절망에서 희망으로 전환시켰다는 점에서 고령화사회에 시사하는 바가 크다.

이와 같은 주장을 한 대표적인 학자가 독일 출신의 발달심리학자로 심리학의 거장이라 불리어지는 에릭 에릭슨이다. 에릭슨은 사람의 생애를 8단계로 구분하였다. 사람이 태어나 영아기→유아기→아동기를 거쳐 청년기(12～20세)에 닿게 되는데, 여덟 단계 가운데 다섯 단계가 20세 이전에 해당된다. 그 다음에는 20대 성인기를 거쳐 30～65세에 걸친 중년기를 맞이한 뒤 65세 이상 성숙기에 접어드는 것으로 보았다. 특별한 점은 65세 이상을 노년기가 아니라 성숙기로 본 점이다. 에릭슨은 나이 들어가는 것을 인생이 성장하고 무르익는 것으로 보았다.

사람의 생애에 대한 학자들의 관심은 에릭슨과는 달리 주로 청년기 이전의 어린 시절에 집중되었다. 상대적으로 나이 든 시기는 관심 밖으로 밀려나 있었다. 그 이유는 노년기에 대한 가치 인식이 부족하였기 때문이다. 그럼에도 불구하고 에릭슨은 노년기를 긍정적이고 생산적으로 보았다는 점에서 높이 평가된다.

에릭슨은 인간 발달단계에서 적응과 부적응의 두 개의 과업이 어느 생애기에나 늘 상존하는 것으로 보았다. 예를 들어 중년기(30～65세)는 자신을 위한 창조성과 생산성이 형성되는 시기인데, 그렇지 않으면 자기중심적인 성격에 매몰되는 것으로 보았다. 그래서 중년기 최고의 덕목은 '배려'라고 한다.

반면에 노년기인 성숙기(65세 이상)에는 그 동안의 삶의 지혜를 바탕으로 자아와 우주를 하나로 통합하려는 측면과, 그와는 반대로 크게 절망하여 우울한 노년의 함정에 빠지는 측면이 양립하는 것으로 보았다. 그 때문에 노년의 삶의 질은 극단으로 치우쳐, 행복하게 인생 말년을 보내는 사람이 있는가 하면, 절망적인 노년을 보내다 쓸쓸히 죽어가는 사람이 있을 수밖에 없다.

에릭슨이 바라본 노년기의 인생 과업은 신체와 사회적 상실을 어떻게 대처하느냐가 관건이었다. 그는 점점 나빠지는 신체 건강, 퇴직, 배우자나 친구들의 죽음 등을 어떻게 수용하고 그것에 적응하느냐가 성공적인 나이듦의 척도가 되는 것으로 보았다. 그래서 노년기는 나이 들면서 어떠한 삶을 선택하고 어떠한 인생길을 살아가느냐가 다른 어느 생애 시기보다도 중요하다고 하였다. 다행히 에릭슨은 노년기에 나타나는 가장 큰 삶의 덕목으로 지혜를 꼽고 있다. 에릭슨의 주장에 따르면, 노년기는 노년의 최대 강점인 지혜를 바탕으로 성숙한 노년의 삶을 살 수 있는 가능성이 열려 있다.

에릭슨의 인간발달과정을 좀 더 발전시킨 학자는 레빈슨이다. 그는 인생주기모형에 입각하여, 인간 발달단계를 아동기, 청년기, 성년기 전환기(17~22세), 성년기(22~40세), 중년기 전환기(40~45세), 중년기(45~60세), 노년기 전환기(60~65세), 노년기(65세 이후)로 구분하였다. 60~65세는 노년기 전환기로, 이 시기는 은퇴를 준비하고 신체적 쇠퇴를 대비하는 시기이다. 65세 이후부터는 은퇴와 신체적 쇠퇴에 적합한 새로운 인생계획을 수립하고 적절히 노화에 대처하면서 변화에 적응하는 시기로 보았다. 그는 노년기로 접어드는 60대에 새로운 내적·외적 환경 변화에 자기 자신의 삶을 어떻게 최적화시키느냐를 매우 중요한 인생 과업으로 보았다.

최근 노년기를 생애 발달 과정의 한 단계로 보고 긍정적으로 본 또 다른 이론의 하나는 하버드 대학교 성인발달연구소에서 2000년에 연구를 수행한 윌리엄 새들러이다. 사회학자인 새들러는 인간 생애를 크게 4단계로 구분하였다.[17] 그 첫 단계인 제1연령기는 10대에서 20대 초반의 청년기로, 인간으로서 기본적인 1차 성장을 하는 배움의 단계이다. 제2연령기는 20대 후반에서 30대까지의 시기로, 가정과 직장과 사회에서 생산성을 발휘하는 단계이다.

제3연령기는 마흔 이후 30년에 걸친 중년기로, 이 시기는 2차 성장을 통해 자기실현을 이루는 새로운 성장과 발달시기이다. 새들러는 인간의 평균 수명이 늘어나면서 나타난 제3연령기는 현대 인류의 축복시기로 보았다. 특히 40대에서 70대에 걸친 제3연령기가 중요한 것은 숨겨진 자신만의 가능성을 재발견하여 창조적인 변화를 통해 자아를 실현할 수 있는 데다, 이 시기를 어떻게 사느냐에 따라 70대 이후 노년기인 제4연령기 삶의 질이 달라지기 때문이다.

영국 캠브리지 대학교의 라스레트 교수도 1991년에 발간한 『삶의 새로운 지도A Fresh Map of Life』라는 저서에서, 인간의 생애를 4단계로 나누었다. 제1기는 부모의 양육을 받는 시기, 제2기는 부모에게서 독립해서 가정을 이루고 자아 발전을 도모하는 시기, 제3기는 은퇴 이후 여전히 활동하는 시기, 제4기는 기존의 전통적인 노년기이다. 라스레트 교수가 말한 제3기 인생The Third Age은 새들러가 말한 제3연령기의 후반에 해당된다. 생애 단계를 바라보는 두 사람의 관점은 기본적으로 같으며, 두 사람 모두 제3연령기를 매우 강조하고 있다.

그렇다면 제3연령기를 어떻게 살아가야 할 것인가? 이에 대해 윌리엄 새들러는 40대에서 70대에 걸친 제3연령기에 자기를 성장시킬 수 있는 구체적이고 실천적인 방법으로 여섯 가지 원칙을 제시하고 있다.[18] 행복하게 나이 들어가는 데 있어서 매우 중요한 원칙들로, 중년기에 걸맞은 조화로운 삶이 핵심이다.

첫째, 중년의 정체성 확립하기. 이것은 새로운 나이 환경에 적응하고 역할을 재조정하는 일이다.

둘째, 일과 여가 활동의 조화. 일 중독에서 벗어나 비경제적인 여가 활동을 하면서 조화로운 삶을 추구하는 것이다. 한 마디로 일과 개인적 삶이 조화를 이루는 워라밸work and life balance이다.

셋째, 자신과 남에 대한 배려와 조화. 남에 대한 배려를 하는 동시에 자기 자신도 돌보면서, 나와 남이 조화로운 관계를 맺는 삶을 추구하는 것이다.

넷째, 용감한 현실주의와 낙관주의의 조화. 이것은 철저히 현실에 삶의 뿌리를 두되, 항상 긍정적이고 낙관적인 태도를 유지한다. 늘 희망이 있는 현실적인 삶을 추구하는 것이다.

다섯째, 진지한 성찰과 과감한 실행의 조화. 성찰하고 깨닫는 데서 머무는 것이 아니라 그것을 과감히 실천에 옮기는 삶이다. 이것은 언행일치의 삶과도 통한다.

여섯째, 개인의 자유와 다른 사람과의 친밀한 관계의 조화. 이 원칙은 나이 들면서 나타날 수 있는 고립이나 자기중심적인 이기적 삶을 경계한 것이다. 자기 자신만의 자유로운 삶을 살되 더불어 함께 살아가는 삶을 지향한다.

이와 같은 중노년기 삶의 원칙들은 나이와 비례하여 보다 강화되어야 한다. 그렇지 않으면 나이 들수록 하루하루의 삶이 쇠퇴하여, 질병, 의존, 우울, 노망, 죽음으로 얼룩질 수밖에 없다. 반대로 위와 같은 원칙대로 살 경우에는 갱신, 갱생, 쇄신, 활력, 회춘하는 성공적인 삶으로 채워갈 수 있다.

윌리엄 새들러가 바라본 나이듦은 희망적이다. 그는 전통적으로 노년기로 분류되었던 60~70대를 제3연령기인 중년의 시기로 보았을 뿐 아니라, 이 시기 역시 새로운 차원의 인생 발전기로 보았다. 그러면서 나이 들어도 도전과 성장을 통해 활력이 넘치는 새로운 삶을 살 수 있는 방법은 바로 '배움'에 있다고 하였다.

프랑스가 낳은 위대한 작가 빅토르 위고[1802~1885]는 그의 나이 67세에 "내 몸은 늙어가지만, 정신은 왕성하다. 노년이 꽃피기 시작하고 있다"라고 하였다. 그렇다. 50대 이후 중노년기는 비록 육체적인 몸은 쇠하지만, 지난 세월의 경험과 지혜를 바탕으로 그 동안 살아온 삶이 '배움'을 통해 한층 무르익는 시기이다.

3.   행복하게 나이 들기

우리 인생의 후반기는
생각보다 길어질 뿐 아니라,
더 풍요로워질 수 있고
더 원기왕성할 수 있으며
더 뜻깊어질 수 있다.

· 윌리엄 새들러 ·

:   성숙하게 나이 들기

잘 나이 들어가는 것 aging-well 은 모든 사람의 소망이
다. 무엇이 잘 나이 들어가는 것인지는 보는 시
각이나 가치관에 따라 차이가 크다. 그것은 아주 오래된 인류의 숙제
이기도 하다.

2천 년 전에 이미 노년의 본질을 긍정적인 눈으로 바라본 키케로는
노년을 인생이라는 거대한 연극의 마지막 장으로 보았다. 연극 같은
인생을 성공적으로 끝내기 위해서는 마지막 장을 어떻게 마무리 짓느
냐가 매우 중요하다. 키케로는 유년기에는 어리고, 청년기에는 활력

이 넘쳐나고, 중년기에는 중후해지고, 노년기에는 원숙해진다고 하였다.[19] 노년기를 인생 쇠락기로 본 것이 아니라, 오히려 삶의 원숙기로 보았다. 미국 최고의 노인정신의학과 전문의인 마크 아그로닌 역시 노년을 대상으로 한 오랜 임상 연구를 통해 나이 들어가는 것을 더 길고 더 의미 있는 삶의 여정으로 정의하면서, '나이 들어가는 것은 성장하는 것이다'라고 하였다.[20]

이와 같이 나이 들어가는 것을 낙관적으로 바라보면서 의미 있고 풍요롭게 보내는 것을 성숙한 노화mature aging라고 한다. 그것은 한마디로 즐겁고 행복하게 잘 늙어가는 것이다. 다행히 노화를 결정짓는 요인 가운데 유전적 요인은 30퍼센트에 불과하다고 한다. 나머지 70퍼센트는 본인의 의지에 따라 좌우된다. 다시 말해 노년의 삶의 질은 늙어서 어쩔 수 없는 것이 아니라, 얼마든지 자신의 통제 아래에 놓여 있다. 마음먹기에 따라 얼마든지 달라질 수 있다.

성숙하게 나이 들어가기 위해서는 무엇보다 나이 들어가는 것을 가치 있게 여기고 나이듦의 장점을 최대한 살려내는 것이 중요하다. 나이 들수록, 젊었을 때보다 세상에 대한 관심이 밖에서 자기 내부로 향한다. 삶의 경험을 통해 자신과 세상을 통합해서 바라보는 지혜도 많아진다. 삶의 욕망에서 벗어나 있는 그대로 세상을 바라보고 사물을 세밀하게 관찰할 수 있는 주의집중력도 커지면서 무르익어간다. 그것은 뛰어난 창조성으로 이어지기도 한다. 나이 들어감에 따라 사용 가능한 시간도 많아진다. 의지만 있으면 얼마든지 자기 계발이 가능하고 사회 활동에 참여하여 소중한 시간을 다른 사람들에게 나누어줄 수도 있다. 궁극적으로 성숙한 나이듦은 자신 한 몸의 건강과 즐거움만을 위해 시간을 소비하는 것이 아니다. 미래세대와 사회 공동체를 위해 시간을 나누어주는 삶이다.

나이 들어 갖게 되는 이러한 특성과 장점들은 분명 젊은 시절에 없었던 것들이다. 문제는 이것을 어떻게 살려내느냐에 따라 나이듦의 성숙도는 달라진다.

성숙한 나이듦을 바라보는 학계의 관점은 크게 성공적 노화이론과 창조적 노화이론 두 가지로 나누어 살펴볼 수 있다. 두 이론 모두 노년기를 긍정적으로 바라보는 것은 공통적이나, 성공적 노화는 노화에 따른 부정적 현상들을 인정하는 연장선상에서 나이 들어가는 것을 말한다.

성공적 노화 모델을 최초로 제시한 로우와 칸은 성공적 노화란 질병과 장애가 없이 신체적·정신적 기능을 유지하면서 지속가능하게 적극적으로 삶에 참여하는 것으로 보았다.[21] 그의 노화 모델은 국내외에 큰 영향을 미쳐, 긍정적 노화 이론으로 발전하였다. 긍정적 노화란 나이 들면서도 지속적으로 만족스러운 삶을 유지하면서 신체적·사회적·심리적인 웰빙을 누리며 건강하고 행복한 삶을 즐기는 것을 말한다. 조지 베일런트는 긍정적 노화란 새로운 것을 배우고 일하면서 사랑하는 사람들과 소중한 시간을 보내는 것이라고 하였다.[22]

긍정적 노화이론보다 노년기를 좀 더 적극적으로 해석한 이론은 창조적 노화이다. 이 이론은 노년의 잠재력과 가능성에 초점을 맞추어 보다 적극적으로 자기완성과 사회 참여를 주장하는 이론이다. 그래서

나이듦에 대한 새로운 이해

창조적 노화는 나이가 들었음에도 불구하고가 아니라, 나이가 들었기 때문에 성취하는 것에 주목하고 있다. 나이듦 자체가 창조성의 원천이다. 창조적 노화를 주장하는 대표적인 노인정신과 의사이자 노년학자인 진 코헨은 나이 들면서도 얼마든지 잠재적 창조성을 발현할 수 있다고 하면서, 인생 후반기에 잠재성을 일깨워 다양한 방면에서 창조적으로 살아갈 수 있다고 주장한다.[23]

"창조성은 모든 나이에 모든 조건에서 일어날 수 있지만, 나이가 주는 경험의 풍요로움이 창조적 가능성을 엄청나게 확장시킨다."

이와 같은 진 코헨의 말은 노년을 대상으로 한 오랜 임상 경험과 노년학 연구를 바탕으로 한 것이다. 나이듦 자체를 창조성의 원천으로 보았다. 나이 들어가는 것을 성장 그 자체로 본 마크 아그로닌 역시 노년의 강점으로 세 가지를 꼽고 있다. 첫 번째는 풍부한 지혜(지식, 기술, 판단력, 리더십, 배려, 영성), 두 번째는 회복 탄력성(스트레스 해소, 감정 통제, 삶의 가치, 공동체와 가족 중시, 전통 중시), 세 번째 노년 강점은 바로 창조성이다.[24]

마크 아그로닌이 말한 강점들은 나이듦의 힘이자 창조성 그 자체이다. 그렇다면 나이 들어도 얼마든지 창조적인 삶을 살 수 있다. 실제 그런 사례는 수없이 많이 찾아볼 수 있다. 그래서 미국과 영국에서는 창조적 노화운동으로까지 발전하여, 나이 들어서도 잠들어 있는 창의적 재능을 일깨워 창의적 활동을 하도록 하는 동시에 지역공동체를 강화하는 수단으로 노년층을 활용하고 있다. 그를 통해 사회적 부담이 되었던 노년층이 오히려 사회적 자본으로 존재 가치를 인정받고 있다.

사회적 자본은 지역 사회구성원 사이의 상호 관계를 통해 형성된 사회적 네트워크나 규범, 신뢰 등을 의미한다. 그것은 지역사회의 연결망, 규범, 신뢰를 바탕으로 구성원 사이의 상호 이익을 위한 행위와 협력을 통해 이루어진다. 이것이 가능하기 위해서는 지역사회 구성원들의 상호 존중과 배려가 이루어지는 가운데 상호 관계성을 인식하고 공동선을 추구할 수 있어야 한다. 더 나아가 구성원 각자가 건강하였을 때 건강한 지역 공동체와 신뢰 관계도 구축될 수 있다.

사회적 자본을 강화하는 데는 지역사회 다른 어느 세대보다 고령자층의 역할이 주목된다. 나이 든 세대는 젊은 층보다 지역에 대한 관심과 애정이 많을 뿐 아니라, 지역 발전에 공감하고 협력할 수 있는 시니어들이다. 시니어층은 적극적으로 지역사회에 봉사하고 시민사회에 참여함으로써 지역의 규범과 신뢰를 강화시킬 수 있는 만큼, 노년층을 통해 지역사회의 사회적 자본은 얼마든지 확충될 수 있다. 따라서 지역사회에서 점점 많아지는 고령자층은 부담스러운 존재가 아니라, 앞으로 활용도에 따라 무궁한 잠재적 힘을 가진 사회적 자본이 될 것이다.

한편 한국 노인들이 생각하고 있는 성숙한 나이듦이란 분수에 맞는 절제된 삶, 긍정적인 삶의 태도, 자기완성을 위한 지속가능한 활동과 공부, 삶의 보람, 남에게 폐를 끼치지 않고 스스로 노후를 책임지는 자세, 가족이나 남에게 존경받고 베푸는 삶, 타인과의 좋은 관계 등이다. 이것은 곧 신체적·정신적 건강을 기반으로 주체적이고 긍정적인 자기 주도적 삶을 영위하는 것으로, 자기 자신은 물론 주변인들에게 폐를 끼치지 않으면서 생의 마지막까지 의미 있는 삶, 사회적으로 보람된 삶을 지향하는 것으로 볼 수 있다.

이러한 조사 결과는 실제 성숙한 노화를 연구한 학자들의 의견과도 대동소이하다. 연세대학교 사회복지대학원 김동배 교수는 노인들의 성공적 노화 척도로 자립적이고 자율적인 삶, 자기완성 지향, 적극적인 인생 참여, 자녀에 대한 만족, 자기 및 타인 수용 등 여섯 요인을 꼽고 있다.[25] 노인학자인 김희경 교수는 성공적 노화의 변인으로 생활 만족도와 여가 만족도, 가족 지지, 자기 초월감 등을 들고 있다.[26]

그밖에도 성숙하게 나이 들어가기 위해서는 신체적·정신적 건강과 자아 존중감을 비롯하여 모든 것을 받아들이는 수용성, 긍정적 사고, 지역사회 참여와 같은 사회관계망, 경제적 여유, 자기 효능감, 자녀 및 부부와의 좋은 관계 등을 꼽는다. 또는 나이 들어가는 자기 자신을 수용하고 다른 사람과 긍정적인 관계를 유지하면서 적극적인 삶을 사는 것 외에 자율성, 환경에의 적응, 인생의 목표, 개인적인 성장 등을 중요한 요소로 보기도 한다.[27]

성숙한 나이듦에 관한 또 다른 주장의 하나로 안정신 교수 등은 한국의 전통적인 가치와 문화 특성을 반영하여 성숙한 노화 개념을 제안하였다. 이 개념은 개인의 건강한 심신을 바탕으로 배우자와 자녀를 비롯한 다른 사람에 대한 배려, 사회에 대한 책임감을 다하는 것 등을 성숙한 노화의 핵심으로 보았다.[28] 이는 유학의 인생관이라 할 수 있는 '수신제가치국평천하'의 현대적 재해석이라 할 수 있다.

다시 말해 성숙한 나이 들기란 수신을 통해 건강한 몸과 마음을 유지하면서 개인적 차원에 머물지 않고 이웃, 더 나아가 사회 전반에 걸쳐 일정한 책임과 역할을 다하는 것이다. 이는 개인의 성공적인 노화를 사회 일반으로 확장한 것으로, 매우 가치 있고 타당하다. 성숙한 나이듦이야말로 나 하나만의 행복을 넘어서 사회적으로 행복하게 나이 들어가는 것이다.

다음으로 성숙하게 나이 들어가기 위해 필요한 것은 무엇보다 자기 주도적인 자립적 삶이다. 그를 위해서는 신체적인 건강과 경제적 여유가 뒷받침되어야 하지만, 그에 못지않게 정신적인 건강이 중요하다. 정신적인 건강이란 우울증 같은 정신적 질환에서의 자유 외에 자기 존중감과 수용성, 자신감, 성취감 등이 있어야 한다. 그것은 나이 들어 살게 될 삶의 질과 직결되어 있다.

아울러 나이듦의 즐거움을 누리기 위해서는 바람직한 사회적 지지와 관계망이 형성되어야 한다. 무엇보다 자녀를 비롯한 가족 및 친구들과의 좋은 관계이다. 그를 통해 소외감과 고독감을 줄이고 일정한 사회적 소속감을 느끼고 사회 발전에 기여한다는 자기 유용감이 있어야 한다. 그러할 때 고립된 자아상에서 벗어나 일정한 사회적 관계망 속에서 심리적 안녕감을 찾고 사회적 존재감을 느낌으로써 행복하게 나이 들어 갈 수 있다.

이와 같이 창조적으로 무르익는 나이듦을 위해서는 그 주체인 자기 자신이 성숙한 사람이 되어야 한다. 성숙한 사람의 특징은 친절하고 개방적이며, 자기 조절능력과 진정성이 있고, 용기와 사회적 지능을 가지고 있다고 한다. 반면에 미성숙한 사람은 자기중심적이고 이기적인 태도를 보이며 정서적으로 불안정하고 사고가 경직되어 있다. 또한 책임감이 부족하고 적대감 등으로 대인관계에 어려움을 겪는다.[29] 따라서 나이 들면서 무르익기 위해서는 성숙한 사람들의 강점들을 적극적으로 살려내야 한다.

참고로 아래 문항은 자기 자신이 성숙하게 나이 들어가고 있는지를 스스로 진단해 볼 수 있는 것들이다.[30] 이들 문항을 통해 무엇이 성숙하게 나이 들어가는 것인지, 어떻게 해야 성숙하고도 행복하게 나이 들어가고, 그런 삶을 가꾸어 나갈 수 있는지 엿볼 수 있다. 이들 문항은 나이 들어가는 삶을 점검하기 위한 체크리스트로 활용해도 좋고, 바람직한 나이듦의 지표 내지 기준, 또는 방향으로 삼아도 좋다.

아래 각각의 문항에 ○ / △ / × 한다. ○은 '그렇다', ×는 '아니다', △는 중간 정도 그런 삶을 사는 것이다. 15개 문항 가운데 ○가 많을수록 보다 성공적으로 나이 들어가는 것으로 볼 수 있다.

- 나는 평생 할 수 있는 취미를 가지고 있다. □
- 나는 평생 이루고자 하는 목표를 가지고 있다. □
- 나는 지금도 무엇인가를 배우고 있다. □
- 나는 남을 위해 기부를 하거나 봉사를 하고 있다. □
- 나는 나의 삶을 남에게 의존하지 않고 스스로 챙기고자 한다. □
- 나는 가족 구성원으로서 나름대로의 역할을 하고 있다. □

- 나는 건강한 좋은 습관을 지니고 있다. □
- 나는 규칙적으로 운동을 하고 있다. □
- 나는 단체(시민단체, 종교단체 등)에 가입하여 활동하고 있다. □
- 나는 만나서 이런저런 이야기를 나눌 수 있는 친구들이 있다. □
- 나는 다른 사람과 어울려 종종 여가를 즐기고 있다. □
- 나는 나이 들어가는 것에 만족한다. □
- 나는 일상생활에서 많이 웃는다. □
- 나는 다른 사람의 말을 잘 들어주는 편이다. □
- 나는 젊은 사람들과도 잘 어울린다. □

: 영적으로 나이 들기

꼭 영적으로 나이 들어야 할까?

일반적으로 젊었을 때는 물질적 욕망을 추구하는 반면, 중년 이후의 나이에는 삶의 가치를 찾는다고 한다. 또한 나이 들면서 나타나는 신체적 노화와는 달리, 정신적으로는 나이 들면서 더욱 성숙하고 지혜로워진다.[31] 그것은 영적인 존재로 태어난 인간이 물질적인 존재로 살다 다시 영적인 존재로 되돌아가는 삶과도 일치한다. 그것은 곧 자연과 하나가 되는 우주적 존재가 되는 것으로, 나이 들면서 추구해야 할 삶은 물질과 욕망에 사로잡혔던 그동안의 삶에서 벗어나, 잠재된 초월의식을 바탕으로 좀 더 정신적이고 영적인 삶을 추구하는 것이 바람직하다.

특히 영적인 나이듦spiritual aging은 개인적인 차원에서도 그렇지만, 사회적인 측면에서도 매우 필요하다. 21세기 현대사회는 고도의 산업화, 도시화, 지식정보화가 이루어짐으로써 인간의 존재가치가 위협받고 있다. 심지어 인간의 감성과 지성은 물론 생명과 영성까지도 상품화되고 있을 뿐 아니라, 20세기 자연환경 파괴에 따른 생태계의 위협은 인간과 자연과의 새로운 관계를 요구하고 있다. 이는 코로나19가 지구촌에 유행하여 2020년 6월 기준으로 40만 명이 넘게 사망한 사실이 엄중히 말해 주고 있다.

이런 상황에서 기본적인 인간의 존재가치 상실과 그에 따른 정체성 혼돈은 인류 문명의 위기의식마저 초래하고 있다. 20세기의 규범과 윤리적, 종교적 가치의 붕괴로 인해, 사람들은 자신들이 어느 곳에서 어떻게 존재해야 할지 모르는 방랑자가 되어가고 있다. 또한 디지털로 상징되는 지식정보사회는 인간을 지식정보의 도구로 전락시키고 인간관계를 단절시켜 고립시키고 있다. 인공지능과 컴퓨터가 인간을 지배하는 사회가 현실화되고 있으며, 파괴된 자연은 더 이상 인간을 위해 무엇인가를 해줄 힘을 잃고 인내심의 한계를 느끼고 있다.

위기의 극복은 궁극적으로 생명과 우주의 본질에 대한 재성찰을 통해서 가능하다. 생명 탐구는 곧 영성에 대한 관심으로 이어질 수밖에 없다. 인간은 본질적으로 삶의 의미와 목적을 추구하는 욕구를 가지고 있다. 그러한 욕구는 영적인 지향과 실천으로 이어진다. 그래서 위기에 직면한 현대인들은 올바른 삶과 참나를 찾고자 각종 종교와 수행단체를 찾고 있다. 최근에는 종교계는 물론 심리학, 정신의학, 교육학계 등 다양한 분야에서 영성에 관심을 기울이고 있으며, 인간 존재의 위기와 현대사회 모순을 극복하기 위한 대안 영성을 다각도로 모색하고 있다.

세계적인 종교학자이자 진보적 개신교 신학자인 하비 콕스는 세계적인 문명의 전환기에 현대인의 영적 갈증과 공허감을 채워줄 수 있는 대안 영성의 필요성을 역설하였다.[32] 한국의 많은 종교 전문가들도 인간의 존재양식 자체가 흔들리고 있다고 진단하면서, 한국사회가 필요로 하는 가장 시급하고 중요한 일이 시대에 맞는 대안영성의 계발이라고 주장하고 있다.[33] 그런 맥락의 일환으로 세계 각 선진국은 물론 우리나라에서도 '명상 붐'이라 할 정도로 명상 인구가 증가하고 관심이 폭증하고 있는 실정이다.

이와 같이 인간의 영적인 진화는 시대적 요청이자 사명이다. 특히 모든 것이 연결되는 4차산업혁명 시대에 로봇과 함께 공존하면서 인공지능을 통해 인간의 지적 능력이 고도화되고 있는 요즘, 인류 역사상 다른 어느 시대보다 인간의 영적 성숙이 요구되고 있으며, 현 시대와 함께 진행되는 나이듦 역시 영적인 진화와 함께 가야 한다.

영적으로 나이 들어가는 삶

영적인 나이듦이란 내면에 잠들어 있는 영성 spirituality 을 일깨워 밖으로 빛나게 하는 것이다. 그런 의미에서 영성이 무엇을 의미하는지 알 필요성이 있다.

영성은 지성, 감성, 이성, 덕성, 품성, 인성, 심성과는 구별되는 개념이다. 영성을 구성하는 요소들은 내면의 자아 발견, 자아 실현, 사랑, 자비, 평화, 자유, 책임, 관용, 감사, 일치, 침묵, 고요, 전인_{全人}, 생명, 생태, 초월, 신, 공동체, 생명력, 생명 에너지, 비전, 꿈 등을 들 수 있다. 이들 요소를 통해 영성의 개념을 어느 정도 짐작할 수 있겠으나, 영성에 대한 이해는 무엇보다도 먼저 인간의 본질적인 측면에서 접근할 필요가 있다.

초월심리학자들의 주장에 의하면, 인간에게는 본질적으로 자아실현을 위해 영적인 갈구와 영적 성장에 대한 목마름이 내재되어 있다. 그 대표적인 심리학자가 에이브러햄 매슬로[1908~1970]이다. 그는 인간에게는 자아실현의 단계를 넘어서, 욕구를 넘어서는 초월의 단계가 있다고 하였다.[34] 유치원의 창시자인 독일의 프리드리히 프뢰벨[1782~1852]도 인간의 본성상 신령한 것과 일치하려고 투쟁하는 신성의 불꽃이 본래 잠재되어 있다고 하면서 인간 영성의 중요성을 강조하였다.

실제 인간은 본질적으로 초월적인 그 무엇을 지향하는 속성을 지니고 있다. 그것이 바로 영성이다. 서구 신학이나 교육학적 영성 개념은 일반적으로 spiriti와 soul에서 유래한 spirituality로써, 현세의 물질적 삶에서 벗어나 궁극적인 가치를 향해 자기를 초월하고자 노력하는 체험이나 가치, 태도 등을 말한다. 그것은 곧 모든 것과의 연결성 속에서 삶의 초월적 차원을 찾아가려는 진지한 몸짓이다.[35]

인문주의 심리학자들에 의하면, 영성은 모든 것과 함께 호흡하는 '삶의 숨breath of life'을 의미한다. 자신과 다른 사람, 더 나아가 자연과의 삶 속에서 초월적인 세계를 지향하고 그를 통해 궁극적인 존재의 의미를 깨닫는 것이다.[36] 심리학자 이경열 교수 등도 영성에 관한 학계의 여러 정의를 검토하면서, 영성은 우리 몸속에 있는 생명력으로 자신을 타인과 우주와 연결시켜주는 우주적 에너지라고 정의하였다.[37]

영성이 무엇을 의미하는지는 지금까지 계량화되어 있는 영성 척도를 통해서도 엿볼 수 있다. 서구의 인문주의 심리학자들이 1988년에 만든 영적 성장 검사는 85개의 문항에 9개의 하위척도로 나뉘어져 있다. 그것은 ① 삶의 초월적 차원, ② 삶의 의미와 목적, ③ 사명감, ④ 생명의 외경심, ⑤ 물질적 가치의 척도, ⑥ 이타주의, ⑦ 이상주의, ⑧ 인간의 삶 속의 비극적 차원을 깨달음, ⑨ 영적 열매 등이다.[38]

국내에서는 이경열 교수 등이 한국인을 위한 영성 척도를 개발하였는데, 영성을 구성하는 요소로 ① 삶의 의미와 목적, ② 내적 자원(가치와 능력), ③ 세계와의 상호 연결성, ④ 영적인 초월성, ⑤ 자각, ⑥ 자비심을 꼽고 있다.[39] 내적 자원이란 자기 자신을 통제하고 원하는 삶을 지향하면서도 마음을 고요하게 이끌 수 있는 마음의 힘을 의미한다. 연결성은 나와 너-세계와의 소통 능력과 하나됨이고, 자각은 자신 안팎의 마음 상태를 잘 알아차리는 것이다. 자비심은 사랑과 봉사심을 의미한다.

이와 같은 영성 척도를 통해서도 알 수 있듯이, 영성을 구성하는 핵심 요소는 영적인 초월성, 새로운 삶의 의미와 목적, 생명과 세계에

나이듦에 대한 새로운 이해

대한 깨달음, 사랑과 평화 등이다. 이는 생애 발달 단계에서 다른 어느 시기보다 50대 이후 인생 후반기에 계발하고 실천하기 손쉽다. 실제 세계적인 영성 지도자이자 심리치료사인 미국의 토마스 무어는 나이 들면서 비록 몸의 기능은 떨어질지라도 영혼은 더욱 충만해지고 내면의 젊음 역시 그대로 남아 있다고 하였다.[40] 그래서 나이가 들수록 삶의 즐거움과 지혜의 수준이 한층 강화되어, 젊었을 때와는 다른 인생의 맛과 멋을 얼마든지 누릴 수 있다고 주장한다.

그렇다면 누구나 맞이하는 모두의 노년을 위해 희망이 보인다. 나이 들어가면서 중도적 삶을 살아가기 위해서는, 그래서 보다 성숙하게 무르익는 삶이 되기 위해서는 정신적 힘, 영성을 강화하려는 노력이 절대적으로 필요하다. 영성은 다음과 같이 정의되고 실천되어야 한다.

첫째, 영성은 인간 내면에 실존하고 있는 인간의 근원의식이자 생명력이다. 인간은 영적인 존재이다. 이탈리아의 영성주의자이자 교육자인 마리아 몬테소리[1870~1952]는 가톨릭신학의 영성 관점에서, 어린이의 정신과 행동이 인간 생명력의 본질인 영성에 뿌리를 내리고 있다고 보고 영적 태아인 어린이들에 대한 교육의 중요성을 역설하였다.[41]

문제는 영적인 존재로 태어난 어린이가 성장하면서 제도권 교육이나 사회적 환경 등으로 인해 점점 영성을 잃고 이성 중심의 인간, 좌뇌형 인간, 물질적 욕망에 사로잡힌 인간으로 변질되어 간다는 점이다. 다행히 나이를 먹으면서 물질화된 자신의 문제점을 깨닫고 영적인 회복 탄력성을 강화시켜 나갈 수 있다. 그동안 살아오면서 꺼져 있던 영혼의 등불을 밝히고 영적으로 나이 들어갈 수 있는 가능성과 기회는 누구에게나 열려 있다.

둘째, 영성은 초월적인 그 무엇과의 관계이자 그것을 지향하고 경험하는 것이다. 그 때문에 종교계에서 영성 문제를 많이 다루었다. 그렇지만 영성과 종교는 비록 중복되는 부분이 있을지라도 구별된다. 영성은 삶의 의미에 대한 경험적 의미, 무한으로의 개방, 무한과의 연결, 깊은 소속감과 전체라는 느낌으로 특징 지워지나, 종교는 절대자와 관련된 신앙생활에서 벗어날 수 없기 때문이다.[42] 영성은 종교적 관점보다 인간의 본성과 본원적 존재가치에 초점을 맞추어 다루어져야 한다.

셋째, 영성은 영적이고 초월적인 인간의 가능성에 대한 믿음이다. 인간은 영적인 속성이 내재되어 있기 때문에 영적인 성장이 가능하며, 영적인 성장과 함께 육체적, 심리적, 정신적인 완전성을 이룩할 수 있다.[43] 그러므로 진정한 인간으로의 성장과 삶을 꽃피우기 위해서는 영적으로 나이 들어가는 것이 필요하다.

넷째, 영성은 본래부터 내재되어 있는 본원적인 인간 생명력의 씨앗을 자라게 하는 자양분이자 환경이다. 인간 육체와 훈육된 지성과 덕성 등에 가장 필요로 하는 것은 영적인 자양분이다. 참된 영성이 투영된 육체와 지성, 덕성을 가진 인간이 참인간이다. 나이를 떠나 궁극적으로 인간이 추구해야 할 길이다.

다섯째, 영성은 인간과 영, 그리고 자연과 하나가 되는 통일체이다. 인간이 순수의식에 회귀하고 대우주와 소통할 때 세계는 하나가 된다. 삼라만상은 서로 조화로운 관계 맺기를 하고 있으며 균형을 이루고 있는데, 영성은 바로 그 점을 깨닫고 체화하는 것이다. 전통적으로 한국인에게는 단군신화와 삼재사상이 증명하듯이 하느님의 자손이 라는 영성이 있었다. 하늘과 인간, 자연을 삼위일체로 보았다. 하느님 은 초월적인 존재가 아니라, 지금 이곳에 있는 실재이다. 동학에서는 나와 너, 우리 모두가 하늘이라 하였다. 모든 존재가 마음속에 한울님 을 모시고 있는 것으로 보았다.

여섯째, 영성은 세속적인 현실을 초월하여 새로운 차원의 세계 를 찾는 가치, 능력, 경험, 에너지이다. IQ와 EQ 대신 제3의 지능인 SQ(영성 능력)를 주창한 도나 조하[Danah Zohar]와 이안 마셜[Ian Marshall]은 '영성 이란 현재의 자기 자신과 환경 너머를 바라보는 동시에 현실을 뛰어 넘는 의미와 가치를 찾는 능력'이라 하였다.[44] 이는 인간만이 갖는 고 유한 능력으로써 인간을 인간답게 하는 요소이며, 로봇과 함께 살아 가야 하는 AI 시대에 더 요구된다. 나이가 들면서 비록 육체적 힘은 떨어질지라도 영적인 힘만은 키워나갈 수 있다.

일곱째, 영성은 새로운 인간, 새로운 사회에 대한 비전과 꿈을 담 고 있으며 그를 통해 자각된 자비심과 사랑으로 세상 만물을 연결한 다. 영성은 새로운 인간과 사회에 대한 가치관과 지향성 및 실천력의 바탕이 될 수 있다. 영적인 성숙은 인간의 실존문제와 심리적 갈등 해 소, 자신의 내면세계에 대한 깊고 세밀한 관찰과 통찰, 심리적 안정감 과 평정감, 청정하고 절제된 삶, 사회문제와 갈등에 대한 깊은 이해와 통찰, 자비로운 언행과 베푸는 이타적 삶 등을 가져온다. 그래서 영적 으로 건강한 개인은 삶의 의미와 목적을 지향하고, 내적 가치에 근거

하여 삶의 여러 가지 결정을 하고 초월적 조망을 가짐으로써 인생의 신선함, 생명과 우주의 신비함을 음미할 줄 안다. 공동체의 다른 사람과도 함께 어울리며 서로 가치를 공유하고 상호지지하면서, 정신적으로 풍요롭게 살아가도록 한다.[45]

이러한 삶은 젊은 세대보다 나이 들면서 더 추구해야 할 인생의 가치이자 방향으로 보인다. 그것은 단지 개인 차원의 깨달음이 아니다. 신비적인 것도 아니다. 관념적이거나 형이상학적인 논리도 아니다. 종교 활동과도 구별되는 통합적 메타포이다. 영성은 인간 개체 모두의 깨달음을 지향하며 인간 근원으로의 회귀와 초월자와의 관계 맺기를 통해 너무나 인간적인 세상을 만들어 가고자 함이다. 그것은 삶 그 자체이며, 실천이며, 사회 및 인류문명의 과제이다. 21세기 장수시대에 나이 든 인생 선배들이 실천해야 할 개인적·사회적 의무이기도 하다. 나이 들면서 영적으로 진화한다는 것은 사랑이 넘치는 사회를 만들어 가는 빛과 소금이 되어간다는 말이다.

동학 2대 교주였던 해월 최시형은 내 한 몸이 꽃이 되면, 온 세상이 봄이 된다고 하였다. 나이를 먹으면서 영적인 진화를 하게 되면, 그것이 바로 내 한 몸이 꽃이 되는 것이고, 그렇게 되면 온 누리가 꽃밭이 될 수 있다.

영적으로 나이 들려면

영성은 나의 밖에 있는 것이 아니다. 내 안에 깃들어 있는 본성이다. 그것을 영혼이라 하여도 좋다. 내 안에 깃들어 있는 신성인 영혼을 활짝 꽃피우려면, 마음에 대한 자기 성찰과 집중을 바탕으로 부단한 자기 수련이 요구된다. 그것은 영적 성숙을 통해 자기 해방에 이르는 자유의 길을 걷는 것이자, 길을 헤매지 않고 바르게 나이 들어가는 지름길이다.

앞서 언급한 세계적인 영성 지도자이자 심리치료가인 토마스 무어는 나이 든 사람이 개인적으로 영성을 키울 수 있는 방법으로, 관조하는 삶, 명상하는 삶, 자연 속에서 걷기, 꿈꾸는 삶, 봉사 활동, 『도덕경』과 같은 고전을 읽으며 영적 공부를 해야 한다고 하였다.[46]

영적인 삶은 철저히 자기 수련이 동반되어야 한다. 실제 칼 융은 영성 수련은 영적 변화를 촉진하여 인격의 성장도 가져온다고 하였다. 이는 이미 초월심리학자들의 연구에 의해 다양한 형태로 증명되고 있다.[47] 처음 신체 건강을 위해 시작한 요가 수련도 아사나, 호흡, 명상 수행을 통해서 신체와 정신, 마음이 상호작용을 하게 되며, 그를 통해서 기의 순환, 정신 집중, 심리적 안정, 평안함 등과 같은 변화가 초래된다.[48]

인류 문명사에서 최고의 수련법으로 꼽히는 요가 경전인 『요가수트라』는 깨달음을 얻는 일련의 과정으로 하지 말아야 할 계율인 야마Yama, 禁戒, 적극 해야 할 니야마Niyama, 勸戒, 몸 수련인 아사나Aasana, 坐法·調身, 호흡 수련인 쁘라나야마Pranayama, 調息, 감각을 통제하는 쁘라티아하라Pratyahara, 制感, 정신을 한 곳으로 주의집중하는 다라나Dharana, 凝念·集中, 명상과 선정에 드는 디야나Dhyana, 靜慮·瞑想·禪定, 깨달음을 얻는 사마디Samadhi, 三昧 등 8단계를 제시하고 있다. 이와 같은 요가 수련은 개인 및 사회 차원의 계율 지키기, 몸과 호흡 수련, 의식 집중과 명상이 핵심이다.

특히 영적으로 나이 들어가기 위해서는 요가에서 말하는 첫 번째와 두 번째 단계인 야마와 니야마가 매우 중요하다. 야마는 일종의 개인 차원의 계율로서, 살생하지 말 것, 정직할 것, 도둑질하지 말 것, 금욕할 것, 탐내지 말 것 등 다섯 가지이다. 니야마는 몸과 마음의 청정(정화·순결), 있는 그대로의 만족, 수행 정진하는 고행, 자아를 알고 진리를 탐구하는 공부, 내 안에 있는 신성으로의 귀의 등 다섯 가지이다. 이들 10대 계율은 요가 수행의 출발점으로, 그 자체가 영적인 길을 지향하고 실천하는 삶의 예술이다.

이러한 요가 계율은 요가 수행자가 아니더라도 모든 인간이 지향해야 할 보편적인 덕목들이다. 적극적인 자기 계발과 실천만이 영적으로 나이 들어가는 비결이다. 영성은 우리의 물질적인 육체와 감정, 습관, 관념 등이 에워싸고 있어 손쉽게 그 빛을 발산하지 않기 때문이다. 양파 껍질 벗기듯이 수신을 통해 영성을 에워싼 껍데기를 하나둘 벗겨내야, 그 안에 있는 영성이 밝게 빛을 발해 영적으로 나이 들 수 있다.

생의 마지막 불꽃 자아 초월

나이듦과 자기 초월의 길

성숙한 나이듦의 최종적인 관문은 자아 초월이다. 이를 노년학에서는 '노년초월 gerotranscendence'이라고 한다. 제로gero는 노년이란 의미의 고대 그리스어이고, 트랜센던스transcendence는 초월을 뜻하는 라틴어에서 유래한 단어이다. 이 개념은 노년기의 삶을 고통 속에서 보내는 것이 아니라, 모든 것을 수용하면서 전과는 다른 차원의 삶을 지향하고 생명의 아름다움을 향유하기 위한 것이다. 그것은 일상적인 삶의 초월을 지향하는 것으로, 일상을 넘어 보다 성숙한 노년기의 삶을 추구하는 진보적 개념이다. 노년초월은 중년기 삶과는 질적으로 다른 차원의 가치체계로써 원숙한 생애의 완성을 의미한다.

이에 대해 노년초월을 처음 주장한 스웨덴의 노년학자 라스 톤스탐은 자아 초월이란 인생을 바라보는 관점이 물질적이고 합리적인 것에서 보다 우주적이고 초월적인 것으로 변하는 것이라고 하였다. 초월적인 삶을 지향하는 사람은 단순히 건강하게 장수하는 것을 꿈꾸는 것이 아니라, 신체적·심리적·정서적·사회적 변화를 긍정적으로 받아들이고 적응하면서 전과 다른 차원의 삶의 의미와 만족을 찾는다. 이것은 삶과 죽음을 초월하여 정신적인 불꽃을 태우는 것으로, 독일 철학자 니체1844~1900가 말한 위버멘쉬 uebermensch, 즉 초인超人과도 통한다.

니체가 말한 초인은 삶의 굴레를 초월한 사람으로, 자신이 처한 현실이 어떠하든 자기 삶을 따뜻하게 바라보고 자아의 집착과 탐욕에서 벗어나 관조하는 삶을 사는 사람이다. 이것은 노년초월과 맥락을 같이 한다. 이는 플라톤이 말한 '동굴의 죄수'에서 벗어나 이데아를 찾아가는 것이며, 장자가 말한 '우물 안의 개구리'가 우물 밖으로 나오는 것과 같다. 이 단계에 이르면, 장자가 궁극적인 삶으로 추구한 '소요유逍遙遊'를 통해 대자유의 세계에서 생의 마지막기를 향유할 수 있다.

노년기 자아 초월은 가능하다

노년기에 자아 초월이 젊었을 때보다 쉬운 것은 세계관이 바뀌기 때문이다. 나이 들수록 세상과 자신을 분리시켜 바라보면서 자기 자신의 내면에 집중하는 특성이 있다. 또한 나이 들면서 나타나는 여러 부정적 현상들을 받아들이고 인정함으로써 긍정적인 마음과 자세로 삶의 관점이 바뀐다. 세속적인 욕망과 물질적인 관심도 줄어들면서 세상을 초연하게 바라본다. 그에 따라 고독이나 명상을 즐기는 시간이 많아진다.⁴⁹

나이 들면서 죽음을 수용하고 시간을 초월하는 경향도 나타난다. 그래서 과거–현재–미래를 통시적으로 바라보면서 현재를 초월하는 관점이 생겨난다. 노인들이 조상에 관심을 갖고 손자들에게 더 애정을 표하는 것도 다 그런 이유에서이다. 이것은 현재 눈에 보이는 물질적 소유와 욕망을 잠재우고 세상을 바라보는 관점을 우주 의식으로 확장하는 데 도움을 준다.

특히 인간에게는 근본적으로 초월의 욕구가 있다. 『소유냐 존재냐』, 『사랑의 기술』 등의 저서로 널리 알려진 미국의 사회심리학자이자 정신분석학자인 에리히 프롬[1900~1980]은 인간의 존재에서 파생되는 근본적인 욕구가 다섯 가지인데, 그 가운데 하나가 초월 욕구라고 했다. 다섯 가지 욕구는 초월 욕구 외에 관계성 욕구, 자기 존재의 뿌리 욕구, 정체성 욕구, 방향 설정과 신앙의 틀에 대한 욕구 등이다. 이들 욕구는 나이 들면서 오히려 강화되는 것들로, 노년기에 적극 살려낼 필요가 있다.

초월 욕구란 인간이 창조적 행위를 통해 자기 존재의 우연성이나 피동성을 초월하고자 하는 욕구이다. 그것은 곧 피동적이고 수동적인 자기 자신을 충만한 목적과 자유의 영역으로 끌어올리는 것으로, 역설적으로 생명 파괴를 통해 생명을 초월하는 것이다. 프롬이 지향한 초월의 세계는 자유와 사랑이 넘실대는 참 세상이다.

프롬의 초월 욕구는 매슬로의 자아실현 욕구와도 일맥상통한다. 매슬로는 인간 성장의 5단계 욕구를 주장하였는데, 그 계층적 순서는 생리적 욕구, 안전의 욕구, 소속감과 사랑의 욕구, 자기 존중의 욕구, 자아실현의 욕구 등이다. 이들 욕구는 단계별로 순차적으로 실현되며, 최종적으로는 인생의 후반부에 자아실현의 단계에서 초월의 경지에 이른다. 매슬로는 링컨이나 루스벨트와 같은 성공한 사람들에게서 나타나는 자아실현 특징으로 17가지를 꼽고 있다.[50] 이들 특징을 통해 과연 '나'는 얼마나 자아실현이 되었는지 살펴볼 수 있다.

- 현실을 보다 효과적으로 정확하게 인식한다.
- 자신과 다른 사람을 수용하고 자기 본성을 인정한다.
- 생각과 행동 등이 꾸밈이 없고 솔직하며, 자발적이고 자연스럽다.
- 타인에게 의존하지 않고 혼자 스스로 편안하게 생활할 수 있다.
- 외부 환경으로부터 독립성을 유지하고 자신의 잠재능력에 의존한다.
- 자연이나 어린아이 등 삶의 기본적인 것에 즐거움으로 대하고 늘 감사해 한다.
- 기쁨이 넘쳐나면서 강렬하고 황홀한 절정 경험을 한다.
- 모든 인간에 대한 감정 이입과 애정을 가지고 있다.
- 모든 사람에게 우호적이고 존중하며 차별하지 않는다.
- 일상생활에서 옳고 그른 것을 확실하게 구분한다.
- 은은한 미소와 함께 철학적인 유머감각이 있으며 타인을 비웃지 않는다.
- 어린아이와 같이 순진무구하고 폭넓은 창조성을 지닌다.
- 스스로 자기 자신을 다스리면서 자부심이 강하고 특정 문화를 초월한다.
- 확고한 가치체계와 유연성이 있다.
- 내적인 유연함과 함께 이분법적 사고가 사라지고 욕망과 이성이 조화를 이룬다.

이와 같은 자아실현의 특징들은 상대적으로 인생 후반기에 잘 나타나는 것들이다. 나이 들수록 많은 물질적 욕구가 실현되거나 사라졌을 뿐 아니라, 오랜 인생의 경험과 지혜를 통해 무엇이 인본적인 삶인지 스스로 터득하고 실천하기 때문이다. 이것은 세속적인 삶에서 벗어나 영적인 초월의 세계로 들어가는 기반이 된다.

노년기에 자아 초월이 가능하기 위해서는 자기 자신의 모습을 긍정적으로 수용하고 넘어서면서 다가올 죽음을 초월해야 한다. 죽음의 두려움에서 벗어나지 못할 경우 우울과 허무에 빠질 수도 있고 모든 것의 무상함에 의욕을 상실할 수도 있다. 어떤 형태로든 죽음을 넘어선 경지에 도달해야 하는데, 그 자체가 지구별에 태어나 살아온 전 생애를 초월하는 것이다. 자아 초월은 단순히 나이 들어 당면한 위기와 어려움을 극복하는 데 있는 것이 아니라, 현재의 자신과 시공간을 넘어 새로운 차원으로 발전하는 것이다.[51]

노년기의 자아 초월을 보다 완성된 개념으로 정립한 것은 에릭슨이다. 그는 톤스탐의 노년초월 개념을 기반으로 80세 이후를 생애 마지막 단계인 노년초월기로 바라보았다. 에릭슨은 1994년 93세로 죽기 직전, 그의 부인의 힘을 빌려 인간발달 9단계 이론을 제시하였다. 기존의 8단계 이론을 9단계로 수정 확대하면서, 마지막 단계를 노년초월기로 보았다. 이 시기는 노년기, 그 중에서도 80세가 넘는 초고령기에 해당한다. 이는 에릭슨이 실제 암을 투병하면서 90세까지 산 자신의 삶의 경험을 바탕에 둔 것으로, 그래서 더 설득력을 가진다.

에릭슨 부부가 말하는 노년초월이란 "우주(공간)와 시간을 넘어서는 것이고 인간의 지식과 경험을 초월하는 것이다. 이러한 자아 초월은 우리의 마음과 영혼을 향해 가장 깊이 있고 의미 있게 대화할 수 있는 예술이고 우리의 육체와 마음과 영혼에 관련되는 모든 것들이 어우러지는 영역으로 나가게 하는 인생의 위대한 춤이다."[52] 이것은 나이듦의 장점인 지혜를 바탕으로 노년의 어려움을 극복하고 자아를 새롭게 정립하면서 영적으로 다른 차원으로 초월하는 것이다.

특히 나이 들어 자기 초월이 필요한 것은 어쩔 수 없이 직면하는 신체 건강문제, 정신적인 우울과 고립감 등을 이겨낼 수 있는 힘이 바로 초월적인 의식과 삶의 태도에서 비롯되기 때문이다.[53] 따라서 노년기의 자아 초월은 영적으로 성숙하게 여물어가는 결과이자 인생의 최종 목적지가 되어야 한다.

자아 초월의 즐거움

자아 초월을 하게 되면 무엇보다도 세상을 바라보는 시각이 자기중심에서 타자중심으로 바뀌면서, 마음이 사랑과 배려, 겸손과 감사함으로 충만해진다고 한다. 이는 자기중심에서 벗어나 자기 자신을 타자화하여 바라보는 것이자, 타인과 사물을 보다 객관적으로 우주적 시각에서 접근하는 것이다.

또한 물질적이고 세속적인 욕망에서 보다 자유로워지며, 자신을 둘러싼 시간과 공간 및 사물을 재정의하면서 주체적인 정체성을 확립하게 된다. 죽음의 불안에서 벗어날 뿐 아니라, 삶과 죽음을 새롭게 해석하면서 그 경계를 넘어선다. 자연의 신비함에 감탄하며, 작은 것에도 기뻐하고 고독을 즐기며, 신체적 고통도 초월할 수 있는 지혜가 생겨난다.

이와 같은 자아 초월의 경지에 이르면, 실제 일상생활에서 나타나는 초월적인 삶의 모습은 다음과 같다.[54] 이는 노년기의 자아 초월의 지표로서, 나이 들면서 어떠한 삶을 살아가야 할 것인지 하나의 기준과 방향성을 제시하고 있다.

- 신체적, 심리적, 사회적 노화 증상을 자연스럽게 받아들인다.
- 죽음도 삶의 일부분으로 받아들인다.
- 자기중심에서 벗어난다.
- 세상을 바라보는 관점이 바뀌고 현실에 대한 다른 시각을 갖는다.
- 꾸준히 자기반성을 한다.
- 물질에 얽매이지 않는다.
- 역할의 변화를 수용한다.
- 마음을 비운다.

이와 같은 자아 초월 지표는 앞서 언급한 성숙하게 나이 들어가는 문항보다 한 차원 높은 것들이다. 초월적 삶은 자기중심적인 에고이즘에서 벗어나 정신적으로 보다 자유로운 세계를 추구하며, 물질적 욕망과 죽음의 번뇌에서 벗어나 초연한 삶을 즐긴다.

이러한 초월적 삶을 보다 구체화시킨 것은 한국노년학회의 윤민석이다. 그는 노년초월 이론과 에릭슨의 생애 9단계 이론을 중심으로 노화에 대한 재해석을 통해, 우주적 차원, 자아 차원, 관계 차원 세 영역으로 나누어 초월적인 삶의 지표를 제시하였다. 이를 통해 나이 들어 살아가는 초월적인 삶의 태도와 모습을 구체적으로 알 수 있는데, 그것을 알기 쉽게 재정리하면 아래와 같다.[55]

아래 3개 영역 18개 문항에 ○/△/× 한다. ○은 '그렇다', ×는 '아니다', △는 중간 정도 그런 삶을 사는 것이다. ○가 많을수록 보다 초월적으로 나이 들어가는 것으로 볼 수 있다. 반대로 ×가 많을수록 그저 그렇게 늙어가고 있다는 것을 의미하므로, 반성적 성찰이 요구된다.

우주적 차원

- 시간과 공간을 재해석한다.   □
- 과거와 현재라는 경계를 초월한다.   □
- 자신 너머의 세계와 접촉하고 그 속에서 삶의 의미를 찾는다.   □
- 다음 세대에 기여하는 것에 관심을 갖는다.   □
- 죽음에 초연해진다.   □
- 인생에 있어 신비로운 부분을 긍정한다.   □
- 소소한 일상에서도 즐거움을 찾는다.   □

자아 차원

- 자신의 숨겨진 모습을 새롭게 발견한다.   □
- 명상 같은 정신 활동에 관심이 많다.   □

- 자신을 타자화하여 바라본다. ☐
- 이기적인 자아에서 이타적으로 변한다. ☐

관계 차원

- 사람을 선택해서 만난다. ☐
- 혼자만 있는 시간을 즐긴다. ☐
- 새로운 사회적 역할에 잘 적응한다. ☐
- 불필요한 관습을 따르지 않는다. ☐
- 전통에 얽매이지 않는다. ☐
- 옳고 그름을 분명히 인식한다. ☐
- 필요 이상의 욕심을 내지 않는다. ☐

이처럼 자아를 초월한 모습은 자기 자신의 삶을 완성하는 것으로, 궁극적으로 지향해야 할 인생길이 아닐 수 없다. 실제 노인들이 자기 초월에 대한 인식과 경험 여부는 우울감 감소와 삶의 만족도에 긍정적인 영향을 미치는 것으로 조사되었다.[56]

따라서 성숙한 나이 들기를 거쳐 최종적으로 자아 초월에 이르는 것은 나이 들어가면서 해야 할 과제이자 궁극적인 지향점이다. 그것은 생의 마지막 단계인 인간발달 9단계를 노년초월기로 설정한 에릭슨과 에릭슨의 말대로, 시간과 공간의 경계를 넘어 신체와 마음, 그리고 영혼이 통합되는 하나의 존재가 되는 것이다. 그런 존재로 지구별을 떠나는 것은 매우 아름답고 숭고한 이별이라 할 수 있다.

자아 초월에 이르는 성숙한 나이 들기는 전적으로 자신의 선택과 노력에 의해서만 가능한 일이다. 노년기는 학교, 직장, 단체 등에 소속되었던 이전 시기와는 달리 모든 외부의 구속과 규제에서 벗어나 스스로 해야 하는 시기이다. 무임승차할 수가 없다. 스스로 무엇이 참되게 나이 들어가는 것인지 숙고하고, 그를 위해 무엇을 할 것인지 선택하고 실천에 옮겨야 한다.

　　성숙한 나이듦을 통해 자아 초월에 이르기 위해서는 무엇보다도 개인 의지와는 관계없이 겪게 되는 노화 증상을 자연스럽게 수용하면서, 건강한 마음과 정신에 기반을 둔 삶의 태도와 자세가 중요하다. 그것이 성숙하게 나이 들어가는 힘이다. 특히 나이 들수록 쇠약해지는 육체를 자신의 의지대로 어떻게 할 수 없을지라도, 오랜 삶의 경험과 연륜을 바탕에 둔 삶의 지혜와 태도 및 습관이야말로 나이 들어 가장 큰 자산이다. 그래야 성숙하게 나이 들어 자아 초월의 길을 걸을 수 있다. 그것은 니체가 말한 위버멘쉬 초인이 되는 것이자, 공자가 인생의 최종 단계로 언급한 종심從心에 이른 경지이다.

　　공자기원전 551~479는 나이 70을 넘기면서 자신이 살아온 생애를 6단계로 구분하였다. 1단계는 15살 지학志學으로 학문에 뜻을 두는 시기이고, 2단계는 30살 이립而立으로 삶의 뜻을 확고하게 세우는 시기이고, 3단계는 40살 불혹不惑으로 어떠한 유혹에도 넘어가지 않는 시기이고, 4단계는 50살 지천명知天命으로 하늘의 이치와 자신의 소명을 아는 시기이고, 5단계는 60살 이순耳順으로 무슨 소리를 들어도 귀에 거슬리지 않는 시기이고, 6단계는 70살에 맞이하는 종심從心의 단계로써 마음 내키는 대로 말하고 행동해도 법도에 어긋나지 않는 시기이다.

공자가 말한 종심은 '종심소욕불유구^{從心所欲不踰矩}'에서 나온 말이다. 종심의 경지란 바로 마음에서 하고자 하는 바를 그대로 하여도 법규와 규범에 어긋남이 없는 상태이다. 불교식으로 말하면 깨달음의 경지이다. 막힘없는 대자유를 얻은 것이다. 그 자유는 15세에 학문에 뜻을 둔 이래 불혹, 이순 단계를 거쳐 끊임없는 배움을 통해 이룩한 자기완성체로, 육체적 욕망으로부터의 자유, 도덕적 규범으로부터의 자유, 외부 대상으로부터의 자유를 누릴 수 있게 된 것이다.

공자의 생애처럼 삶의 굴레에서 초월하여 대자유인이 되는 길은 생애 여러 단계를 거쳐 완성된다. 그것은 세상에 태어나 죽기 전까지 궁극적으로 추구해야 할 생애 과업으로, 생명의 자유와 즐거움이 넘쳐나는 최고의 경지라 할 수 있다.

제3부

인생 3막 설계는 이렇게

진정으로 행복하기 위해서는

지금 살아가는 삶이 단지 만족스럽고 즐겁기만 한 것이 아니라,

희망에 찬 열정과 객관적으로 인정받을 수 있는

사회적 활동과 지지가 있어야 한다.

바람직하게 나이 들어가기 위해서는

무엇보다도 나이듦의 지혜를 살려내

배움이 있는 삶, 깨어 있는 삶, 조화로운 삶이 되는 것이다.

1.   나이듦의 가치와 지향점

아름다운 젊음은
우연한 자연의 산물이지만,
아름다운 노년은
예술 작품이다.

· 안나 엘리너 루스벨트 ·

바람직한 나이 들기는
어떤 모습이 되어야 할까

나이 들어 살아가는 여러 모습들

일반 대중이 인식하는 노년기는 한 마디로 인생의 쇠락기, 사회로부터의 은퇴기, 죽음을 맞이하는 생애 마지막 단계이다. 모두 어린 시절부터 학습된 부정적 노년관에서 비롯된다. 그런 노년 인식에서는 노년기에 대한 어떠한 긍정적 이해와 창조성을 찾기 힘들다.

실제 나이 들어 살아가는 모습들은 다양한 형태로 나타난다. 이를 몇 가지 유형으로 나누어 보면 다음과 같다.

체념형

체념형은 노년기를 노쇠함과 질병에 시달리며 죽음만을 기다리면서 더 이상 생산적인 생명 활동을 포기한 유형이다. 이런 경우 자신을 퇴물로 여기거나, 흘러간 청춘을 그리워하면서 젊은 시절의 추억만을 먹고 산다. 또는 노인 콤플렉스에서 벗어나고자 한사코 젊어 보이려고 애쓴다.

이런 유형의 노인은 '이 나이에 뭘 해' 하면서 모든 가능성을 스스로 포기한 채 '늙음'이라는 감옥에 자신을 가둔 채 죽지 못해 살 뿐이다.

꼰대형

꼰대형은 집 안팎에서 어른 대접만을 받고자 하는 유형이다. 꼰대형 속성은 다음과 같다고 한다.[57]

- 자신이 가진 능력, 매력, 실력 등을 실제보다 과장하고 그것을 자랑하기 좋아한다.
- 특별한 사람으로 대접받고 싶어 한다.
- 자신의 생각이나 판단만을 고집한다.
- 듣기보다는 말하기를 좋아하며 상대방을 존중하지 않는다.
- 자기 자신을 객관화하여 바라보는 태도나 능력이 없다.

이와 같은 꼰대 속성을 가진 노인은 인정 욕구에만 사로잡힌 채 대우만 받으려 하고 아랫사람을 가르치려 하고 이른바 '똥고집'을 부린다. 남의 말은 들으려 하지 않고 자기 생각에만 사로잡혀 있다. 그 결과 세월이 흐르면서 점점 꼰대 노인 주변에는 사람들이 가까이 하지 않는다. 결국 자기 자신은 물론 가족들에게 고통을 주는 외로운 늙은이가 되어 간다.

은둔형

은둔형은 노년기를 사회경제적 은퇴기로 보고 일선에서 물러나 혼자만의 은둔생활을 하는 부류이다. 이런 유형은 주변인들과의 소통이 단절된 채 혼자만의 은일한 생활을 추구하지만, 결과적으로 가족들을 힘들게 한다.

특히 은둔형은 사회적 관계와 활동을 하지 않음으로써 점점 고립되고, 결국 외로움 속에서 인생을 끝내야 한다. 물론 조선시대 은둔형 선비가 그랬던 것처럼 청빈낙도를 즐기거나 독서와 글쓰기 등으로 소일하고 자연과 벗하는 경우도 있겠으나, 생산적인 활동으로 이어지지 않음으로써 바람직한 노년기를 보내는 것으로 볼 수는 없다.

쾌락형

쾌락형은 우리 주변에서 '인생 뭐 있어' 또는 '노세 노세 젊어서 노세' 외치며 하루하루를 즐기면서 살아가는 나이 드신 분들을 많이 만날 수 있다. 때로는 행복해 보이고 때로는 노년기를 참으로 멋지게 살아가는 것으로 보인다.

이런 유형은 외형적으로 행복한 삶을 살아가는 것 같지만, 개인적인 차원에서의 삶의 유희, 욕망의 실현에 불과하다. 그 자체를 나쁘다고 할 수 없지만, 객관적으로 인정받는 사회적 가치를 실현하면서 바람직한 삶을 살아간다고 말할 수는 없다.

바람직한 삶이 추구하는 가장 핵심적인 가치는 궁극적으로 행복이다. 행복은 만족, 열정, 의미 등이 복합된 개념이다. 진정으로 행복하기 위해서는 지금 살아가는 삶이 단지 만족스럽고 즐겁기만 한 것이 아니라, 희망에 찬 열정과 객관적으로 인정받을 수 있는 사회적 활동과 지지가 있어야 한다. 그렇다면 인생 후반기에 행복을 찾아갈 수 있는 바람직한 삶의 틀, 프레임은 어떻게 짜야 할까? 그래서 궁극적으로 대자유를 누리는 자아 초월에 이르는, 성숙하면서도 창조적으로 나이 들어가는 길은 무엇일까?

바람직하게 나이 들기

'바람직하다'를 국어사전에서 찾아보면 '바랄만한 가치가 있다'라는 뜻이다. 바랄 만하다는 것은 누구나 희망하고 지향하고 있다는 의미이다. 가치는 국어사전에서 사물이 지니고 있는 쓸모, 대상이 인간과의 관계에서 지니게 되는 중요성, 인간의 욕구나 관심의 대상 또는 목표가 되는 진선미라고 한다. 그것은 한 마디로 아름답고 갸륵한 인간의 미덕이라 할 수 있다.

따라서 바람직하게 나이 들어가기 위해서는 자아실현을 통해 보다 높은 초월의 세계를 지향해야 한다. 그와 동시에 인간 생명의 본질적 속성인 자애를 실천하고 다른 대상과 의미 있는 관계를 맺으면서 더불어 살아가는 삶이 되도록 한다.

자연의 이치를 언급한 『주역』의 건괘에 나오는 4덕인 원형이정元亨利貞에서, 원은 봄, 형은 여름, 이는 가을, 정은 겨울이다. 가을인 이利는 의로움義으로 조화를 이루고, 겨울인 정貞은 곧음直을 굳건히 하여 사물의 근간을 이룬다고 하였다. 그렇다면 이와 정에 해당되는 인생 후반기는 의로움과 곧음으로 사물의 근간을 이루는 시기이다. 그것은 의롭고 곧은 삶의 모습으로 나타나며, 그것이 영글어 인생의 열매를 맺고 후대를 위한 씨앗을 남기는 것이다.

인생 후반기에 결실을 거두는 삶의 과실은 두 가지 의미를 지닌다. 하나는 한 평생 살아온 자기 인생의 열매를 맺는 것이다. 이는 내적인 결실이다. 또 하나는 외적인 결실이다. 나무가 열매를 맺어 대를 잇고 다른 생명을 살리듯이, 사람도 나이 들어 올바른 삶의 근간을 보여줌으로써 후손에게 유산을 남기고 자신을 낳아준 자연과 인간사회에 보답하는 것이다. 그것은 자연의 생명력을 북돋우고 인간을 비롯한 만물이 더불어 함께 지속적으로 살아가는 에너지원이 된다.

이와 같은 인생 후반기의 삶은 의롭고 곧게 살면서 만물을 살리는 이타적 삶이다. 자신이 걸어온 길이 다음 세대에게 도움이 되고, 자신의 말과 행동이 만물을 이롭게 하는 밑알이 된다. 그것이 곧 『주역』에서 말하는 원형이정 4덕의 삶을 올바르게 살다 가는 것으로 보인다.

나이 들면서 더욱 풍성해져야 하는 의로움과 곧음은 젊은이들이 기대하는 어른다움에서도 알 수 있다. 어른다움이란 지혜로운 사람, 베푸는 사람, 앞서가는 사람, 사랑으로 감싸주는 사람이다. 물론 이런 조건을 두루 갖추면서 나이 들어가는 사람은 많지 않겠으나, 적어도 그런 모습은 바람직한, 그래서 품격 있는 노년상의 모습이라 할 수 있다.

삼성생명 은퇴연구소 서사현 고문은 명품노인을 '나이 들수록 베풀고 나누며 즐기는 멋진 인생'으로 규정하고 있다. 그러면서 명품인생을 위한 다섯 가지 조건을 제시하고 있는데, 첫째, 활발한 대인관계, 둘째, 적절한 경제력, 셋째, 존재감을 느낄 수 있는 일, 넷째, 스스로 자신을 관리할 수 있는 건강, 다섯째, 보다 즐거운 생활을 위한 여가활동 등이다.[58] 이 가운데 어느 하나만 갖추어서는 명품노년이 될 수 없으며 모든 조건을 두루 갖추어야 한다. 노년의 삶을 결정짓는 다섯 가지 핵심 요소인 사람, 돈, 일, 건강, 시간 등이 균형을 이루고 상호 조화로운 관계 속에서 베풀고 나누며 즐기는 삶이 될 때 명품노인이 될 수 있다는 말이다.

미국의 성직자 하워드 클라인벨도 정신, 정서, 신체, 인간관계, 영성 등이 조화로울 때 진정한 건강이라고 하였다.[59] 마흔 이후 30년을 제2의 성장기인 제3연령기로 본 윌리엄 새들러 역시 나이 들면서 자기 자신과 가족, 직업, 공동체 네 꼭짓점이 서로 조화롭게 성장해야 한다고 하였다.[60] 미국 예일 대학교 의과대학의 저명한 교수였던 셔윈 눌랜드는 그의 저서 『나이듦의 예술 The Art of Aging』에서 잘 나이 들기 위해서는 첫째 지혜, 둘째 다른 사람에 대한 배려, 셋째 신체적 건강, 넷째 창조성이 있어야 한다고 하였다.

한국보다 일찍 고령화 사회를 맞이한 일본의 대표적인 원로 소설가인 소노 아야코는 당당하게 나이 들기 위해 갖추어야 할 일곱 가지 지혜로, 첫째는 자립할 것, 둘째는 죽을 때까지 일을 할 것, 셋째는 늙어서도 가족들과 잘 지낼 것, 넷째는 돈에 얽매이지 않는 정신을 가질 것, 다섯째는 고독과 사귀며 인생을 즐길 것, 여섯째는 늙음, 질병, 죽음과 친해질 것, 일곱째는 신의 잣대로 인생을 볼 것을 제시하고 있다.[61] 매우 적절하고 타당하다. 한마디로 바람직한 노년상은 '건강하고 행복하면서도 사회적 지지를 받는 품격 있는 삶'이 아닌가 한다.

그러나 현실적으로 의로움과 조화를 이루면서 사물의 근간을 창출하는 일, 다시 말해 가치 있고 생산적인 인생 후반기의 삶을 살아가기란 쉽지 않다. 모든 과일 나무가 과실을 맺는 것은 아니다. 바람에 떨어져 열매를 맺지 못하거나, 병들어 썩거나, 벌레가 먹어치우거나, 과실이 열려도 향과 맛이 없는 것이 있듯이 사람 또한 그렇다. 다행히 사람은 동식물과 달리 스스로 자신을 돌볼 줄 안다. 나이를 먹으면서 더욱 성숙하고 진화할 가능성이 열려 있다. 얼마든지 나이 들면서 무르익는 노년의 삶이 가능하다. 문제는 나이 들어가는 자신의 존재를 자각하고 삶의 가치와 지향성을 성찰하면서 보다 새로운 인생 2막, 인생 3막을 열어가고자 하는 관심과 의지, 그리고 실천력의 여부이다.

백세시대 노년기는 몇 살부터라고 단정해서 말하기 어렵다. 70대가 되어도 자기 자신을 노인으로 인정하지 않는 사람들이 늘어나고 있는 추세이다. 그러나 노화에 따른 여러 신체적·정신적 증상은 어쩔 수 없다. 문제는 노화 증상을 어떻게 수용하고 대응하느냐에 따라 60대 이후 삶의 질은 전혀 다른 결과를 낳는다. '다 늙어서 뭘 해'라는 사고에 빠지는 한 더 이상 성공적인 인생 말년을 기약할 수는 없다. 그냥 목숨을 연명하면서 죽음에 다가설 뿐이다. 특히 나이 들면서 나타나는 큰 위기 가운데 하나는 자신의 존재 가치를 잃어버리거나 삶의 의미를 상실하고 허무함과 무기력에 빠질 위험성이 있다는 점이다. 이는 단지 정신적인 위기로 끝나는 것이 아니라, 신체적 건강까지도 위협함으로써 전반적인 삶의 질을 떨어뜨리는 요소로 작용한다.

에릭슨에게 영향을 받아 인간의 건강한 성장과 발달에 필요한 인생 주기별 발달과업을 제시한 미국 교육학자이자 노화 전문가였던 하비거스트[1900~1991]는 생애주기를 유아 및 아동초기(0~6세)-아동중기(6~13세)-청소년기(13~18세)-성인 초기(19~30세)-중년기(30~60세)-노년기(60세 이후)로 구분하면서 노년기에 해야 할 과제로 소외감과 허무감을 극복하고 인생의 의미 찾기, 정년퇴직과 수입 감소에 적응하기, 적극적으로 일하고 생활하려는 태도, 취미를 살려 즐겁게 여가 보내기 등을 제시하고 있다.

이와 같이 나이 들면서 즐겁고 의미 있게 보내기 위해서는 긍정심리학을 이론적 기반으로 하는 것이 바람직하다. 기존 심리학은 인간의 약점이나 고통을 치유하는데 초점을 맞추었다면, 긍정심리학은 사람의 강점이나 미덕에 초점을 맞추어 즐거운 삶, 몰입하는 적극적인 삶, 의미 있는 삶을 추구하는 과학이다. 긍정심리학의 창시자인 마틴 셀리그만에 의하면,[62] 즐거운 삶이란 자기 인생을 긍정적으로 바라보면서 모든 것에 감사하고 포용하는 것이다. 몰입하는 삶은 자신의 강점을 최대한 발휘하여 열정적으로 인생을 살아가는 것이고, 의미 있는 삶은 자신의 인생과 경험에서 소중한 의미를 발견하거나 새로운 의미를 부여함으로써 인생의 성취감과 만족감을 키워나가는 삶이다. 실제 고령자를 대상으로 긍정심리프로그램을 진행한 결과 우울감이 감소되고 생활만족도를 높여 전반적인 삶의 질이 개선되었다.[63]

특히 삶의 의미는 행복감과 자기 존중감을 동시에 높여주므로, 나이 들면서 더욱 주의를 기울여 추구해야 할 삶의 방향이다. 그것은 지난 과거 삶의 가치뿐 아니라 현재와 미래의 존재 가치를 결정짓고 정서적으로나 영적으로 무르익는 노년의 삶으로 이어진다. 따라서 행복하게 나이 들어가기 위해서는 무엇보다도 늙고 쇠약해져 간다는 체념과 불안에서 벗어나, 그냥 있는 그대로 자신의 모습을 긍정적으로 받아들이고 사랑하면서 미래의 희망을 향해 나아간다. 니체가 말한 아모르 파티Amor Fati를 즐길 수 있어야 한다. 니체는 주어진 운명을, 심지어 삶의 고통과 상실마저 있는 그대로 긍정하고 사랑할 때 더 위대해지며 내재된 창조성도 발휘할 수 있다고 하였다. 아모르 파티는 나의 모든 것이 사랑이 되게 하는 삶의 축제이다.

그러니 아모르 파티를 즐기면서 나이듦의 장점을 살려내 나이 들수록 무르익는 인생이 되도록 한다. 그것은 20대 청년이 20대에 걸맞은 삶의 가치를 찾아가는 것이나, 80대 노년이 80대에 어울리는 삶의 의미를 찾는 것이나 동일 가치선상에 있다. 청년들이 그들의 강점인 젊음과 용기를 살려 청춘을 불사르듯, 노년은 노년의 강점인 삶의 숙련미와 지혜를 살려 황혼의 아름다움을 시나브로 꽃피워 나가야 한다.

바람직하게 나이 들어가기 위한 가치와 지향점

세계보건기구WHO가 정의한 건강은 "단순히 병이 몸에 없을 뿐 아니라 신체적·정신적·사회적으로 충분히 활동할 수 있는 양호하고 안녕한 상태"이다. 이 정의에 따르면, 행복하게 나이 들어가기 위해서는 물리적인 건강 외에 정서적·정신적 건강도 매우 중요하다. 몸과 마음, 정신이 삼위일체로 통합된 건강만이 나이 들어가는 삶과 행복을 지켜줄 수 있다. 일종의 전인적, 홀리스틱한 나이 들기라 할 수 있다. 이런 관점에서 볼 때 바람직한 나이 들기는 크게 건강, 자아실현, 관계, 활동 네 영역으로 나누어 볼 수 있다. 이들 영역은 개별적인 것이 아니라 상호 유기적이며, 균형과 조화를 이룰 때 가장 이상적이다. 그렇다면 바람직하게 나이 드는 네 영역에 대해 자세히 살펴보자.

먼저 노년기의 삶을 위협하는 최대의 적은 신체 질병에 따른 건강 문제이다. 건강이 뒷받침되지 않으면, 어떠한 삶의 의도와 행위도 무의미하다. 건강한 삶 속에서 자아실현이 이루어지고 가족, 이웃과 좋은 관계를 유지하면서 유의미한 사회적 활동을 하는 삶이야말로 기본적으로 노년기에 꿈꾸는 바람직한 삶이다.

건강은 신체적 건강은 물론이고 정신적 건강이 매우 중요하다. 노년기에는 신체적 쇠락 외에 정서적으로도 위협 요인이 많기 때문에,

바람직하게 나이 들어가기 위한 4대 영역 12개 미덕

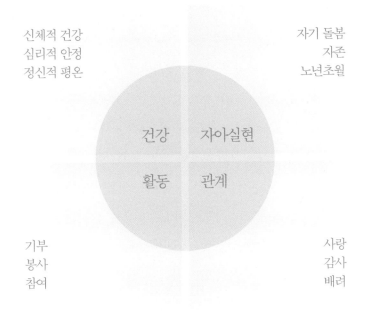

신체적 건강
심리적 안정
정신적 평온

자기 돌봄
자존
노년초월

건강 자아실현

활동 관계

기부
봉사
참여

사랑
감사
배려

정신력으로 극복할 수 있는 정신적 가치관과 태도는 어느 생애기보다 중요하다. 그러므로 노년기 건강을 위해서는 육체적 건강 외에 심리적 안정과 정신적 평온이 동시에 추구되고 조화를 이루어야 한다. 이것은 세계보건기구에서 정의한 건강 개념과도 일치한다.

건강 다음으로 나이 들면서 추구해야 할 두 번째 영역은 자아실현이다. 자아실현은 먼저 긍정적인 마음으로 자기 자신을 돌보는 것부터 시작한다. 나이 들면 젊었을 때와 달리 자기 자신을 보살필 일이 많아진다. 주의집중을 통해 내면의 세계를 알아차려야 한다. 그래야 몸의 신호에 제대로 반응할 수 있다. 또한 보다 성숙한 삶을 살기 위해서는 나이 들어가는 자기 존재에 대한 자존감을 지속가능하게 가지고 있어야 한다. 특히 나이 들면서 무릎 통증이나 기억력 감퇴와 같은 여러 부정적인 신체 증상에 위축되거나, 사회경제적 활동의 단절에서 오는 소외감 등으로 자기 자신을 부정하거나 비하할 경우 나이 들어가는 자신의 정체성을 긍정적으로 정립하기가 쉽지 않다.

자기 자신을 긍정적으로 바라보는 것, 아직 가족이나 남을 위해 무엇인가를 할 수 있다는 보람을 통해 자기 존재감을 느끼는 것, 자기 자신을 중심으로 모든 것이 연결되어 있다는 연결성과 중심성을 자각하는 것, 그것이 바로 지속가능한 자존감이라 할 수 있다. 이것이 바탕이 되었을 때, 궁극적으로 세속적인 욕망에서 벗어나 초월적인 노년의 삶을 살아갈 수 있을 것이다. 인간의 최종적인 성장단계를 자아실현이라고 말한 매슬로에 의하면, 일반인들이 자아실현을 하지 못하는 이유는 세 가지이다.

첫째는 자기 자신과 자기 내면의 불일치이다. 이것은 밖으로 향한 자기 시선이 안으로 향하지 않고서는 불가능하다. 내적 성찰과 외적 관심이 균형을 이루어야 하며, 자기 자신의 내면에 집중하고 충실해야 가능하다. 이것은 외적 욕망에 사로잡히는 젊었을 때보다 오히려 세속적인 욕구가 줄어드는 노년기에 접근하기 쉽다고 한다.

두 번째는 자신에 대한 부정적 시각이다. 노년기는 노화에 따른 퇴행으로 여러모로 위축되어 있다. 지난 생애에 대한 여러 부정적 평가로 자신감을 급격히 상실할 위험성도 매우 높다. 또한 은퇴하기 전 화려한 이력이 있는 경우 상대적 박탈감으로 자신에 대한 부정적 시각에 휩싸이고 자존감마저 위협받을 개연성이 있다. 이는 여생에 대한 위기감으로 이어지고 삶에 대한 능동성과 긍정성을 잃어가면서 자기 계발을 할 의욕마저 상실한 채 우울증에 시달릴 수도 있다. 이런 상황에서 자아실현을 꿈꾼다는 것은 요원한 일이다. 문제는 나이 들어 누구에게나 닥치는 위기와 노화에 따른 부정적인 증상들을 어떻게 수용하고 대응하느냐에 달려 있다.

세 번째는 이성과 영성이 통합되지 않은 도덕성을 꼽고 있다. 이성과 영성의 통합 역시 노년기에는 이성보다 영성지수가 올라가는 만큼 보다 정신적인 가치를 추구하는 영적인 삶을 통해 해결 가능하다. 영적인 삶은 오히려 젊은 시절보다 나이 들면서 보다 용이하고 필요한 방향이다. 특히 성공적으로 나이 들어가기 위해서는 자신의 잠재력을 발휘하면서 삶에 대한 일정한 성취감과 행복감이 있어야 한다. 나이 들면서 여러 불편한 진실이 있을지라도 지속가능한 자기 계발은 필수적이다. 그를 위해 매슬로는 여덟 가지 자아실현 방법을 제시하고 있다.[64]

- 무엇을 할 때는 완전히 집중해서 몰입하고 현실을 초월한다.
- 인간은 안전과 성장 사이에서 끊임없이 갈등하는 만큼 하루에 열두 번씩이라도 성장하는 쪽을 선택한다.
- 남의 시선이나 충고를 의식하지 말고 자기 자신을 진솔하게 표현한다.
- 의심이 들 때는 정직해야 한다. 자신에게 정직하면 책임질 용기가 생기고 그것은 자아실현을 돕는다.

- 자신의 취향에 귀를 기울여라. 다시 말해 남을 신경쓰지 않는다.
- 아무리 사소한 일이라도 하고 싶은 일을 잘 할 수 있게 노력한다.
- 내가 무엇을 원하는지, 어디로 가는지를 인식한다. 착각과 왜곡된 편견을 버리고, 마음을 비우고, 내가 누구이고 무엇이며, 무엇을 좋아하는지, 어디로 가는지를 알아야 한다.
- 자신이 훌륭한 사람임을 믿으라.

이러한 여덟 가지 자아실현의 방법은 나이 들어 해야 할, 오히려 나이 먹어 더 잘 할 수 있는 삶의 가치와 지향점들이다. 자기 자신을 믿고 긍정하면서 내면에서 우러나는 울림에 귀 기울인다. 그 울림은 바로 감사함과 자애심, 사랑이다. 진정으로 자기 내면에서 우러나는 삶에 충실하고, 진정으로 하고 싶은 말을 하고, 간절히 하고 싶은 일에 몰입해서 현실의 고통과 번뇌를 초월한다.

바람직하게 나이 들어가기 위한 세 번째 영역은 타자와의 관계이다. 젊었을 때 못지않게 노년기에도 여러 사람들과의 관계가 중요하다. 그 중에서도 가족친지와 이웃과의 좋은 관계, 의미 있는 나눔은 나이 들어 삶의 질을 좌우한다. 실제 행복하고 건강하게 나이 들어가는 것을 결정하는 요소는 뛰어난 지식이나 계급이 아니라 인간관계였다고 한다.[65] 나이 들어 인간관계에서 지향해야 할 미덕은 무엇보다 감사, 배려, 겸양, 사랑이다. 어른 대접만 받으려 하거나 꼰대 역할을 할 경우 바로 아웃이다. 오히려 배려하고 포용하고 겸손한 언행을 하는 것이 어른다움이며, 젊은이들이 원하는 존경스러운 모습이다.

인간은 궁극적으로 사랑을 받는 존재가 아니라 사랑을 주는 존재이다. 특히 나이 들어서는 더욱 그렇다. 어른 특유의 감성과 눈빛으로 사랑하고 감싸주는 것이야말로 최상의 아름다운 노년의 모습이다. 나이 들어서는 '빵'이 아니라, 감사와 사랑으로 살아가는 것이 지혜로운 삶이다. 김형석 교수가 60~75세를 인생의 황금기라 한 이유도 60대에 들어와 행복이 무엇인지, 인생을 어떻게 살아가야 하는지를 알았기 때문이라고 한다. 그가 말하는 인생의 진정한 행복은 남을 위해, 그리고 사랑하는 사람과 함께 살아가는 것이었다.

남을 위한 삶, 사랑하는 사람과 함께 나이 들어가는 삶이야말로 누구에게나 인정받을 수 있는 바람직한 삶이다. 그것은 바람직하게 나이 들어가는 네 번째 영역인 사회적 활동으로 이어진다. 인간이 사회적 동물인 이상, 나이 들어도 일정한 사회적 역할과 활동은 필요하다. 누가 불러주기 전에 스스로 가족 모임이나 마을 모임, 시민단체 등에 자발적으로 참여하여 낮은 자세로 임한다.

주의할 점은 꼰대짓이다. 종종 여러 모임에서 나잇값을 못 하는 어른들을 만나 볼 수 있다. 주변 상황 살피지 않고 자기주장만 펼치거나, 은근히 어른 대접을 받으려 하거나, 젊은이들을 무시하거나, 자기 의견이 받아들여지지 않으면 화를 내거나, 혼자 있을 때나 해야 할 말과 행동을 여러 사람 앞에서 일삼는 경우이다. 이런 경우 선의로 나간 모임임에도 도움은커녕 민폐만 끼칠 뿐이다.

그러니 나잇값을 하기 위해서는 나이 들었기에 더 겸손한 자세로 삶의 경륜과 축적된 정보를 바탕으로 미래의 사회와 세대를 위해 지혜를 나누어줄 수 있어야 한다. 자신의 인생 경험과 지혜를 미래세대에게 전달하는 것은 인생 선배로서의 사회적 의무이자 바람직한 역할이다. 그것은 다양한 형태의 기부나 봉사 활동으로도 가능하다. 박사 위에 밥사가 있고, 밥사 위에 감사가 있고, 감사 위에 봉사가 있다고 한 말이 그냥 우연히 나온 말이 아니다. 베풀고 봉사하는 어른다운 삶을 살아야 한다.

바람직하게 나이 들어가는 실천 전략

바람직하게 나이 들어가기 위해서는 욕망과 관계로부터 자유로운 노년, 삶 자체가 즐거운 노년, 나눔과 베품이 있는 노년, 지혜로운 노년, 더불어 살아가는 노년이 되어야 한다. 이는 하루아침에 가능한 문제가 아니다. 늦어도 60대까지는 인생 3막 새틀짜기를 통해 구체적으로 실천에 옮겨져야 한다. 이것을 실천에 옮기기 위해서는 무엇보다도 세 가지가 중요하다.

첫째, 무엇보다도 나이 들어가면서도 '배움'을 멈추지 않아야 한다. 대부분 눈이 침침해지고 기억력이 떨어지면, 독서와 학습을 멈추는 경우가 일반적이다. 그것은 단지 독서만을 포기하는 것이 아니라, 뇌 활동을 멈추는 것이고 더 이상의 생명 진화를 포기하는 것이다. 배운다는 것은 곧 성장과 발전을 의미한다. 배움에는 생물학적인 나이는 무의미하다. 존재 그 자체가 앎이요 생명의 꽃피움이다. 죽음마저 사랑하고 배워야 하는 대상이다.

바람직하게 나이 들어가는 데 꼭 필요한 것이 '배움'이라고 한 것은 아주 오래 된 미래 가치이다. 공자가 15세에 학문에 뜻을 둔 이후 70세에 대자유인의 경지인 종심에 이른 것도 끊임없는 배움이 있었기 때문에 가능하였다. 공자의 말씀을 모아놓은 『논어』를 보면, 공자의 입에서 가장 먼저 나온 말은 '배울 학(學)'이었다. 실제 공자는 몸이 늙어가는 것도 모르고 날마다 열심히 공부하다 죽은 것으로 그의 제자들이 기억하고 있다. 유학이 지식기반이었던 조선의 지식인들 역시 배움을 최고의 미덕으로 알았다. 그들은 나이 들면서 나타나는 노환을 오히려 배움의 기회로 삼았으며, 나이 들어 깨우치는 진리를 통해 배움의 즐거움을 만끽하였다.

그 대표적인 인물이 퇴계 이황(1501~1570)이다. 이황은 죽기 4년 전인 66세에 오랜 지병과 노환으로 몸이 불편하였는데도 매일 자연을 거닐며 사색하거나, 책이 가득한 방의 책상 앞에 앉아 고요히 명상을 하거나 서책을 보면서 이치를 터득하는 일상을 보냈다. 때로는 배움의 즐거움에 밥 먹는 것을 잊을 정도였다고 한다. 그와 같은 퇴계의 노년기 삶은 삶과 죽음을 초월한 것으로 스스로 묘비명을 썼을 정도이다.

로마의 철학자 키케로도 이미 2천 년 전에 노년기에 맞서는 최고의 무기는 바로 학문을 익히고 미덕을 널리 실천하는 것이라고 하였다.[66] 나이 60~70대를 제3연령기로 설정한 윌리엄 새들러 역시 활력이 넘치는 새로운 삶을 살 수 있는 비결은 배움에 있다고 하였다.

"항상 새벽처럼 깨어 있어라. 부지런히 노력하는 것을 즐겨라. 자기의 마음을 지켜라."

『법구경』의 이 말 역시 나이 들어가는 모든 이들이 귀담아 들어야 할 명언이다. 항상 깨어 있기 위해 부지런히 노력하는 것을 즐기다 보면, 자신의 본성을 지킬 수 있고 깨어있는 죽음을 맞이할 수도 있다는 말이다.

두 번째로 바람직한 나이 들기를 실천할 수 있는 전략은 자기 상태를 끊임없이 알아차리는 것이다. 나이 들면 다른 어느 시기보다 신체적으로나 정신적으로 노화에 따른 위협 요소가 많은 실정에서, 자신의 몸과 마음 및 정신 상태를 주의 집중해서 알아차리고 조절, 통제해야 자신이 원하는 길을 갈 수 있다. 그러기 위해서는 명상을 지혜의 도구로 사용할 수 있어야 한다. 생활 명상을 통해 수시로 마음을 알아차리고, 마음을 쉬어주고, 새롭고 의미 있게 마음을 디자인하면서 나이듦을 즐긴다.

마지막으로 바람직한 나이 들기는 앞의 그림에서 보여준 4대 영역 12개 미덕이 조화로운 균형을 이루어야 한다. 주변에서 보면, 뛰어난 사회 활동가인데 건강 이상으로 어느 날 사회 무대에서 내려오는 경우를 흔히 볼 수 있다. 또는 나이 들면서 지나친 건강 염려증으로 육체적 건강에만 신경쓰다가 사회적 가치 실현을 소홀히 하는 경우도 종종 볼 수 있다. 다행히 나이 들면 젊었을 때보다 더 지혜롭고 포용력이 높아지는 만큼, 어떤 형태로든 나이듦의 지혜를 살려 조화로운 삶이 되도록 하는 것이 바람직하다.

　미국 텍사스 주립대학교 심리학과의 제임스 페너베이커 교수가 이끄는 연구팀은 8세부터 85세에 이르는 3,280명의 기록물과 열 명의 유명작가 작품에 사용된 언어를 분석한 결과, 나이가 들수록 긍정적인 단어, '우리'와 같은 공동체 관련 단어, 미래형 단어를 더 많이 사용하였다고 한다.[67] 이는 나이가 들면서 세상을 더 긍정적으로 바라보고 포용적인 인간이 되어 가며, 지금 이 순간의 소중함을 깨닫고 미래지향적인 태도를 취한다는 것을 증명하고 있다. 그것은 한 마디로 나이 들면서 지혜로워지는 것이다. 그러니 바람직하게 나이 들어가기 위해서는 무엇보다도 나이듦의 지혜를 살려내 배움이 있는 삶, 깨어 있는 삶, 조화로운 삶이 되도록 한다.

2.　　인생 3막을 열어 갈 삶의 태도 12

나이 들어가는 것을 받아들이고 사랑하라.
나이듦을 잘 활용하는 방법만 알면,
나이 들어가는 시간 속에는 크나큰 즐거움이
들어 있다.
황혼에 점차 가까워지는 시간들은
사람의 일생에서 가장 달콤한 순간 중 하나이다.

· 세네카 ·

나이 들면서 긍정적인 삶의 태도를 가지기 위해서는 무엇보다 현실을 인정하고, 현재의 모습에서 기쁨과 행복을 찾을 필요성이 있다. 젊었을 때도 그 나름대로 좋은 점이 있었듯이, 나이 들어도 그 나름대로의 장점이 있다. 젊음을 기준으로, 젊었을 때와 비교해서 나이 들어가는 자신의 모습을 바라보지 말아야 한다.

사람은 나이 들면서 좀 더 유연해진다. 마음의 여유도 생긴다. 오랜 세월 다양한 경험을 통해서 얻은 삶의 지혜와 통찰력도 커진다. 평범한 일상에서 행복을 즐길 줄도 알며, 그것을 함께 나눌 줄도 안다. 이것이 아름답게 나이 들어가는 모습이다.

그러나 이러한 원숙미는 나이 들면 저절로 생기는 것이 아니다. 주변에 나이만 젊었지 젊은이답지 않은 청년들이 얼마나 많은가. 반대로 나이만 먹었지 나잇값 못하는 어른들이 얼마나 많은가. 나이 들어 나잇값을 하기 위해서는 어른다운 지혜와 통찰력을 키워나갈 필요가 있다. 촛불이 꺼져가듯 생명이 꺼져가는 우울한 나이듦이 아니라, 그동안의 경험과 지식을 바탕으로 우아하면서도 지혜로운 삶을 여미는 가슴 뛰는 나이듦이 되어야 한다. 그래야 나이 들어 그냥 시드는 꽃이 되지 않고, 늦가을 서리를 맞은 국화가 노란 꽃을 활짝 피우듯이 아름다운 황혼기를 보낼 수 있다.

시인 사무엘 울만은 그의 명시 「청춘」에서 영감이 끊기고 정신이 냉소의 눈에 덮이고 비탄의 얼음에 갇힐 때 스무 살이라도 늙은이가 된다고 하면서, 머리를 높이 들고 희망의 물결을 붙잡는 한 여든 살이어도 늘 푸른 청춘이라고 하였다. 열정과 희망이 있는 노년은 80세가 넘어도 청춘인 것이다. 그러기 위해서는 나이 들어가는 자신의 모습에 대한 인식과 삶의 태도가 매우 중요하다. 그것이 자신에게 주어진 한번뿐인 인생을 꽃피우는 자양분이자 꽃대 역할을 하기 때문이다.

태도는 모든 것이다 Attitude is everything. 태도는 그 사람의 모든 것이 표현된다. 그러니 가슴 뛰는 인생3막을 열어 갈 삶의 지혜가 담긴 생활태도를 함양하여 올바른 방향으로 나이 들어갈 수 있어야 한다.

: 오늘이
내 생애 가장 빛나는 하루,
나이듦을 즐긴다

중년 이후 나이 들어가면서 삶을 위협하는 것 가운데 하나는 과거에 대한 기억이다. 과거에 집착하는 이상 현재의 삶에 집중할 수 없다. 미래도 기약할 수 없다. 특히 과거 화려한 경력이 있는 경우 은퇴 이후 상실감과 단절감으로 우울증에 시달리거나 새로운 사회관계에 적응하지 못할 확률이 높다. 과거가 현재에 충실한 삶을 방해하는 것이다. 그러니 과거를 훌훌 털어버리고 아침에 눈을 뜨는 순간 새롭게 태어나는 자신을 재발견할 필요성이 있다. 오늘이 바로 내 생애 가장 빛나는 하루라는 생각으로 하루 첫 눈을 뜨고, 감사하는 마음으로 태양을 맞이하고, 하루 만나는 모든 것에 사랑의 손길을 내민다.

1947년에 태어난 문정희 시인은 그의 시 「소식」에서 오늘도 세상에 기쁜 일은 많다면서, 천 길 낭떠러지 짐승들 우글거리는 곳에서도 기쁜 일은 참 많다고 하루하루를 예찬하고 있다. 힘들고 슬픈 일이 많아 보이는 일상이지만, 찾아보면 즐겁고 감사할 일이 훨씬 더 많이 있다.

어릴 때부터 불편한 몸으로 세 번에 걸친 암 투병을 거치면서도 희망을 잃지 않고 긍정의 기운이 넘치는 글을 쓴 장영희 교수는 지구별을 떠나기 전 마지막 남긴 에세이집 『살아온 기적 살아갈 기적』에서 "아프고 힘들어서 하루하루 어떻게 살까 노심초사하며 버텨낸 나날들이 바로 기적이다. 살아온 기적이 살아갈 기적이 된다"라고 하였다. 지금까지 살아온 날들이 기적이니, 눈 뜨는 아침마다 기적은 이어지고 있다. 하루하루를 기적으로 쓴 글이기에, 그가 지구별을 떠난 지 10년이 되는 2019년에 『살아온 기적 살아갈 기적』은 100쇄를 찍었을 정도이다. 비록 그의 몸은 갔어도 그의 글은 살아 있어 기적을 낳고 있다.

미국 뉴멕시코주에 사는 호킨스 할머니는 1916년생으로, 2019년에 103세를 맞이했다. 그는 미국 전국 시니어체육대회 100미터 육상대회에서 46.07초로 우승을 차지하였다. 이 기록은 100세 이상에서 세계 신기록이다. 호킨스 할머니는 100세 때 달리기를 시작해 102세까지 세 차례나 세계 신기록을 세웠다. 달리기를 열심히 하는 이유를 묻자 "내 나이에 달릴 수 있고 건강하게 살 수 있다는 것을 사람들에게 알리고 싶었다"라고 하면서, "103살이 되면 하루하루가 기적이에요"라고 하였다.[68]

20세기를 대표하는 정신의학자인 엘리자베스 퀴블러 로스는 죽기 직전의 수백 명을 인터뷰하면서 '인생에서 꼭 배워야 할 것들'을 질문하였는데, 공통된 대답이 삶이란 하나의 기회이고 아름다움이며 놀이이니 지금 이 순간을 살라는 것이었다. 이것은 그의 책 『인생수업』에 잘 나타나 있다.

그런 의미에서 스티브 잡스의 말도 유념할 필요가 있다. 애플의 최고경영자로서 새로운 스마트폰 시대를 연 스티브 잡스는 2005년 6월 스탠포드 대학교 졸업식 축사를 통해 어떻게 살아가야 하는지 말했다. 그의 말은 청년뿐 아니라 나이 든 사람들도 귀담아들어야 할 명언이다.

"여러분에게 주어진 시간은 유한합니다. 다른 사람의 인생을 사느라 그 시간을 낭비하지 마십시오. 독단의 덫에 빠지지 마십시오. 그것은 다른 사람들의 생각에서 나온 결론에 맞추어 사는 것을 말합니다. 남들의 의견에서 나오는 잡음에 여러분 내면의 소리가 묻히도록 하지 마십시오. 그리고 가장 중요한 것은 용기를 내어 여러분의 가슴과 직관을 따라가는 것입니다. 그것들은 진정 나 자신이 무엇이 되고 싶어 하는가를 이미 똑똑히 알고 있습니다. 그 밖의 것들은 모두 부차적인 것입니다."

스티브 잡스의 말대로 유한한 인생, 특히 살 날이 얼마 남지 않는 노년기에는 하루하루를 빛나게 살아가야 한다. 종종 나이 든 분의 명함을 받아보면, 과거의 경력이 화려하게 달려 있거나 중요하지 않은 직함이 나열되어 있는 경우를 종종 볼 수 있다. 이것은 오히려 소외감만 가져올 뿐이다. 과거의 경력이나 직함은 삶의 질을 오히려 방해하고 소외감만 증폭시켜 하루하루 빛나는 내일을 살아가는 데 역효과가 나는 경우도 많다.

그의 충고대로 진솔한 삶을 살기 위해서는 다른 사람을 의식하지 말고 자신이 처한 삶의 환경, 신체적 조건, 취미, 하고자 하는 일 등에 맞는 자신만의 문화를 창출해야 한다. 그러기 위해서는 일차적으로 나이를 초월할 필요가 있다. 나이의 중압감과 늙음에 대한 부정적 생각이 지금 이 순간을 있는 그대로 받아들이는 것을 방해하기 때문이다. 나이를 초월해 자신이 존재하는 '지금 이곳'에서 새로운 창조적인 삶을 꿈꾸고 실천한다.

모든 사람들이 갈망하는 행복도 바로 지금 이곳에 있다. 어느 기자가 달라이 라마에게 가장 행복한 순간이 언제였느냐고 묻자 '바로 지금인 것 같다'고 대답하였다고 한다. 바로 지금 이 순간에 느끼는 행복이야말로 최고의 행복인 것이다. 지나간 행복은 기억뿐이고, 오지 않은 행복은 단지 그림의 떡일 뿐이다. 그러니 어떤 형태로든 지금 이 순간의 행복을 즐겨야 한다. 그것이 곧 일상의 기적을 낳는 지혜이다.

"오늘을 살아가세요. 눈이 부시게…"는 2019년 JTBC 드라마 〈눈이 부시게〉에 나오는 명대사이다. 이 작품은 인생에 주어진 시간의 의미를 되새겨 보자는 이야기로 구성되어 있는데, 다음과 같은 마지막 대사는 시청자의 심금을 울렸다.

내 삶은 때론 불행했고
때론 행복했습니다.

새벽에 쨍한 차가운 공기,
꽃이 피기 전 부는 달큰한 바람.

해 질 무렵 우러나는 노을의 냄새.
어느 한 가지 눈부시지
않은 날이 없었습니다.

지금 삶이 힘든 당신,

당신은 이 모든 걸

누릴 자격이 있습니다.

오늘을 살아가세요. 눈이 부시게…

누군가의 엄마였고, 누이였고, 딸이었고,

그리고 '나'였을 그대들에게….

〈눈이 부시게〉 주연을 맡은 배우 김혜자는 2019년 제55회 백상예술대상에서 TV부문 대상을 수상하는 자리에서 아주 감동적인 모습으로 "지금 망치지 말고, 오늘을 사세요"라는 수상 소감을 말해 함께한 배우들의 눈물을 쏟게 하였다.

이 드라마가 시청률이 높았던 것도 인생에서 시간이란 무엇인가, 어떻게 살아가야 하는가에 대한 공감대를 이끌어냈기 때문이다. 끊임없이 흐르는 시간은 현재만 있을 뿐이다. 이미 지난 시간, 과거는 기억으로만 남아 있을 뿐이다. 흘러간 기억을 위해 지금을 보낼 수는 없다. 지금 이 순간이 가장 소중하고 값진 시간이다. 그래서 오늘을 살아가라는 메시지가 시청자에게 감동을 주었던 것이다. 그것도 눈이 부시게….

오늘 하루를 눈이 부시게 살기 위해서는 나이듦을 즐겨야 한다. 2천 년 전 로마의 대표적 지성이었던 세네카는 노년을 받아들이고 사랑하면, 노년의 시간 속에 크나큰 즐거움이 있다고 하였다. 그러니 마주치는 사물을 새로운 시선으로 바라보고, 하루하루의 일상들을 새로운 경험으로 받아들인다. 아침에 눈을 뜨면 매일 새 아침이 시작되듯이, 매일 새로 태어난 기분으로 죽는 그 날까지 한 살로 살아간다.

다음 시는 성공회 전 주교이자 명상 전문가로서 행복한 노후를 보내고 있는 윤종모 주교가 좋아하는 잠언시의 일부이다.[69] 이 시는 나이 들어 하루하루를 어떻게 살아가야 하는지 잘 말해주고 있다.

가족들과 친구들과 좀 더 많은 시간을 보내라.
당신이 사랑하는 사람들과 함께
당신이 좋아하는 음식을 즐겨라.
당신이 좋아하는 곳을 방문하고
새롭고 신나는 곳을 찾아가라.

인생이란 즐거움으로 이루어진 아름다운 순간들의 연속이다.
인생은 결코 생존의 게임만은 아니다.
내일을 위해 아껴두었던 무언가를 오늘 사용하도록 하라.

당신의 사전에서 언젠가, 앞으로 곧,
돈이 좀 생기면 같은 표현을 없애버려라.
시간을 내서 '해야 할 일들' 목록을 만들라.
굳이 돈을 써야 할 필요가 없는 일들을 먼저 하도록 하라.

그 친구는 요즘 어떻게 지낼까, 궁금해하지 말라.

그 친구에게 바로 연락해 알아보라.

가족과 친구들에게 당신이 얼마나 그들을

고마워하고 사랑하는지 자주 말하라.

당신의 삶에, 그리고 누군가의 삶에 웃음과 기쁨을

보태줄 수 있는 일을 미루지 말라.

매일, 매시간, 매 순간이 특별하다.

이 잠언시와 같이 나이 들어간다면 과거에 대한 집착과 미래의 불
안에서 벗어나 하루하루를 눈부시게 보낼 수 있으리라. 그것은 감사
함으로 시작해서 감사함으로 끝나는 삶이다. 아침에 눈을 뜨면서 들
어오는 빛에 감사하고 하루 새로 태어남을 축복하고 하루 일과를 만
나면서 스치는 인연을 사랑과 기쁨의 눈빛으로 마주한다.

때때로 잠시 모든 것을 멈추고 자신의 몸과 감각, 그리고 의식에 집
중하면서 느껴지는 소리, 향기, 감각 등을 느껴본다. 호흡과 함께 감
사함으로….

:   모든 것을 수용한다

나이 들어가는 것을 즐기기 위해서는 무엇보다 모든 것
을 있는 그대로 받아들이는 것이 중요하다. 살아오면서 겪은 과거의

일과 경험과 기억에 얽매이지 않는다. 과거에 빠져 있을수록 현재를 있는 그대로 수용하기 힘들고 미래도 보이지 않는다. 나이 들면서 나타나는 여러 부정적 요인들, 예를 들어 기억력 감퇴, 신체적 질병, 시력과 청력의 저하 등과 같은 증상들은 누구나 정도의 차이가 있을지라도 겪을 수밖에 없다. 또한 직장을 은퇴한 뒤 새로운 역할과 지위에 놓이면서 정서적 불안정과 심리적 위축으로 자존감이 약해지고 정체성의 위기를 맞이할 수도 있다.

문제는 이런 증상들을 어떻게 받아들이고 대응하느냐에 달려 있다. 젊은 시절을 기준으로 현재를 보면 위기 그 자체이다. 희망이 없다. 불안과 죽음의 공포만이 엄습해 올 뿐이다. 자신감과 자존감도 점점 땅에 떨어져 사람 만나는 것이 꺼려지거나, 의욕 상실로 무엇인가를 하고자 하는 동기유발이 되지 않는다. 한없이 무기력해지고 우울해질 뿐이다. 이를 방지하기 위해서는 모든 것을 있는 그대로 받아들이고 나이에 걸맞은 새로운 역할을 통해 자기 정체성을 찾고, 자기 자신을 신뢰하고 살아 있다는 것에 무한한 감사함을 가질 필요가 있다.

나이 든다는 것은 매우 자연스러운 일이다. 산 위에서 발원한 물이 계곡을 흘러 강물을 지나 바다로 들어가 사라지듯이, 인간 역시 태어나 나이를 먹어가다 끝내 죽음을 맞이한다. 자기 자신도 그 한 지점에 서 있을 뿐이다. 시냇물이 고요한 바다에 들어가 사라지듯이, 사람도 생을 마치며 바다와 같은 절대 침묵 속으로 사라지는 법이다.

그런데 시냇물이 흘러 흘러 넓은 품으로 모든 것을 받아들이면서 유유히 흐르는 강물이 되듯이, 사람 역시 나이를 먹을수록 경험이 쌓이고 지혜가 싹트면서 모든 것을 감싸안으며 무르익어가야 한다. 유유히 흐르는 강물은 시냇물과는 다른 아름다움이 있다. 나이 든다는 것 역시 젊었을 때와는 다른 아름다움이 있다. 얼굴의 주름은 늙어가는 증상이 아니라, 강물의 잔물결처럼 세월이 흐르면서 무르익은 삶의 표현이다. 점점 하얘지는 머리카락은 가을날 곱게 물든 단풍처럼 자연스럽고도 아름다운 현상이다. 시간이 지나면서 장맛이 더 나고 술독이 무르익으면서 술 향기가 그윽해지듯이, 나이 먹는 것 또한 그러하고 그러하다. 공자가 "나이 칠십에 이르면 마음이 가는 대로 해도 법도에 어긋남이 없다"라고 하지 않았는가. 나이 들어가는 것은 자연의 순리를 따르고 모든 진리에 부합하는 지혜로운 사람이 되어 간다는 의미이다.

그럼에도 불구하고 나이 들어가는 자신의 현재 모습을 부정하고 조금이라도 젊어지기 위해, 또는 젊게 보이기 위해 노력하는 모습을 종종 볼 수 있다. 이런 노인들의 머릿속에는 미래의 자신이 없는 경우가 대부분이다. 단지, 젊은 시절 생각뿐이다. 이미 2천 년 전에 로마에서 과거에 빠진 노인들을 목격한 키케로는 청년이 소년시절을 그리워하고, 장년이 청년시절을 그리워하지 않아야 하는 것처럼, 늙어서도 젊은 시절을 그리워하지 말아야 한다고 충고하였다.[70]

젊은 시절을 잊지 못하는 나이듦은 금쪽같은 현재가 없다. 단지 과거 속에 살 뿐이다. 지금 이곳이 없는 투명인간이다. 그렇게 되면 나이 들어가는 현재의 자기 자신을 신뢰하지 못하고 받아들이지 못한다. 과장된 언행을 하거나 옷을 입는 등 어른답지 못한 행동을 하게 된다. 이런 행동이 반복된다면 구름이 태양을 가려 우중충한 날이 되듯이 회색빛 노년기를 보내거나, 심리적 불안감에 빠져 삶의 행복지수도 낮아진다. 달갑지 않은 질병도 자기 집처럼 찾아든다.

그러니 지금 나의 모습에서 나이듦의 미학을 즐겨야 한다. 나이 든다는 것은 여물고 무르익는 것이다. 자신의 존재를 신뢰하고 노화에 따른 증상들을 자연스럽게 받아들인다. 나이 든 자신을 있는 그대로 수용하면, 그 동안의 삶에서 스며 나오는 생명의 경외감을 느낄 수 있고 주름진 얼굴과 흰 머리에서 묻어나는 아름다운 빛을 알아차릴 수 있다. 그 빛은 꽃들이 각자 자기 색깔이 있듯이 그 동안의 삶이 무르익으면서 나오는 자기만의 빛깔이다. 그런 노년에게서는 편안한 얼굴빛과 그윽한 향기가 느껴진다. 그런 경지에 이르면 나이 들어 나타나는 여러 통증과 죽음마저도 벗이 될 수 있을 것이다.

이렇게 삶의 질곡을 받아들여 승화시킬 수 있는 것이 나이 들어가는 아름다움이자, 어른스러움이다. 1941년에 태어난 김종해 시인은 「그대 앞에 봄이 있다」라는 시에서 삶을 봄날에 비유했다. 파도치는 하루하루의 고통은 사랑이자 꽃 필 다음 차례를 위한 것이다. 그러니 고통과 기쁨이 얼룩진 일상생활 속에서도 여유로운 마음으로 지금까지 살아온 내 인생의 꽃심을 자세히, 그리고 자주 들여다 보다 보면, 아름다운 금빛 인생의 꽃을 피울 수 있으리라.

: 언제 어디서나 미소 짓는다

　　　나이 든다는 것은 어른이 되어가는 것이다. 그것은 곧 성숙함이다. 죽음으로 성숙함이 끝나는 그 날까지 끊임없이 진화하고 발전하는 것은 인간의 특권이요 진정한 삶의 가치이다. 그런 인생길은 축복이요 즐거운 삶이다. 그를 위해서는 나이 들어가는 장점을 최대한 살려 즐거운 마음으로 삶의 의미를 찾을 필요가 있다. 무엇보다 모든 것을 웃음으로 받아들이는 마음가짐과 자세는 매우 중요하다. 그래야 늘 입가에 미소를 머금을 수 있다.

　　마음가짐이 얼마나 중요한가는 플라시보placebo 효과를 통해 이미 잘 알려져 있다. 플라시보 효과란 실제 효과가 없는 약도 효과가 있는 것으로 믿고 복용하면 병세가 호전되는 가짜약 효과이다. 특히 정신질환이나 만성질환에 효과가 있는 것으로 과학적으로 검증되었다.

　　나이 들면서 정신적으로 위축되거나 만성통증에 시달릴 가능성이 매우 높다. 그것을 예방하기 위해서도 모든 것을 긍정적으로 받아들이는 것이 중요한데, 그 자체로 플라시보 효과를 얻을 수 있다. 모든 것을 웃음으로 받아들이고 즐거운 마음으로 삶의 의미를 추구하다 보면, 정신적인 평안과 신체적 건강을 얻을 수 있다.

　　특히 나이 들면서 얻게 되는 큰 장점은 회복탄력성이 강화돼 스트레스를 적게 받을 뿐 아니라, 그 동안의 삶의 연륜과 경험을 바탕으로 지혜로워진다는 점이다. 이러한 장점을 적극 살려낼 필요가 있다. 그것은 바로 나이 들어가는 현실을 있는 그대로 수용하면서 즐거운 마음으로 삶의 의미를 되새기며 인생을 무르익도록 하는 것이다. 아일 랜드의 극작가이자 평론가인 조지 버나드 쇼[1856~1950]는 '나이가 들어 서 웃음이 멈추는 것이 아니라, 웃음을 멈춰서 늙는 것이다'라고 하였 다. 설령 나이 들어도 자주, 그리고 많이 웃으면 늙지 않는다.

미소 짓는 삶과 함께 부정적인 말도 삼가야 한다. 언어는 그 자체 에너지이다. 어떠한 단어를 쓰느냐에 따라 자신은 물론 상대방에게 큰 영향을 미칠 수 있다. 그럼에도 불구하고 주변에서 늙으면 다 그 래, 늙으면 죽어야지, 얼마나 산다고, 인생이 뭐 있어 등과 같은 부정 적인 말이나 체념 섞인 말을 입에 달고 사는 노인들을 흔히 볼 수 있 다. 그것은 누워서 침을 뱉는 것으로, 자신을 향해 쏘는 독화살과 같 다. 또는 독선에 빠져 말을 함부로 내뱉는 노인들을 많이 볼 수 있는 데, 그런 말은 독화살이 되어 상대방의 마음을 아프게 한다.

그와는 반대로 주름 사이로 피어난 노년의 미소와 인자함이 느껴지 는 말은 젊은이들과는 차원이 다른 깊은 맛이 있다. 연륜이 묻어나는 미 소와 말은 지혜가 묻어나고 사랑의 파동이 넘친다. 그러니 나이 들어 많 이 웃고 좋은 말을 많이 하면, 자신도 행복하고 남들도 더 행복해진다. 비록 몸은 아프고 흰머리는 늘어날지라도 자신의 삶 속에서 웃음으로 아름다움을 찾고 다른 사람에게 미소를 선물할 필요가 있다.

삶의 아름다움은 혼자만 호의호식하는 것이 아니다. 다 함께 살아가 야 한다. 자신의 존재가 다른 사람을 행복하게 해 준다면, 그리고 자신 의 즐거운 삶이 세상을 조금이라도 밝게 한다면, 그것이 바로 의미 있게 나이 들어가는 삶이리라. 그것은 자신의 존재를 통해 사회적 가치를 실현하는 것으로, 개인의 삶을 통해 공공의 가치를 실현하는 것이다. 그런 삶으로 나이 들어가려면 더 많이 미소 짓고 더 많이 웃어야 한다. 웃음도 단지 사람만 보고 웃는 것이 아니라, 거울 앞에서 자기 자신에게 웃고, 사랑스런 반려동물과도 웃고, 하루하루 새롭게 뜨는 해와 달을 보면서도 웃고, 피부에 와 닿는 바람과도 미소지으며 입맞춤한다.

: 단순한 삶을 산다

나이 들어가는 삶은 점점 단순해질 필요가 있다. 육체적·정신적 힘의 한계로 필요 이상의 활동을 할 경우 효과적인 성과를 얻기가 힘들다. 그것은 과욕이다. 에너지 낭비이다. 오히려 내가 할 수 있는 범위 안에서 즐기면서 할 수 있는 활동 범위와 역할을 통해 최대의 효율성을 이끌어내는 지혜가 요구된다.

'검이불누 화이불치 儉而不陋 華而不侈'란 말이 있다. 『삼국사기』 백제 온조왕조에 나온다. 온조왕이 새로운 궁궐을 지었는데, '검소하되 누추하지 않고 화려하나 사치스럽지 않았다'고 한다. 온조왕이 백제를 세우면서 새로운 궁궐을 지으며 보여 준 미학이다. 그렇다면 나이 들어가는 삶의 미학은 어떠해야 할까? 나이 들면서 짓는 삶의 궁궐도 자기만의 아방궁을 짓되, 단순하면서도 화사하게, 그러면서도 누추하거나 형편없어 보이지 않아야 한다.

그러기 위해서는 지향하는 삶도 낮은 자세로 소박한 삶을 살 필요가 있다. 1940년대 전후 20년 동안 미국의 헬렌과 스코트 니어링이 실천한 '조화로운 삶'을 본받아,[71] 불필요한 욕심을 삼가며 절제된 삶을 통해 나이 들어가는 아름다움을 추구한다. 불필요한 형식과 격식에 얽매이지 않는다. 불필요한 물건, 불필요한 만남, 불필요한 격식을 갖추지 않아도 된다. 이른바 미니멀 라이프이다.

예를 들어 꼭 가야만 하는 예식장과 장례식만 가기, 형식적인 모임 줄이기, 병문안 자제하기, 불필요한 식사 약속 거절하기, 불필요한 물건 치우기 등이다. 그를 통해 에너지 소비를 최소화하고 남는 시간을 활용하여 자기 자신을 돌볼 필요성이 있다. 식사도 소박한 밥상이 최고이다. 고려대학교 구로병원 암센터장을 지낸 서재홍 교수는 건강에 가장 좋은 식사법이 "너무 기름진 음식으로만 식탁을 채우지 않는 것, 그리고 식사량을 조금 줄이는 것"이라고 하였다.[72] 예로부터 먹기 좋아하는 한국인은 지나친 과식과 입맛만을 자극하는 무분별한 음식을 탐닉하는 경우가 많았다. 이는 암과 성인병을 키우는 사료가 될 뿐이다. 균형 잡힌 소박한 밥상, 그것이 나이 들면서 지향해야 할 식사습관이다.

식사를 비롯해 수면, 만남, 생활도구 등 전체적인 삶을 다이어트한다. 절제의 미덕을 즐긴다. 육체적으로는 음식을 절제하여 몸을 가볍게 하고, 물질적으로는 젊었을 때 움켜지려고만 하였던 두 손을 활짝 벌려 나눔을 통해 베푸는 삶을 지향한다. 정신적으로는 이런저런 생각에서 벗어나 스트레스를 줄여나가는 단순하고 소박한 삶, 그것이 나이 들면서 추구해야 할 소박한 삶이다.

1936년에 태어난 신경림 시인은 그의 나이 67세에 펴낸 시집 『뿔』에서 "가볍게 걸어가고 싶다, 석양 비긴 산길을"이라고 하면서, 나이 들어가는 자신의 심정을 담담하게 노래하고 있다. 그는 석양 노을 진 산길을 걸어가 듯, 모든 것을 묻으면서 노년의 삶을 가볍게 살아가고 싶은 심정을 읊고 있다. 그것은 비움의 삶이자 절제의 미학이다. 모든 이치가 그러하듯이 비움은 채움으로 이어진다. 나이 들면서 물질적 욕망에서 벗어나 줄이고 나누며 소박한 삶을 살면 물질적으로 가난할지 모르지만, 정신적인 충만함에 이르게 되니 어느 쪽을 택할 것인지 자명하다. 물질적 풍요로움에서 벗어나, 미니멀리즘을 통해 비움으로써 채워지는 정신적 충만함을 즐긴다.

: 배우는 것을 즐긴다

보석도 갈고 닦지 않으면 녹이 슬고 빛이 나지 않는다. 사람도 마찬가지이다. 끊임없이 갈고 닦지 않으면 더 이상의 발전은 없다. 오히려 퇴보한다.

나이 들면서 나타나는 최대의 적은 배움을 멈추는 것이다. 배움을 멈추면 더 이상의 성장은 없다. 그것은 기존의 지식, 생각, 관념, 감각으로 살아가야 한다는 것을 의미한다. 문제는 이들 지식이나 감각이 활동을 멈추면서 급격히 퇴화한다는 점이다. 진부한 늙은이가 되어간다. 나이 들어가면서 고집불통이 되거나 편견에 사로잡히고 점점 우물 안의 개구리가 되어 젊은이들이 제일 싫어하는 꼰대가 되어 간다. 그러니 죽는 그 날까지 배움을 멈추면 안 된다. 심지어 죽는 순간까지 자신이 어떻게 죽어가는지 체험하고 배우라고 조언하는 사람도 있다.

오랫동안 삶이 무엇이고 어떻게 행복한 생애를 보낼 수 있는지를 연구한 조지 베일런트 역시 은퇴 이후에도 행복하게 나이 들어가기 위해서는 새로운 인간관계, 즐거운 놀이, 창조적 활동 외에 평생학습이 필요하다고 하였다.[73] 배움은 성숙한 삶을 이끌 뿐 아니라, 지적·정서적 자극을 통해 젊음을 선물한다. 배움을 통한 즐거움이야말로 행복하게 나이 들어가는 삶의 지혜이다. 이 분야 다양한 책을 펴낸 이시형 박사도 공부가 돈보다 더 소중한 희망과 행복을 준다고 하였다. 독일에서 40년간 노인심리 문제를 다룬 라데볼트 부부 역시 미지의 노년 세계에서 행복하게 나이 들어가는 비결은 끊임없이 노력해 배우는 길 밖에 없다고 하였다.[74]

한 예로 스페인에서 태어난 파블로 카살스[1876~1973]는 인류의 행복과 평화를 연주한 첼로의 전설로 평가받는 뮤지션이다. 그는 20세기 세계에서 가장 위대한 첼리스트로 칭송받았지만, 95세의 나이에도 하루 여섯 시간씩 연습을 한 것으로 유명하다. 그 이유를 물으니, "내 연주가 어제보다 조금씩 나아지기 때문이다"라고 대답하였다. 그가 97세로 세상을 떠났으니, 그는 죽는 그 날까지 매일 성장하고 있다는 믿음과 희망을 가지고 배움을 멈추지 않았다.

근대 회화의 아버지로 불리어지는 프랑스의 화가 폴 세잔[1839~1906]은 나이 60을 넘기면서부터 독특한 그의 재능이 널리 알려졌는데, 68세로 죽기 직전에 그린 〈목욕하는 사람들〉과 같은 말년 작품이 유명하다. 정물화로는 62세에 완성한 〈사과와 오렌지〉인데, 이를 두고 세잔은 말년에 가서야 사과를 제대로 그릴 수 있게 되었다고 하였을 정도로 죽기 직전까지 끊임없이 배우고 노력하는 화가였다. 이렇게 60을 넘어 말년에 뛰어난 예술작품을 남긴 화가는 세잔의 영향을 받아 92세에 죽기 전까지도 그림을 그린 피카소, 프랑스의 인상주의 화가로 85세 이후에 걸작을 그린 모네, 75세의 늦은 나이에 붓을 잡기 시작해 미국의 국민 화가로 알려진 모리스 등 수없이 많다.

세계적인 투자 귀재로 알려진 미국의 워런 버핏은 2020년에 90세를 맞이하는 초고령이다. 그럼에도 그가 다양한 투자에 성공할 수 있었던 것은 끊임없는 학습과 독서에 있었다. 버핏은 하루에 대여섯 시간, 5백 쪽씩 책을 읽는다고 한다. 실제 그를 옆에서 지켜본 찰스 멍거도 버핏이 하루 전체 시간 중 앉아서 책 읽는 시간이 절반을 차지한다고 하였다. 또한 그가 왕성한 투자 활동을 할 수 있었던 것은 최소 한 주에 두 시간씩 네 차례 즐기는 브리지 카드게임에 있었다. 그가 즐기는 게임은 단지 수단일 뿐이다. 워런 버핏의 목적은 게임을 하면서 두뇌 회전과 마인드 컨트롤 훈련을 통해 뇌와 마음 근육을 튼튼히 하는 데 있었다.[75]

새로움을 알아가는 공부는 일종의 두뇌 활동이다. 뇌 세포는 나이 들면서 숫자가 줄어들지 모르지만, 뇌의 뉴런 활동에 의해서 형성되는 신경줄기는 나이에 상관없이 활동적이라고 한다. 공부를 통해 뇌 신경을 자극하여 살아있는 뇌를 만들면, 그것이 젊게 사는 비결이요 새로운 지적·창의적 활동을 할 수 있는 원천이 된다.

최근 뇌과학에 의하면, 학습 효과는 단지 무엇을 배우는 효과 외에 감정 통제력도 늘어난다고 한다. 노인들이 화를 잘 내고 감정 기복이 심한 것도, 두뇌 활동이 멈추어 있기 때문이다. 활발한 두뇌 활동은 오감을 자극함으로써 정서 안정에도 좋다. 주의집중력을 향상시키고 판단력과 공간 지각 능력에도 도움을 준다.

배움을 통해 얻어지는 새로운 지식은 자신의 자존감을 높이고 삶의 의욕을 북돋으며 활기 있는 일상생활을 하는 데도 바람직하다. 물론 나이가 들면 학습 의욕과 능률은 떨어지는 것이 사실이나, 배움을 멈추면 그 속도는 가속될 수밖에 없다. 노화하는 두뇌의 브레이크 역할을 하는 것이 지속적인 공부이다. 나이 들어도 배움을 멈추지 말아야 한다. 배움을 멈추는 순간 더 이상 발전은 없다. 그것은 곧 죽음을 의미한다. 생명력이 더 이상 발현되지 못하고 쇠락하기 때문이다. 그러니 첼로의 전설 파블로 카살스처럼 배움을 즐기면서 일신우일신하는 자세로 죽는 그날까지 살아가는 것이 나이 들어가는 즐거움이요 아름다운 삶의 지혜이다.

비폭력을 통해 진정한 사랑을 실천한 인도의 성자 마하트마 간디는 "내일 당장 죽을 것처럼 살고 영원히 살 것처럼 배워라"라고 하였다. 영국의 문명 역사가로 널리 알려진 아놀드 토인비[1889-1975]도 "나이 들어 과거에 얽매여 있으면 불행하니 용기를 내어 끊임없이 배워야 젊게 살 수 있다"고 하였다. 간디와 토인비의 말은 나이를 먹을수록, 죽음이 다가올수록 더욱 빛을 발하는 말이다. 하루하루를 소중하게 살되, 배움이 있는 나날들이어야 한다.

배움은 인간의 본성이다. 인간은 근본적으로 무엇인가를 끊임없이 배우는 존재인데, 이를 '호모 에루디티오Homo Eruditio'라고 한다. 역으로 배움을 멈추는 것은 생명체로서의 자기 존재가치를 포기하는 것이다. 그것은 곧 죽음을 의미한다. 그러니 배움을 멈추고 산송장으로 늙어갈 것인지, 아니면 죽는 그날까지 배우며 생명의 불꽃을 다할 것인지는 자명하다.

: 도전한다

일반적으로 사람들은 나이 들수록 하는 일 없이 시간이 점점 더 빨리 지나가는 느낌을 가진다. 가장 큰 이유는 반복된 일상, 무감각한 하루하루를 보내기 때문이다. 하루하루가 뭔가 특별함이 없다. 어제와 오늘이 차이가 없다. 한 달이 지나 되돌아보아도 기억나는 일이 없다. 이런 경우 사는 재미가 없을 뿐 아니라, 속절없이 시간만 빠르게 흘러간다. 그렇게 보낸 시간은 기억에 남는 것이 없어 세월이 전광석화처럼 빠르게 느껴진다. 우리의 뇌가 반복되는 말과 행동을 하나만 기억하고 나머지는 기억하지 않기 때문에, 반복되는 일상은 시간이 매우 짧게 느껴질 수밖에 없다.

이런 경우 현재는 물론 미래 역시 사라진다. 지금 이곳의 가치를 상실한 채, 단지 남는 것은 과거 기억뿐이다. 미래 없는 과거의 기억은 그것이 아무리 아름다운 추억일지라도 쓸쓸함과 허무함으로 되돌아온다. 더욱이 나이가 들수록 호기심은 떨어지고 모험을 하지 않게 되는 상황에서, 그것이 일이든, 취미이든, 봉사 활동이든 뭔가 특별한 것을 즐기고자 하지 않는다면, 그것은 곧 자기 자신을 늙음에 가두어두고 자기 자신을 죽음의 늪에 빠트리는 것이다. 이렇게 되면 신체 활동이 점점 줄어들고, 감각 운동 기능도 저하되면서 노화가 촉진된다. 중추신경은 무뎌지고 자극이 없는 뇌신경은 더 이상의 활동을 하지 않게 되어 둔감해진다.

그렇게 되면 나이는 먹어도 더 이상의 발전은 없다. 오히려 퇴보한다. 몸도 급격히 늙어 각종 질병에 시달린다. 오감은 점차 메말라 감정의 샘물은 더 이상 솟지 않는다. 삶은 점점 무미건조해지고, 죽고싶어도 죽을 수 없고, 사는 것이 지옥이 된다. 한마디로 미래를 상실한 채 과거가 만들어 놓은 습관, 편견, 고정관념, 기억들에만 갇혀 희망 없이 죽는 날만 기다리며 살아가게 된다. 참으로 재미없는 노년의고통스러운 나날들만 기다리고 있을 뿐이다.

무료한 과거에 벗어나기 위해서는 바로 미래에 대한 희망을 가지는 일이다. 스위스의 철학자이자 비평가였던 앙리 아미엘[1821~1881]은 희망만이 인생을 유일하게 사랑하는 것이라고 하였다. 과거라는 늪에서빠져나오거나 무료함을 치유할 수 있는 묘약은 희망만큼 좋은 것이없다. 무엇인가에 대한 기대와 희망, 그리고 꿈은 청년이든 노년이든삶의 시점을 과거에서 미래로 옮겨주는 묘약이다.

하루하루가 재미있고 오늘이 어제와 다르기 위해서는 삶에 긍정적인 변화가 있어야 한다. 일상의 즐거움을 선물하는 변화는 도전 속에서 태어난다. 뭔가 한 번도 해보지 않은, 그래서 가슴 뛰는 일을 시도하는 것이 중요하다. 새롭게 접하는 일, 처음 만나는 사람, 하루하루 대하는 사물에서도 호기심을 잃지 않아야 한다. 영국 시인 존 밀턴이 지은 『실락원』이 높게 평가받는 것도 나이 들어 눈이 보이지 않자 그의 아내와 딸에게 받아쓰게 하여 저술한 대서사시이기 때문이다. 이렇듯 삶의 투혼은 언제나 아름다운 법이다.

세계적인 심리학자 프로이트는 인간의 기본 욕구 두 가지가 일과 사랑이라고 하였다. 이 말은 인간은 기본적으로 일하는 존재, 사랑하는 존재라는 말이다. 일하는 존재란 경제적이든 사회적이든 일정한 의미를 지닌 일을 하였을 때 생명체로서의 존재감을 갖게 된다는 의미이다. 그럼에도 많은 사람들이 직장을 퇴직하면서, 그 퇴직의 의미를 인생의 은퇴로 받아들인다. 그래서 '지금까지 고생하였으니 이제부터 쉬자.' 또는 '퇴직하였으니 산에 오르고 여행이나 다니면서 놀자.' 이런 태도는 일시적으로는 편할지 모르지만, 곧바로 무료함과 함께 노년기의 위기로 이어진다.

일을 한다는 것은 살아 있다는 의미이다. 그것은 자신이 아직 유용한 존재라는 삶의 정체성으로 이어져 삶의 만족과 행복으로 가는 길을 걷게 된다. 무슨 일이든 가치 있는 일이라면 나이에 관계없이 하는 것이 바람직하다. 특히 퇴직 후에도 30년, 50년을 더 살아야 하는 장수시대에는 일 할 수 있는 그날까지 부지런히 일을 해야 한다.

보건복지부에서 30여 년간 근무하면서 노인문제를 다루고 한국노인력개발원장을 역임한 박용주 씨는 그의 저서 『노후 행복 레시피』에서 은퇴 없는 평생 현역으로 살아가기 위해서는 먼저 '일'에 대한 개념을 재정립하라고 충고한다. 돈을 버는 일만 일이 아니다. 오히려 노년기의 일은 사회적 가치를 실현하는 사회적 활동이 더욱 매력적이다. 과거의 일을 모두 잊고 자신이 잘 할 수 있거나 하고 싶은 일을 새롭게 찾아서 하라고 조언한다. 독일 철학자 칸트 역시 "할 일이 있고, 사랑하는 사람이 있고, 희망이 있다면 당신은 지금 행복한 사람입니다"라고 하였다. 행복해서 일을 하는 것이 아니라, 일을 함으로써 행복해지는 법이다.

인간은 살아 숨 쉬는 수많은 세포로 구성된 생명체이다. 생명체의 가장 큰 특징은 끊임없이 살아 움직인다는 점이다. 생명의 파동이 정지하는 순간, 그것은 죽음이다. 생명력이 왕성한 어린아이의 경우 끊임없이 움직이나, 나이 들면서 움직임이 둔해지고 점점 활동량이 줄어든다. 그것은 자연스러운 생명 현상이지만, 의식적인 활동을 통해 노화를 억제하고 주어진 조건에서 더욱 역동적으로 살아갈 수 있도록 의식적인 노력이 필요하다. 실제 일하는 노인과 그렇지 않은 노인의 건강 상태와 삶의 질을 비교한 연구 결과에 의하면, 일하는 노인들이 훨씬 건강하고 긍정적이었다. 우리 주변에서도 나이를 잊고 왕성한 활동을 하는 고령자들이 더 건강하고 행복한 삶을 살아가는 예를 얼마든지 찾아볼 수 있다.

그러니 어떠한 일이든 할 필요가 있다. 그것이 경제적 활동이 아니어도 된다. 취미도 좋고 봉사도 좋고 어떠한 일이든 내 몸을 움직이다 보면, 노화를 최대한 억제하는 지름길을 걷게 된다. 움직임은 활력을 낳고, 활력은 건강을 낳게 되어 어느 명약보다 좋은 건강 묘약이 될 수 있다. 도전은 노년기 4대 고통으로 불리는 빈곤과 건강, 고독, 그리고 할 일 없음에서 벗어날 수 있는 탈출구이자 강력한 치료제이다.

따라서 좋아하는 일, 하고 싶은 일, 가치 있는 일을 찾아내 그것을 버킷리스트로 작성, 하나하나 도전해 본다. 죽음을 앞에 두고 포기하고 체념하는 삶이 아니라, 목표 지향적인 삶을 살아가는 것이다. 꿈꾸는 자는 행복할 수밖에 없다. 그렇게 되면 나이 들어도 위축되지 않고 성취감을 통해 보다 창조적인 삶을 살아갈 수 있다. 실제 나이 들어 성공한 사람들을 조사한 결과에 의하면, 한결같이 죽는 그날까지 꿈꾸는 삶을 살았다는 점이다. 생애 마지막 버킷리스트는 '멋진 죽음'이다. 그래야 죽음에 이르는 과정도 아름다운 삶이 된다. 저절로 웰다잉 Well-dying이 되는 것이다. 잘 죽는 것도 멋진 인생의 한 부분이니, 죽는 그날까지 희망이 넘실대는 삶을 살아간다.

: 세상과 소통한다

나이듦의 큰 가치는 경험과 연륜이다. 번뜻이는 창조성은 떨어질지 모르지만, 오랜 삶을 통해 터득한 삶의 지혜가 있다. 이것을 미래 세대인 젊은이에게, 그리고 사회에 환원할 필요가 있다. 그것은 지구별에서 잘 놀았으니 뭔가 대가를 지불해야 하는 생명의 의

무로서, 나이 들어가면서 해야 할 우주적 생명의 의무이자 역할이며 존재 이유이기도 하다.

이러한 사회 활동, 세상과의 소통은 자칫 고립되기 쉬운 삶을 역동적으로 만들 뿐 아니라, 건강한 삶을 보장해준다. 실제 미국 포틀랜드 주립대학교와 호주 연구팀의 연구에 의하면, 사교성이 높고 친구가 많은 사람들이 치매에 걸릴 위험성이 상대적으로 적고, 건강하게 장수하는 비율이 높다고 한다.[76] 나이 들어서는 부모로부터, 사회로부터, 국가로부터 받은 것들을 되돌려주는 삶이 아름답다. 그것은 거창한 것들이 아니다. 인생 선배로서 말 한 마디, 행동 하나하나가 사회적인 빛과 소금이 되면 된다.

한 사례로 75세부터 지각도 결근도 없이 17년 동안 맥도날드 알바생으로 일하다 91세에 은퇴한 사람이 있다. 그는 2003년에 맥도날드 미아점에 특별한 아르바이트생으로 취직, 20킬로미터 떨어진 집에서 30분 일찍 출근하였다. 단 한 번의 지각도 없었다. 20대 동료에게도 존댓말을 썼다. 무례한 어린 학생들이 있으면 오히려 더 공손히 대하였고 솔선수범하여 모범이 되어 주었다. 그 결과 아흔이 넘은 나이에도 그 흔한 성인병이 전혀 없을 정도로 건강하다고 한다.[77] 그의 건강 비결은 바로 나이 탓 하지 않고 규칙적인 생활을 하면서 낮은 자세로 사람들과 어울린 데 있었다. 만약 그가 어른 대접받고 꼰대짓을 했다면, 지금의 그는 존재하지 않았을 것이다. '노인'이라는 보이지 않는 감옥에 자신을 가두어 놓지 않고 일을 통해 세상 사람들과 소통한 결과이다.

나이 들어서는 사람이 재산이란 말이 있다. 영국의 사회운동단체인 프린시플의 창립자 힐러리 코뎀은 노인들의 삶을 1년간 관찰한 결과, 일상적인 불편함이 없는 상태에서 정기적으로 만날 수 있는 친한 사람이 여섯 명 이상일 때 그렇지 않은 사람보다 더 행복한 사실을 발견하였다.[78]

또 미국 브리검 영 대학교와 노스캐롤라이나 대학교가 공동으로 8년간 30만 명을 대상으로 조사한 결과, 사회적으로 건강한 인간관계를 맺는 사람이 그렇지 않은 사람보다 평균 3.7년을 더 건강하게 오래 사는 것으로 나타났다.[79] 이것만 보아도 나이 들어 돈독한 인간관계가 얼마나 중요한지 알 수 있다. 나이 들어갈수록 세상과 소통하고 이웃과 친절한 대화를 나누어야 한다. SNS를 통해 불특정 다수의 세상 사람들과 소통하거나, 시민단체에서 활동하거나, 봉사 활동을 통해 지속가능한 사회적 관계망을 형성하고, 시사 문제 등에도 관심을 갖고 사회 참여를 지속적으로 유지할 필요가 있다. 그래서 다양한 분야 다양한 연령대 사람들과 지속적으로 교류하고 소통한다.

문제는 세상과 소통하면서 주의할 점이 있다. 일반적으로 나이 들어가는 것과 비례하여 노파심이 늘거나 이른바 꼰대짓을 하게 된다. 가르치려 하거나, 자기주장만 앞세워 남의 말을 귀담아 듣지 않는 습성이 나타난다. 이런 경우 자연히 세상과의 소통은 어려워진다. 어디를 가든 환영받지 못하는 '노인'으로 전락되어 외로운 노년기를 살아갈 수밖에 없다. 그러니 세상과 소통하면서 '꼰대' 소리를 듣지 말아야 한다. 말하기보다 듣기를 즐기고, 받는 것보다 주는 것에 익숙해져야 하며, 남을 비판하기보다 감싸주고 보듬어주는 역할을 한다. 그리고 여유가 있는 경우 의미 있는 곳에 돈을 쓸 수 있는 가치관과 나눔, 배려심이 있어야 한다. 그것이 바로 어른다움이며 어른 노릇을 제대로 하는 것이다.

이러한 세상과의 소통은 궁극적으로 우주적 연결성을 깨닫고 실천하는 것으로 확장될 수 있다. 우주적 연결성이란 모든 것이 연결되어 있다는 관점으로, 신의 눈으로 세상 만물을 바라보면 모든 것이 기하학적으로 조화롭게 균형을 이루면서 연결되어 있다. 그것은 세상의 모든 꽃잎이 조화와 균형을 이루면서 기하학적인 둥근 원형을 이루고 있는 자연현상을 보면 알 수 있다. 이것을 프랙탈 원리라고 한다.

"원하든 원하지 않든 간에 우리는 서로서로 연결되어 있다. 그래서 나 혼자만 따로 행복해지는 것은 생각할 수도 없다."

달라이 라마의 말이다. 세상의 모든 것은 서로 연결되어 있고 혼자만의 행복이 아니라 공복共福, 즉 함께 행복을 추구하는 존재이다. 따라서 모든 것과의 연결성과 조화·소통은 그 자체 우주적 진리이자 생명의 본질이기도 하다.

젊었을 때의 창조성은 나 홀로 멋진 아이디어를 내고 앞서가면 되지만, 나이 들어서는 함께 살아가는 것이어야 한다. 특히 노년의 지혜와 기술을 바탕으로 소통하면서 창조적인 삶을 영위할 때, 그것이 진정으로 나이 들면서 무르익는 창조적 삶이라 할 수 있다. 나이 들면서 피는 아름다운 인생꽃은 젊었을 때처럼 예쁘게 피어난 한 송이 장미꽃이 아니라 복효근 시인의 「안개꽃」처럼 함께 피어나는 소박한 꽃이다.

: 　　　규칙적인 운동을 습관화한다

　　　　　　인간은 1백만 개의 세포로 잘 조합된 생명체이다. 생명체란 살아 움직이는 존재이다. 반대로 움직이지 않으면 죽은 무생물이나 다름없다. 그래서 나이 들면 움직임이 줄어들면서 생명력이 떨어지고 세포가 병들어 각종 질병에 노출된다. 특히 나이를 먹으면서 습관화된 움직임은 그렇지 않은 신체 부위를 굳거나 왜곡, 변형시켜 신체 기능이 퇴화하는데, 이것이 이른바 노화이다.

　그러나 최근의 과학적인 연구는 우리 몸이 어쩔 수 없이 노화에 의해 퇴화하는 것이 아니라, 지속적으로 자극을 주고 운동을 하면 얼마든지 젊음을 유지하면서 지속가능하게 나이 들어갈 수 있다는 것을 증명하고 있다. 끊임없이 온 몸을 움직이는 습관은 노화 억제와 건강을 위해 무엇보다 중요하다. 반대로 움직이지 않고 앉거나 누워있는 시간이 많아지거나 꾸준히 운동하지 않으면 점점 근육은 퇴화하고, 근육이 퇴화하면 근골격계가 뒤틀리는 등 변형되어 통증이 유발되고, 그러면 몸 안에 있는 오장육부의 기능에 문제가 발생하는 것으로 알려져 있다. 더욱이 감각운동신경이 수축되거나 마비되는 등 통제가 안 되면서 몸의 센서에 이상이 생기고 몸의 이상반응을 감지 못함으로써 큰 질병으로 이어질 수밖에 없다.

부지런히 움직이고 운동하는 것은 세포 활성화와 함께 몸의 온도를 올리기 위함이다. 모든 병은 감기를 빼고 몸이 차지는 냉병이라고 한다. 그 가운데 최고의 냉병은 암이다. 그래서 몸이 따뜻하면 살고 차면 죽는다는 말이 있다. 차가운 몸은 만병의 근원으로, 몸의 온도가 1도 떨어지면 면역력이 30퍼센트나 감소하고 노화가 빨리 진행된다. 그래서 몸의 온도를 높이기 위한 여러 방법이 제시되고 있으나, 그 가운데 최고는 부지런히 움직이고 규칙적인 유산소 운동과 근력 운동을 하는 것이라고 한다.

그러니 나이 들면서 의식적으로 움직이고 운동하는 습관을 길들일 필요가 있다. 최근 서울대병원에서 연구한 결과에 의하면, 중·고강도 운동을 하지 않던 고령층이 2년 동안 신체 활동을 늘리는 경우 심근경색, 뇌졸중 같은 심혈관계 질환의 발생 위험도가 최대 11퍼센트나 감소하는 것으로 나타났다. 반대로 신체 활동을 중단한 경우에는 위험도가 무려 27퍼센트나 높아졌다고 한다.

또한 운동을 하면 두뇌 양옆의 해마가 활성화되고 기억세포인 뉴런 역시 활발히 활동하는 등 심신 건강에 효과가 크다는 것은 이미 뇌과학을 통해 입증된 사실이다. 한 마디로 운동은 뇌를 젊고 건강하게 만든다. 실제 2019년에 서울 송파평생학습원에서는 치매 예방 차원에서 60세 이상 고령자에게 3달 12주 동안 꾸준히 운동을 하게 한 결과, 평균 키가 4센티미터나 더 커지고 기억력과 언어능력 같은 인지능력이 좋아졌다고 한다.[80] 운동이 굽고 움츠린 몸을 펴주고 뇌를 젊게 한 것이다.

　따라서 나이 들어서도 부지런히 움직이면서 지속가능한 운동을 규칙적으로 하는 것이 습관화되어야 한다. 그 중에서 가장 손쉬우면서도 효과적인 것은 걷기이다. 발과 다리는 제2의 심장이라고도 한다. 노화는 다리부터 오는 만큼, 많이 걷는 습관은 노화 예방에 필수이며 나이 들어도 누구나 할 수 있으면서도 효과가 큰 건강법이다.

：　　나이 들어가는 미덕을 실천한다

　　　　어른으로서의 미덕은 감사, 친절과 사랑, 배려와 포용, 겸양과 베풂 등이다. 그것이 어른 노릇을 하는 것이요, 품격 있는 노년으로 살아가는 것이다. 어른 노릇이란 감싸주고 안아주고 포용하면서 사랑을 주는 삶이다. 사랑의 속성은 궁극적으로 받는 것이 아니라 주는 것이다. 나이 들면서 넉넉한 마음으로 사람을 품고 사랑을 한없이 주는 것이야말로 아름다운 모습이다. 사랑을 주는 대상은 사람일수도 있고, 주변에 있는 나무와 꽃과 같은 자연일 수도 있다. 대상을 분별하지 않고 무엇이든 사랑할 때 나이 들어가는 행복과 기쁨을 만끽할 수 있다. 그것이 성숙하게 나이 드는 지름길이다.

　힘들게 살아온 인생길이기에 사랑하는 법을 잘 모를 수도 있다. 일반적으로 사람들은 사랑 받는 것에만 익숙한 나머지 사랑하는 것에는 익숙하지 못하다. 사랑의 대상도 사람에서 주변의 사물과 동식물로 확장되어야 한다. 먼저 사소한 것부터 실천에 옮겨 큰 사랑을 알아차리면 된다. 예를 들어 이웃에게 친절하게 인사하기, 집 옆 나무에 매일 아침 인사하기, 가족들 안아주기, 버스나 지하철 승하차시 양보하기, 길고양이에게 먹이 주기, 정성으로 화초 가꾸기 등 간단한 실천부터 하는 것이다.

장영희 교수는 그의 마지막 에세이집 『살아온 기적 살아갈 기적』에서 남에게 주는 친절과 사랑은 밑지는 일이 없으며 남의 마음속에 좋은 추억으로 남는 것만큼 보장된 투자도 없다고 하였다. 친절과 사랑이야말로 최고의 인생 투자인 셈이다. 친절과 사랑은 주는 것이지만, 다시 부메랑이 되어 더 큰 가치로 나에게 되돌아오기에 절대로 손해 보는 일이 아니다.

실제 친절과 사랑은 간단한 것일지라도 자신에게 돌아오는 만족감이란 놀라울 정도로 크다. 왜냐하면 인간 생명의 속성 자체가 사랑을 하는 존재이기 때문이다. 그래서 세계 고등종교 모두 '사랑하라'고 하는 것이다. 사랑은 도파민과 같은 뇌신경전달물질을 더 많이 분비하여 즐거움을 주고, 마음을 이완시켜 주어 스트레스 해소에도 도움을 주는 것으로 이미 과학적으로 밝혀져 있다. 덤으로 면역체계도 활성화하여 건강에도 도움이 된다고 한다. 다른 존재를 사랑하는 것이지만, 그 대가로 우주로부터 일상의 행복과 건강을 선물 받게 된다.

문제는 다른 대상을 사랑하기 전에 먼저 자기 자신부터 사랑할 수 있어야 한다. 자기 자신을 사랑한다는 것은 자기 내면에 숨겨져 있는 생명의 가치와 영적 숭고함을 자각하고 발현하는 것이다. 앞서 이야기했던 스티브 잡스도 스탠포드 대학교 졸업식 축사에서 "여러분이 사랑하는 것을 찾아야 합니다"라고 하였다. 모든 생명의 가치와 영적 기운은 하나로 연결되어 있다. 그 때문에 자기 자신에 대한 사랑과 미덕은 자연스럽게 외부로 확장되어, 모든 대상을 사랑하는 미덕을 베풀 수 있게 된다.

이와 같이 사랑과 친절과 같은 미덕을 함께 나누는 것은 인간 본연의 존재 가치이다. 바쁘게 살아오면서 잠시 잊고 있었을 뿐이다. 사랑과 친절을 베푸는 삶은 나이 들어가는 자신의 존재감을 강화하여 자존감을 높여줄 뿐 아니라, 자신의 아름다운 본성을 회복하여 이웃과 사회를 따뜻하게 해준다. 그것은 나이 들어가면서 영적으로 여물어가는 것을 의미한다.

: 내면의 고요함을 즐긴다

나이 들어가면서 혼자 있는 시간이 많아진다. 홀로 있음에 익숙해질 필요가 있다. 홀로 있음의 장점은 내면의 고요함을 즐길 수 있다는 점이다. 마음은 감정이 일면 원숭이처럼 이리 뛰고 저리 뛰어 스트레스를 받지만, 고요해지면 인간의 본성에 닿게 된다. 인간의 본성은 빛의 속성을 지니고 있다. 그것은 고요와 침묵을 통해서 표현된다. 고요와 침묵을 즐기는 홀로 있음은 외로움이 아니라 참 자아에 이르는 귀향이다.

고요는 침묵으로 끝나는 것이 아니다. 침묵 너머의 세계에 닿게 된다. 침묵 너머란 안으로는 내 마음 깊은 곳에서의 진정한 울림을 들을 수 있고, 밖으로는 나의 침묵을 통해 다른 생명의 소리를 마음으로 들을 수 있게 된다. 그것은 침묵이 아니라, 말 없는 '나-너-우리'의 영적 대화요, 소통이다.

더욱이 나이 들면서 궁극적으로 추구해야 할 삶은 자기초월이다. 자기초월이란 영성적인 삶을 사는 것으로, 영적인 지혜와 힘은 바로 고요와 침묵 속에서 나온다. 고요한 새벽의 어둠 속에서 태양이 솟고, 흙탕물을 조용히 놓아두면 맑은 물이 되듯이, 마음속 고요와 침묵은 뇌를 맑게 하고 창의적인 지혜를 샘솟게 한다. 그러니 나이 들면서 점점 많아지는 홀로 있음, 그 속에서 얻어지는 내면의 고요함은 고독과 외로움이 아니라 생명의 선물이다. 그것은 우리의 내면 깊숙이 자리 잡고 있는 영성과의 만남이며, 그때 잠자던 영혼의 빛이 깨어나 영적인 나이듦의 불꽃으로 승화된다.

그러기 위해서는 그 동안 살아오면서 형성된 습관과 자아의식을 버려야 한다. 외부로만 향하던 시선이 내면으로 향하면서, 자기 자신과 삶을 초연한 자세로 관조할 수 있어야 한다. 유한한 자의식이 아니라, 무한한 우주의식으로 세상을 바라본다. 우주의식은 우주 속에 존재하는 자신을 알아차리는 것이자, 세상의 모든 것이 연결되어 있다는 전체의식을 가지는 것이다.

우주적 전체의식은 젊었을 때보다 오히려 나이 들면서 다가서기 더 쉽다. 그곳에 다가서려면 먼저 호흡을 깊게 해야 한다. 명상하는 생활습관을 가진다. 법정 스님은 지식이 지혜로 깊어지려면 순수한 집중을 통해 자기 존재를 자각하고 홀로 있는 시간을 통해 자기 마음 속 소리를 들을 수 있어야 한다고 하였다. 홀로 있는 시간은 본래의 자기로 돌아와 존재할 수 있기 때문이다.

법정 스님의 말대로, 순수한 집중을 통해 자기 존재에 대한 자각이 있으면 마음이 편해지며, 마음이 편해지면 마음이 고요해져 존재의 본성에 이르게 된다. 성리학에서는 마음이 고요해지면 본성에 닿고, 마음이 흔들리면 온갖 욕정과 감정에 끌려다니게 된다고 보았다. 전자는 마음이 바람 없는 고요한 바다와 같고, 후자는 파도치는 바다와 같은 것이다.

그렇다면 마음속에서 바람을 일으키지 않으면 된다. 바람이 일어도 그 바람을 통제하거나 조절할 수 있으면 된다. 한 평생 바람 부는 대로 휩쓸려 파도치는 바다처럼 여러 번뇌와 스트레스 속에서 살아 왔다면, 나이 들어서는 나이듦의 지혜를 살려 바람 부는 대로 살아가는 삶에서 벗어나 고요한 마음의 바다에서 살아갈 수 있어야 한다.

마음의 바다를 늘 고요하게 하려면 자신의 마음 상태를 늘 알아차리고 불어오는 욕망의 바람을 제어할 수 있어야 한다. 마음이 고요해지면 재미없는 삶이 되리란 걱정은 하지 않아도 된다. 오히려 마음이 평화로워지고 입가에는 저절로 미소를 띨 수 있다. 마음이 고요해지면서 오히려 보이지 않던 모습, 들리지 않던 소리마저 잔잔히 들려오면서 오히려 볼거리, 놀거리, 들을거리가 많아지니, 평화롭고 즐거운 노년을 맞이할 수 있게 된다. 그를 위해서는 무엇보다 수신과 명상,

일기를 통해 끊임없는 자기 성찰과 수련이 필요하다.

:   자연과 대화를 나눈다

인간은 자연에서 태어나 자연으로 돌아가는 것이 순리이다. 그러므로 자연과 대화 나누기는 우주와 소통하기의 연장선상에 있다. 모든 생명체는 우주의 씨앗인 태극에서 발아된 음양오행에 의해서, 또는 허공→바람→불→물→땅의 순으로 사람을 비롯한 천지만물이 형성되었다. 전자는 주역의 관점이고, 후자는 인도 상키야 철학의 관점이다.

소우주인 인간의 생명원리도 같다. 자연이든 인간이든 기본적 성질은 형태形, 향기香, 맛味, 촉각觸, 소리聲로 구성되어 있다. 형상은 눈, 향기는 코, 맛은 혀, 촉각은 피부, 소리는 귀로 소통한다.[81] 그래서 인간은 모든 생명체와 대화를 나눌 수 있다.

성리학에서도 만물의 형태는 제각각이지만, 그 이치는 하나라고 하였다. 모든 존재는 태극의 산물이자 빛의 산물이며 하나의 진리로 연결되어 있다. 꼭 사람이 아니어도 좋다. 집 앞의 나무나 늘 돋아나는 풀들, 개, 고양이와 같은 반려동물과도 좋은 관계를 맺고 소통하면 행복해진다. 그러면 조화로운 세상을 만날 수 있고 우주 기운과도 화통하게 된다.

세상과의 조화와 소통은 젊었을 때보다 나이 들어 손쉬워진다. 문제는 고정관념과 편견, 그리고 한쪽으로 치우친 습관적인 생각과 행동이다. 우리는 인간과 자연을 구분 짓는 이분법적 사고에 익숙해 있다. 동식물은 하찮은 존재이고 생명의 가치가 없는 것으로 알고 있다. 그래서 자연과의 대화가 어렵다. 나무나 꽃들도 사람처럼 느끼는 감정을 가지고 있다. 놀라운 것은 우리가 꽃들과 대화를 나누고 싶은 만큼, 꽃들도 사람들과 이야기를 하고 싶어 한다는 사실이다. 모든 것을 연결시키는 힘은 사랑이다. 그러니 진심으로 사랑으로 말을 걸고 접촉하면 서로 통하게 되어 있다.

한 예로 집안에 있는 식물에 사랑으로 말을 걸고 물을 주다 보면, 식물의 잎과 줄기가 달라지고, 빛깔이 곱고 싱싱해진다고들 한다. 또는 집 앞 나무와 대화를 나누다 보면, 나와 나무는 정감 넘치는 연결성을 갖게 된다. 그리고 장소와 공간의 에너지가 긍정적으로 변하면서 생기 넘치는 집이 되는 것을 경험할 수 있다. 그것은 삶을 더 윤택하고 풍요롭게 할 뿐 아니라 치유 효과도 있다.

이와 같은 치유 효과는 반려동물과의 관계에서 더 크게 나타난다. 실제 캐나다 토론토 대학교 캐롤라인 크램 교수팀은 개를 기르는 것이 어떤 효과가 있는지 380만 명에 대한 메타분석을 하였는데, 그 결과 사망률이 24퍼센트나 낮아지는 것으로 조사되었다. 심지어 심장마비나 뇌졸중 같은 심혈관질환으로 사망할 확률도 30퍼센트 이상 낮아졌다.[82] 또 다른 자연과의 교감 방법의 하나는 자연 속을 걷는 것이다. 홀로 산길, 들길, 물길을 걷는 것이야말로 자연과 대화를 나눌 수 있는 최상의 방법이다. 모든 것을 내려놓고 텅 빈 마음으로 걷다 보면 들리지 않던 소리가 들리고, 느끼지 못하던 향기가 코끝을 자극하며 말을 건다. 하늘 위에 그냥 떠가던 구름도 손짓한다. 그러다 가끔 자연 깊이 들어가 의도된 대화를 나누면 된다.

나이 들어가면서 자연과 대화를 나누고 소통하는 것은 자아 초월에도 큰 도움이 된다. 죽음이란 자신이 태어난 원초적 자궁인 자연으로 돌아간다는 것을 의미한다. 그러니 자신이 죽어서 되돌아갈 자연과 미리 벗할 수 있는 자연 친화적인 삶을 사는 것이 바람직하다. 그것은 곧 생명의 근원인 우주의 빛으로 돌아가는 빛의 귀향길이다.

: 죽음을 초월한다

노년기가 다른 생애주기와 다른 가장 큰 특징은 어떤 형태로든 죽음을 맞이한다는 점이다. 죽음에 대한 어떠한 관점과 태도를 가지느냐에 따라 노년기의 가치관과 삶의 모습은 크게 달라진다. 그러니 나이 들면서 죽음문제를 깊이 성찰하고 나름대로 적절히 대응할 필요가 있다. 그래서 자기 주도적으로 죽음을 맞이할 수 있어야 한다.

실제 우리나라 중노년층은 오래 사는 것보다 잘 죽는 웰다잉 Well-dying 을 선호하고 있다. 특히 좋은 죽음이란 스스로 죽음을 준비하면서 주변에 피해를 주지 않는 것이라고 생각하는 사람이 60퍼센트 이상이었다.[83] 그럼에도 불구하고 서울시민 가운데 60대는 53.7퍼센트, 70대는 37.9퍼센트가 죽음 준비가 되어 있지 않다고 한다. 의외로 많은 사람들이 죽음에 대한 회피 심리로 인해 웰다잉에 관심이 없는 실정이다. 일부는 죽음에 대한 불안감과 두려움에서 벗어나고자 젊은날을 그리워하거나 젊음에 집착하지만, 돌아오는 것은 일시적인 만족과 지속적인 공허감뿐이다.

죽음을 피할 수 없다면, 그 대안은 죽음을 받아들이고 친해지는 것이다. 노년학자나 수행자들 대부분은 죽음을 자연스러운 생명의 한 과정으로 인정하고 수용하면서 당당하게 맞이하라고 충고한다. 극과 극은 통하듯이, 태어남과 죽음은 같은 차원이다. 시작이 있으면 끝이 있듯이, 태어났기 때문에 죽는 것은 당연하다. 그것은 자연의 섭리요 우주의 진리이자 생명체로서 거쳐야 할 통과의례이다. 거부하고자 해도 거부할 수 없는 생명의 관문이다.

이미 2천 년 전에 키케로는 죽음을 자연의 섭리로 보았다. 그는 미덕을 실천하는 것이 나이 들어 해야 할 가치 있는 삶이라 하면서, 자연과 조화를 이루는 모든 것이 미덕이라 하였다. 그러면서 나이 들어 맞이하는 죽음만큼 조화로운 일이 어디 있을까 반문하고 있다.[84] 죽음은 자연의 섭리요, 그것을 수용하는 것은 자연과의 조화이니, 나이 들어 맞이하는 자연스러운 죽음은 아름다운 최상의 미덕인 셈이다. 생애주기별 발달과업을 제시한 미국의 저명한 심리학자이자 교육사회학자인 하비거스트 역시 나이 들어 해야 할 중요한 과업 가운데 하나로, 죽음에 대비하여 인생을 돌아보고 남은 삶의 목적을 재정립하라고 충고한다.

동양의 관점에서도 죽음은 자연스러운 우주의 섭리일 뿐이다. 티베트의 정신적 지주였던 소걀 린포체는 그의 책 『티베트의 지혜』에서 죽음을 삶의 과정이자 새로운 시작으로 바라보았다.[85] 그의 제자 달라이 라마 역시 누구나 피해 갈 수 없는 죽음을 있는 그대로 받아들이라고 한다. 죽음은 종말을 의미하는 것이 아니라 단지 옷을 갈아입는 것과 같은 것으로, 언제 찾아올지 모르는 죽음을 미리 준비하는 것만이 현명하다고 하였다.

소걀 린포체와 달라이 라마의 조언대로 죽음은 삶의 자연스러운 과정이다. 중요한 것은 언제 찾아올지 모르는 죽음을 어떻게 미리 준비하느냐이다. 달라이 라마는 모든 이들이 꿈꾸는 평화로운 죽음을 위해서는 그 전제가 평화로운 삶이고, 평화로운 삶을 위해서는 마음속의 성냄과 폭력과 공포의 감정에서 벗어나 평화를 일구는 하루하루의 일상적인 삶이 되어야 한다고 역설하고 있다.

죽음이 가지는 또 하나의 큰 의미는 인간으로 태어나 한평생 산 뒤 유종의 미를 거두는 마지막 생명의 의례라는 점이다. 장자는 말했다.[86]

"우리에게 삶을 주어 수고하게 하고 우리에게 늙음을 주어 편하게 하며, 우리에게 죽음을 주어 쉬게 한다. 그러므로 스스로의 삶을 좋다고 하면, 스스로의 죽음도 좋다고 하는 셈이 된다."

장자는 삶과 늙음, 그리고 죽음을 같은 선상에서 보았다. 늙음은 삶의 수고로움을 편하게 하는 것이고, 죽음은 삶이 좋은 것이듯이 좋은 것이라 하였다. 우리는 삶과 죽음을 이분법적으로 보면서 삶만이 가치 있는 것으로 보아 왔는데, 장자는 그것이 잘못되었음을 지적하고 있다. 삶과 죽음은 하나이자, 지금 이 순간 함께 공존하는 동시성을 지니고 있다.

유학에서의 생사관도 기본적으로 삶과 죽음을 같은 차원에서 보았다. 공자는 '아침에 도를 들으면 저녁에 죽어도 좋다'라고 하였고, 주자 역시 '도를 진실로 들어서 알게 되면, 삶은 순탄하고 죽음은 편안하다'고 하였다. 조선시대 선비들이 추구한 이상적인 삶도 살아서는 하늘에 순응하고 죽어서는 편안함이었다. 한 예로 임진왜란 전후에 살았던 성리학자 장현광은 사람이란 무에서 유로 나와 다시 무로 돌아가는 존재라고 하면서, 죽음을 초월하여 말을 삼가고 잡된 일을 하지 않고 마음을 크게 비우며 순리대로 나이 든 일상을 보냈다.[87]

이처럼 삶과 늙음 그리고 죽음은 하나의 과정이다. 죽음을 삶의 끝으로 허무하게 인식하는 것은 생명에 대한 집착일 뿐이다. 오히려 한 평생을 매듭 짓는 완성의 의미로 받아들인다면, 죽음은 두려운 것이 아니라 감사할 일이다. 기차를 타면 종착지가 오듯이 죽음은 거부할 대상이 아니다. 인생이라는 기차에서 내려 대자연 속으로 유유히 사라지는 것뿐이다. 다만, 기차에서 내리기 전에 떠나온 인생 여행길을 회고하고 유종의 미를 거둘 수 있는 그 무엇인가를 할 수만 있다면 금상첨화이다. 그것은 못다 한 일일 수도 있고, 사랑하는 가족들과 더 적극적으로 아름다운 시간을 보내는 일일 수도 있고, 보다 많은 사람들에게 삶의 의미를 전달하거나 소중한 나의 시간을 나누어 주는 일일 수도 있다. 무엇이든 주어진 시간을 아름답게 보내면 된다. 그리고 호랑이가 가죽을 남기듯이, 이왕이면 다음 세대를 위하여 정신적 유산으로 무엇인가를 남길 수 있다면 더욱 바람직하다.

류시화가 엮은 잠언집 『지금 알고 있는 걸 그때도 알았더라면』에 나오는 「무엇이 성공인가」라는 시에서 글쓴이 랄프 왈도 에머슨은 자주 그리고 많이 웃는 것, 아이들에게서 사랑받는 것, 다른 사람에게서 최선의 것을 발견하는 것, 세상을 조금이라도 살기 좋은 곳으로 만들어 놓고 떠나는 것, 자신의 인생으로 인해 단 한 사람의 인생이라도 행복해지는 것이 곧 진정한 인생 성공이라 하였다. 랄프 왈도 에머슨의 글을 곱씹어 읽어 보면, 성공한 인생이 무엇인지 깊이 공감이 간다. 그가 말한 나이듦이야말로 인생 후반기에 지향할 점들이다.

특히 나의 삶으로 인해 단 한 사람의 인생이라도 행복해지는 것, 그것이 나이 들면서 추구해야 할 작으면서도 큰 삶의 지향점과 태도로 보인다. 그러할 때 천상병 시인이 「귀천」에서 노래한 것처럼, 아름다운 이 세상 소풍 끝나는 날 지구별 소풍길이 아름다웠노라고 말할 수 있으리라.

이렇게 나이 들면서 하루하루를 즐겁게 살아가기 위해서는 죽음의 미학, 죽음에 대한 자신만의 철학이 있어야 한다. 모든 생명체가 태어나면 죽는 우주법칙성에서 어느 누구도 자유로울 수는 없다. 생물학적인 생멸 과정은 자연스러운 일이다. 진시황제처럼 죽음을 거부하는 것은 욕심이고 부질없는 짓이다.

그렇다면 초연하게 죽음을 받아들이는 것이 최상이다. 죽음은 지구별 여행을 마치고 우주로 날아가는 관문이다. 다시 푸른빛을 찾아 지구에 올지도 모르지만, 무수히 떠 있는 하늘의 별이 된다고 생각하면 오히려 가슴이 설렐 수도 있다. 우리 모두는 우주를 여행하다 잠시 지구별에 왔다 갈 뿐이니, 죽음을 두려워할 것도 허무하게 생각할 것도 없다.

그러니 나이 들어가는 것을 즐기기 위해서는 삶의 최종 관문인 죽음에 맞서 싸우기보다 자연스러운 하나의 과정으로 받아들인다. 그것은 삶의 일부분일 뿐이다. 태어남은 우리의 의지대로 할 수 없지만, 죽음은 얼마든지 의지대로 맞이할 수 있다. 우리는 미리 준비해서 태어나지 않았지만, 적어도 죽음만은 미리 준비해서 의미 있게 받아들이고 존엄하게 생을 마무리 짓는 것은 영광스러운 일이다.

고려 말의 고승 나옹선사^{1320~1376}의 시는 나이 들면서 어떠한 삶을 살아가야 하는지 가르침을 주고 있다.

청산은 나를 보고 말없이 살라 하고
창공은 나를 보고 티 없이 살라 하네.
탐욕도 벗어놓고 성냄도 벗어놓고
물 같이 바람 같이 살다가 가라 하네.

56세의 젊은 나이로 세상을 떠난 스티브 잡스가 숨을 거두기 직전 병상에 누워 지난날들을 회상하며 남긴 메시지는 무엇이 인생인지, 어떻게 살아가야 하는지 깊이 생각하게 한다. 특히 노년기를 살아가는 사람들에게 더욱 강한 울림을 주고 있다.

"지금 삶의 어느 순간에 있던, 결국 시간이 지나면 우리는 장막의 커튼이 내려오는 날(죽음)을 맞이하게 된다. 가족을 위한 사랑을 귀하게 여겨라. 배우자를 사랑하라. 친구들을 사랑하라."

스티브 잡스는 진심어린 목소리로 "자기 자신에게 잘 대하라. 남들을 소중히 여겨라"라고 하였다. 이는 곧 사랑으로 자기 자신을 스스로 돌보는 동시에 다른 사람을 사랑으로 잘 대하라는 의미이다. 그것이 마음의 평화를 얻는 길이요, 평화로우면서도 품위 있는 죽음을 맞이하는 길이기 때문이다.

현대 과학자이자 철학자로, 양자물리학을 철학적으로 풀어냈다는 평을 듣는 게리 주커브는 인간은 죽음을 초월하여 보다 나은 영혼을 가진 인간으로 진화한다고 하였다. 좀 더 나은 영혼이란 물질적인 것보다 정신적인 존재로, 이기심보다 사랑이 가득 찬 영혼으로 진화하는 것이다. 이것이 바로 삶이 무르익는 노년기에 추구해야 할 지구별 여행자의 마지막 과제이자, 진정한 죽음 초월이다. 게리 주커브의 말을 빌리자면 '새로운 인류로의 재탄생'을 준비하는 것이다.[88]

죽음의 경계를 넘으면 살아있는 지금 이곳의 소중함이 더 커진다고 한다. 살아 있는 나의 존재에 무한한 감사함을 느끼고 사랑하게 되며, 더 나아가 그러한 감사함과 사랑하는 마음은 자기 자신을 넘쳐흘러 주변 사람들에게, 그리고 마주치는 모든 대상으로 확장된다. 그것은 곧 내 안의 영혼의 불빛이 온누리를 밝게 비추는 것으로, 공자가 말한 종심의 단계, 니체가 말한 초인의 세계, 장자가 말한 구속이 없는 절대의 자유로운 경지에서 노니는 소요유의 대자유에 이르는 것이리라.

이러한 영혼의 진화와 죽음 초월은 생각만 해서는 이루어질 수 없다. 구체적인 실천을 통해서 접근하는 것이 손쉽다. 예를 들어 재산 상속을 어떤 형태로든 매듭 짓거나, 유언과 유서를 준비해 놓는 등 미리 죽음 준비를 해두는 것도 한 방법이다. 또는 퇴계 이황이나 다산 정약용처럼 자찬 묘비명을 써보는 것도 좋을 것이다.

특히 수시로 '엔딩 노트'를 작성하면, 삶과 죽음의 경계를 넘나들면서 노년을 초월하는 경지에 이를 수도 있다. 시중에는 여러 종류의 엔딩노트를 판매하고 있어 이를 구매해서 사용하거나, 아니면 직접 노트를 만들어 사용해도 좋다. 컴퓨터로 작성할 수도 있으나, 그것보다 노트에 직접 손으로 작성하는 것이 여러모로 바람직하다. 살아 있는 몸이 직접 죽음을 자각하고 새길 수 있기 때문이다. 사전에 연명치료를 하지 않겠다는 의사를 분명히 밝혀 놓는 것도 지혜로우며, 묘지든 납골당이든 수목장이든 사후 안장 방안도 자손들에게 일러놓는 것도 본인은 물론 후손들을 위한 길이다. 특히 생의 마지막을 편안하게 영면할 수 있도록 자기 주도적인 죽음 준비를 한다.

유언과 상속, 엔딩 노트, 장기 기증, 연명의료 의향서 등과 같은 죽음 준비는 부질없는 삶의 욕망을 비움으로써 죽음을 초월할 수 있도록 돕는 좋은 방법들이다. 삶과 죽음의 경계가 사라지면, 인생 최종 목표인 자아 초월에 이를 수도 있다. 다시 말해 대자유인이 되는 것이다.

제4부

자기 돌봄

자기 돌봄은 지금까지 살아오면서 굳어진 삶의 수레바퀴를 멈추고
지금 이 순간순간에 깨어 있으면서 마음을 알아차리고
자기 주도적으로 건강을 돌보는 동시에 죽어 있는 오감을 일깨워
영적으로 나이 들어가는 것이다.
그를 통해 순수하고 평화로운 원래의 나로 돌아가
영적인 대자유를 누린다.

1. 자기 돌봄이란?

사람은 나이 들면서 늙어가는 것이 아니라
끊임없이 성숙하고 진보한다는 사실이야 말로
진정한 삶의 모습이다.

· 토마스 한나 ·

사람은 크게 자신과의 관계, 다른 사람과의 관계, 세계와 사물과의 관계 속에서 존재하고 삶을 영위한다. 이와 같은 '나-너-우리'의 삼각관계는 상호 유기적이며 조화로울 때 바람직하다. 그럼에도 불구하고 우리는 어린 시절부터 제도권 교육을 통해 또는 사회적 윤리를 통해 타인과 세계와의 관계만 강조되었지, 삶의 주체가 되는 자기 자신과의 관계는 소홀히 인식되었다. 그에 따라 자기 자신을 사랑으로 돌보고 배려하는 마음과 자세가 부족하여 심신의 위기 상황을 쉽게 극복하지 못하고 회복 탄력성이 크게 떨어지는 경우를 종종 볼 수 있다.

단적인 예로 우리는 다른 사람을 사랑하라는 말은 수없이 들었지만, 정작 소중한 자기 자신을 사랑하라는 말은 자주 듣지 못하면서 성장하였다. 그래서 자기 자신을 사랑하고 자기 자신에게 감사하는 일이 어색하다. 인간관계에 있어서도 상대방의 입장과 감정이 더 중요한 나머지, 하기 싫어도 남의 요구를 받아들였다. 국가와 민족을 위해서는 소중한 나의 목숨도 아낌없이 바쳐야만 하는 멸사봉공滅私奉公의 정신이 박혀 있고, 남자는 울면 안 된다고 하는 일명 '사나이즘'은 남자들로 하여금 울어야 할 때 울지 못하는 심리적 억압 기제로 작용하였다. 특히 이는 권위주의 시대에 태어나 성장한 베이비부머 세대의 자화상이라 할 수 있다.

그에 따라 자신의 주체성을 상실하고 수동적이고 타율적인 존재가 되었다. 개인의 감정과 욕구는 억압되고 개인의 생각은 전체의 논리에 밀려 존중받지 못하였다. 외부적인 물질적 출세와 사회적 성공만이 가치 있는 것으로 인식되어 높은 평가를 받았다. 그래서 돈을 벌기 위해 청춘을 불사르고 직장을 위해 평생 삶을 바쳤지만, 남편과 자식을 위해 모든 것을 희생하였지만, 나이 들어 돌아오는 것은 공허감뿐이다. 열심히 살아 왔지만, '나'라는 존재가 희미하다. 지난날에 의미를 부여하고자 하나, 의미를 찾을 길이 없다. 앞으로 새롭게 가고자하나, 가슴 뛰는 삶이 보이지 않는다. 가슴 설레는 희망도 없다. 이른바 50대 이후 중년의 위기이다.

이렇듯 대다수의 사람들은 중년기를 거치면서 자기 인생을 제대로 돌보지 못하였다. 돈 벌고 아이들 양육하다 보니, 자기 인생과 삶을 제대로 돌볼 시간이 없었다. 그럴 마음의 여유도 없었던 것이 현실이다. 그 때문에 노년기에 접어들면 온갖 질병에 시달린다. 그뿐만이 아니다. 가족과 남을 돌보는데 지친 자가 자신을 뒤늦게나마 사랑하고 돌보고자 하나, 어린 시절부터 형성되어 굳어진 기존 습관의 벽을 넘지 못하고 제자리를 맴돌 뿐이다.

미국 코넬 대학교의 인류유산 프로젝트 일환으로 쓰여진 『내가 알고 있는 걸 당신도 알게 된다면』은 노인들의 삶의 지혜가 담긴 책으로 유명하다. 칼 필레머는 이 책을 쓰기 위해 1천 명의 노인들을 만나 그들의 지혜를 구했는데, 노인들이 가장 후회한 것이 남을 배려하느라 정작 자기 자신을 돌보지 못한 것이라고 하였다.

자기 자신을 돌보는 것, 그것은 삶의 성공을 위해 앞만 바라보며 달리던 중년을 지나면서 그 중요성과 필요성이 더욱 커진다. 먼저 혹사한 몸을 돌보고, 이런저런 외부의 감정에 휘말려 피로해진 마음을 챙기고, 삶에 지친 정신에 고요와 평안을 선물한다. 그러기 위해서는 앞만 보고 달리던 인생길을 잠시 멈추고 자기 자신과의 진정한 대화를 통해 사랑으로 감싸주면서 나답게 살아가는 법을 익혀야 한다.

'나'라는 주체를 상실한 현실을 통렬히 비판하면서 자기 돌봄을 대안으로 제시한 것이 프랑스의 위대한 사상가 미셸 푸코[1926~1984]이다. 푸코는 신자유주의 시대를 살아가는 현대인들을 권력과 지식에 의해 속박된 존재로 파악하였다. 우리 자신은 삶의 주체임에도 불구하고 외부적 요인들에 의해 훈육되었고 무엇인가를 생산해 내야만 가치 있는 인간으로 인정받았다. 그에 따라 자신도 모르는 사이에 사회에 순응하고 체념하며 좌절하는 열등감이 몸에 배어 있다. 이러한 인식은 어린 시절부터 형성되어 머릿속에 깊이 뿌리박혀 있기에, 나이 들어 가면서 자유로워지기는커녕 더욱 속박되어 악순환의 늪에 빠진다.

그래서 푸코는 삶에서 소외된 자아를 다시 주체화해야 한다고 역설하면서, 그 대안으로 '자기 배려'를 강조하였다. 자기 배려는 자기 주도적으로 자신을 관리하고 통제하는 것으로, 일종의 셀프케어 self-care 또는 셀프코칭 self-coaching 이다. 예를 들어 푸코는 욕망이나 감정을 억압의 대상으로 보지 않고 그것을 있는 그대로 받아들여 스스로 조절할 수 있는 능력을 기르는 것이 중요하다고 하였다. 그것은 신자유주의의 노예가 된 자기 자신을 해방시키는 것이자 자기 자신과의 새로운 관계를 재정립하는 것이다. 푸코가 말하는 자기 배려는 철학적이고 영적이며 수련을 동반하는 것으로, 그를 통해 이기적이고 길들여진 자아를 버리고 실존적 자아를 찾아 자기 자신을 새롭게 만들어가는 과정이다.

자기 배려는 우주가 태양을 중심으로 돌아가듯이, 철저히 자기중심으로 세상을 재편하되 모든 것과의 조화와 균형을 도모하는 것이다. 그것은 자기 자신이 태양 같은 존재가 되는 것으로, 우주질서와 합일을 꾀한다. 그를 위해 푸코가 전하는 자기 배려방법은 자기 자신에게 되돌아가기, 자신 자신을 돌보고 배려하기, 자기 자신에 충실하기, 자기 자신에게서 즐거움을 발견하기, 오직 자신 안에서만 쾌락을 추구하기, 자기 자신과 더불어 지내기, 자기 자신과 친구 되기, 자기 자신을 치유하기, 자기 자신을 존중하기 등이다.[89]

이러한 푸코의 자기 배려는 자기중심적인 개인주의가 아니다. '나-너-우리'의 관계와 삶을 주체화된 나를 중심으로 조화롭게 엮어가는 것을 의미한다. 그것은 너와 우리 중심이었던 기존의 생활양식을 나 중심으로 전환시키는 가치관의 전복이다. 수동적인 나에서 능동적이고 자율적인 존재로, 이기적인 나에서 이타적인 나로, 그리고 주체화된 나로 다시 태어나는 것이다. 그를 위해서는 먼저 자기 자신에 대한 관심을 기울이고, 밖으로만 향하고 있던 시선을 자기 내면으로 돌려야 하며, 궁극에는 자기 돌봄과 사랑을 바탕으로 나를 주체로 한 '나-너-우리'의 조화로운 소통을 지향해야 한다.

자기 배려는 추상적이거나 형이상학적인 것이 아니다. 존재와 삶 그 자체이다. 푸코는 자기 배려의 기술로 자기에 대한 몰입, 자기 통제, 의식 점검, 경청, 독서, 글쓰기, 명상과 같은 삶의 테크놀로지를 강조하였다. 그것은 삶을 자기 주도적으로 기획하고 가치 있는 존재로 만들어가는 것으로, 자기 혁신이다. 그래서 자기 배려는 삶을 예술적으로 만들어가는 기술로써 끊임없는 수련을 통해서만 가능하다.[90]

그래서 푸코의 자기 배려는 머리로 하는 것이 아니라 철저히 몸으로 해야 하며 실천을 통해서만 가능하다. 그를 통해 추구하는 삶의 질적 전환은 기존의 습관을 뜯어고치고 치유하는 것으로, 자신의 주체성을 새롭게 구축하고 새로운 생활 문화를 만들어가는 과정이다. 이것은 한마디로 자기 배려와 몰입을 통해 소외된 몸을 바로 세우고 주체화함으로써 진정한 삶의 주인으로 살아가는 것을 의미한다. 그것은 자신의 삶을 스스로 통제하고 예술작품으로 만들어가는 것으로, 진정으로 자기 자신을 알아가는 동시에 제대로 된 자기 몸 사용법을 익혀가는 것이다.

자기 돌봄은 그냥 자신을 케어하는 소극적인 개념이 아니다. 자기 극복을 동반한다. 살아오면서 형성된 기존의 나를 버리고 새로운 나를 만들어가는 적극적인 활동으로, 삶을 아름다운 예술로 만들어가는 과정이다. 이러한 자기 돌봄은 진짜 '나'로 살아가기 위한 자기 혁명이다. 원래 '나'는 순수하고 고요하고 평안한 존재였다. 자기 돌봄을 통해 몸과 마음을 순수 상태로 되돌리고 깨어 있는 존재로 되돌아가는 것이다. 그것은 지금까지 살아오면서 굳어진 삶의 수레바퀴를 멈추고, 지금 이 순간순간에 깨어 있으면서 마음을 알아차리고, 나에 대한 진정한 통찰을 통해 자신을 사랑하며 온 세상을 품는 일련의 과정을 말한다.[91]

그를 통해 부평초 같이 떠돌던 나를 찾아 내가 진짜 주인공이 되어 살아가길 소망한다. 자기 주도적으로 건강을 돌보는 동시에 죽어 있는 오감을 일깨워 영적으로 나이 들어간다. 그것은 순수하고 평화로운 원래의 나로 돌아가 영적인 대자유를 누리기 위함이다.

2. 자기 돌봄의 지혜와 기술

할 일이 있고 사랑하는 사람이 있고
희망이 있으면 당신은 지금 행복한 사람입니다.

· 칸트 ·

: 자기 주도적 건강 관리

자기 돌봄은 무엇보다 자기 주도적으로 건강을 돌보는 것부터 시작한다. 그것은 몸과 마음, 정신 건강을 통합적으로 접근하여 균형 잡힌 삶을 추구하는 것이다. 그 가운데에서도 먼저 챙기고 돌보아야 할 것은 몸 건강이다. 나이 들면서 가장 고통스러운 것은 노화에 따른 질병이다. 나이 들면서 점점 쇠퇴하는 신체 건강과 점점 늘어나는 통증은 단지 육체적 고통을 넘어서 정신 건강을 위협하고 삶의 의욕마저 꺾는 요인이 된다. 다행히 몸은 모든 것을 알고 있다. 몸의 통증은 나 아프니 돌보아달라는 위험신호이다. 몸의 여러 신호는 마음과 정신과 연결되어 있기에 먼저 몸을 챙기고 배려하면서 돌볼 필요성이 있다.

그러나 한국인의 건강 관리는 자기 주도적으로 사전에 예방하는 것이 아니라, 사후 약방문으로 의사와 약물에 의존하는 경우가 많다. 아프면 그제서야 병원을 찾고 약을 먹어 치료하는 것이 일반적이다. 그 결과 매년 65세 이상 고령자 진료비가 크게 증가하여 2025년에 이르면 58조원에 이를 것으로, 건강보험공단은 전망하고 있다. 이는 8년 사이 83퍼센트나 폭증한 것으로, 나이 들면서 약물에 의존하는 삶을 살고 있다는 놀라운 증거이다.

더 놀라운 사실은 세계보건기구에서 발표한 한국인의 건강수명이 2000년 65세에서 2019년 64.9세로 오히려 줄어들었다는 점이다. 이 기간 평균 수명은 74.3세에서 무려 83세로 9년 정도로 늘어났다. 이 통계는 한국 고령자들이 평균적으로 65세부터 83세까지 19년 동안이나 건강하지 못한 채 목숨만 연장하였다는 매우 충격적인 사실을 말해주고 있다.

이와 같은 우울한 통계가 나오는 것은 65세 이상 노령층이 소중한 몸과 생명을 그냥 병원과 약물에 의존하는 삶을 살아가기 때문이다. 당연히 삶의 질도 낮을 수밖에 없다. 백세를 산들 약물에 의존하여 연명한다면 오래 사는 것이 무슨 의미가 있겠는가. 그런 삶은 최종적으로 현대판 고려장이라 할 수 있는 요양원 신세를 면치 못한다. 설령 약물에 의존하여 목숨을 연장하더라도 행복지수는 떨어질 수밖에 없다.

따라서 나이 들어가면서 중요한 선택지점의 하나는 의사에게 소중한 나의 몸과 생명을 맡길 것인지, 아니면 자기 주도적으로 건강 관리를 할 것인지의 여부이다. 당연히 건강 관리는 철저히 자기 주도적으로 해야 한다. 배우자는 물론 자식도 한계가 있다. 문제는 대부분 그런 삶을 살아오지 않았다는 점이다. 특히 남성의 경우 부모나 배우자에게 의존하였기 때문에, 자기 주도적으로 몸을 돌보지 못하는 경우를 흔히 볼 수 있다. 또한 술과 담배, 과로 등에 익숙해 있어서 자신의 몸을 해치는 삶의 패턴이 건강에 아주 해롭다는 것을 알면서도 습관을 쉽게 바꾸지 못한다.

이제부터는 아프면 약국과 병원에 먼저 달려가던 악순환의 고리를 끊어야 한다. 의사에게 맡긴 자신의 몸을 스스로 돌보고 관리한다. 이것은 단지 건강 관리로 끝나는 것이 아니라, 삶의 질 향상으로 이어지기에 더욱 주의를 기울일 필요가 있다. 스스로 건강 관리를 하려면 먼저 자신의 건강 환경과 습관을 정확히 파악하는 것이 중요하다. 일상적인 건강 요소, 다시 말해 스트레스, 호흡, 동작, 음식, 수면, 자세 등 자신이 어떻게 행동하고 움직이고 먹고 자고 있는지 주의 깊게 파악한다. 그래서 나쁜 습관을 찾아내서 버리고 새로운 건강 습관을 길러나가야 한다.

그를 위해서는 먼저 내 몸을 바라보는 관점을 재정립하고 몸의 감각을 일깨워줄 필요가 있다. 그 다음은 먼저 자기 몸을 관찰하고 몸이 보내는 신호에 귀 기울이고 자연치유력을 높여야 한다. 몸이 스스로 치유되기 위해서는 지속적인 관리와 시간이 필요함에도 불구하고 대부분 한두 번 해보고 효과를 보지 못하면 포기하는 것이 일반적이다.

병원과 약물에 의존하던 습관에서 벗어나 자기 주도적인 예방적 치유를 하기 위해서는 반드시 많은 노력과 시간을 투자해야만 한다.

자기 주도적인 건강 관리는 단지 육체적인 몸에 국한된 것이 아니다. 마음과 정신 건강을 위해서는 심리 상담을 수시로 받거나 명상과 취미 활동을 하고 유쾌한 사회 활동 등이 수반되어야 한다. 그것은 스트레스를 줄여주고 수면의 질을 높여 주기에, 신체 건강을 증진시키고 삶의 질도 높여준다. 그러니 전인적인 홀리스틱 holistic 건강 관리를 통해 '몸-마음-정신'의 유기적인 균형과 안녕을 꾀하고 그를 통해 조화로운 행복한 삶을 추구해야만 한다. 그를 위해서는 세 차원에서 마음 관리가 이루어져야 한다.

첫 번째는 '마음 보기'이다. 먼저 자신의 마음을 들여다본다. 다양한 마음의 움직임, 감정 상태 등 그동안 살아오면서 다져진 자신의 마음밭에서 자라난 마음씨를 한발 물러나 바라본다. 그러면 마음의 움직임에 휘둘리지 않고 객관적으로 자신을 관찰할 수 있을 뿐 아니라, 마음이 고요해지면서 만병의 근원인 스트레스도 줄어들고 엔도르핀이 솟아 행복해질 수 있다.

두 번째는 '마음 비우기'이다. 흙탕물을 가만히 놓아두면 불순물이 침전되어 맑은 물이 되듯이, 마음 비우기는 고요와 침묵이 답이다. 그래서 나이 들수록 고요와 침묵을 즐길 필요가 있다. 마음을 비우면 마음과 머리를 어지럽히던 온갖 잡동사니 생각과 감정과 기억들이 사라져 심리적 편안함을 즐길 수 있다.

세 번째는 '마음 쓰기'이다. 마음을 보고 비우는 최종 목적은 마음을 올바르게 쓰기 위함이다. 나이 들면서 다져진 마음의 밭에 뿌리 박혀 있는 나쁜 마음씨를 뽑아버리고 질 좋은 마음씨를 새로 뿌려 잘 자라도록 하는 동시에, 그런 환경을 만들어준다. 행복한 마음의 숲을 디자인해서 가꾼다. 그러할 때 건강한 신체가 마음의 숲에서 뛰어 놀고 몸 속 깊은 곳에서 영혼이 들려주는 숲의 노래를 들을 수 있을 것이다.

자기 주도적인 건강 관리를 위해서는 지속적인 공부와 함께 전문가의 의견을 적극 수용한다. 스스로 건강 상식과 올바른 건강법을 익혀 체화하는 동시에 약물 처방을 받기 전에 전문가의 의견을 구할 필요가 있다. 누구보다 자기 몸은 자기가 잘 안다. 그러므로 여러 전문가의 의견을 수용하되, 기본적으로 자기 주도적으로 건강을 관리하고 책임져야만 한다.

몸에 대한 새로운 각성

일반적으로 한국인의 몸에 대한 인식은 대부분 외모와 육체적 건강에만 신경을 쓴다. 그렇다 보니 몸에 좋은 음식이나 다이어트, 운동 등 외형적인 것에만 관심을 둘 뿐이다. 하나로 움직여야 할 몸과 마음은 분리되어 있다. 정신 역시 몸과 관련이 없는 것처럼 알고 있다. 몸과 마음, 정신은 모두 통합되어 있는 하나의 존재이다. 그럼에도 불구하고 따로따로 다루다 보니, 몸을 제대로 돌볼 수가 없다. 설령 몸과 정신이 하나라는 사실을 알아도 육체 중심의 생활습관에 익숙한 나머지 몸이 보내는 이상 신호도 제대로 알아차리지 못해한 순간에 육체적 건강을 잃거나, 여러 정신적인 문제나 마음의 고통을 받는 경우를 흔히 볼 수 있다.

우리가 몸을 육체적인 삶의 수단으로만 인식하는 데는 서구에서 이식되어 강제 주입된 근대 문명관의 영향이 컸다. 몸에 대한 서양의 이해는 고대 그리스시대 플라톤이 몸을 영혼의 감옥으로 본 이후 이성 중심으로 접근하였고 '나는 생각한다. 고로 존재한다'라고 외친 데카르트[1596~1650]에 이르러 합리적인 근대 몸관으로 발전하였다. 감정과 욕망에 싸인 몸은 이성적인 인간 진화에 도움이 안 되는 물질 덩어리였다. 몸은 마음과 별개의 부속물에 지나지 않았다. 그에 따라 몸은 상대적으로 소홀히 다루어졌다. 이러한 이성 중심의 몸 담론은 20세기 우리의 근대 문명관과 교육에 그대로 영향을 미쳤을 뿐 아니라, 일제 강점기를 거쳐 해방 이후 군국주의적 교육을 통해 더욱 확대되고 재생산되었다.

그 때문에 몸은 영혼, 정신, 마음 등과 같은 이성적인 것이 더 중요하게 취급되었고, 육체, 감정, 욕망 등과 같은 물질적인 요소는 부정적인 것으로 받아들여져 소중하게 다루어지지 않았다. '신체발부 수지부모'라고 하면서 신체를 소중히 여기고 돌보았던 우리의 전통적인 몸관은 점점 멀어져만 갔다. 특히 베이비부머 세대의 경우 철저히 '체력은 국력이다'라는 슬로건 아래 체육과 군사 교육을 받은 세대이다. 체력은 곧 노동력이고, 노동력은 국가와 산업자본주의의 성장 기반이 되었다. 몸은 국가의 몸이었고 잘 먹고 잘 살기 위한 경제적 도구였다. 단지 강한 몸을 만들기 위해 몸에 좋은 음식과 체력 단련만이 필요하였을 뿐이다. 그리고 몸은 기계와 같은 도구였기에, 기계 다루듯이 아프면 병원에 가서 약 먹고 고치면 되었다. 기계화된 물질적 몸으로 인식되었을 뿐이다. 그 결과 몸 관리가 정력에 좋은 음식 먹기, 다이어트 하기, 몸짱 만들기, 병원 진료와 약물 복용 등이 전부였으니, 결국 몸을 돌보는 일을 소홀히 할 수밖에 없었다.

이미 서구에서는 플라톤 이후 형성된 전통적인 이성 중심의 몸 담론이 해체되어 가고 있다. 서구에서 몸을 새롭게 인식한 것은 '신은 죽었다'라고 외친 니체였다. 니체는 인간을 이성적 존재가 아니라 몸적 존재로 보았다. 그래서 그는 차라투스트라의 말을 빌려 몸에 대한 혁명적인 말을 하였다.

"나는 전적으로 몸일 뿐이다. 다른 아무 것도 아니다. 영혼도 몸속에 있는 그 어떤 것에 불과하다."

이 말은 육체적인 몸을 천한 것으로 여기던 서구의 지성인들에게는 충격적이었다. 니체가 사유한 몸은 마음과 영혼이 깃들어 있는 총체적 존재였다. '나'라는 존재 자체가 몸이었다. 몸과 이성을 이원적으로 본 것이 아니라, 몸을 중심으로 통일적인 사유를 하였다.

니체의 몸 인식은 20세기에 이성 중심의 몸 인식을 해체하는 결정적인 역할을 하였다. 예를 들어 프랑스의 철학자 질 들뢰즈[1925~1995]는 몸이란 무한한 잠재적 능력과 생성이 가능한 장소로 여기고 마음, 정신, 이성, 의식 등 형이상학적인 모든 것들이 몸을 통해 표현될 때 진정성을 획득하는 것으로 보았다. 몸은 인간 존재의 근거이자 생각의 기반이었다.

한편 19세기 말 일본의 침략을 통해 서구의 영향을 받기 이전 우리의 전통적인 몸 인식은 육체와 마음, 정신을 통일적으로 바라보았다. 몸에 기반을 둔 인간 존재 자체가 모든 것과 기氣로 연결된 자연의 일부이며, 소우주를 이루는 것으로 보았다. 우리의 전통사상이라고 할 수 있는 삼재사상을 보면, 하늘과 땅과 사람을 유기적인 통일체로 인식하였다. 여기서 '사람'은 몸에 기반을 둔 인간이었다. 우리의 몸은 정精·기氣·신神이 융합된 존재였다. 정은 육체, 기는 마음·감각·감정, 신은 정신을 말한다.

유학에서도 우리의 몸을 자연의 축소판인 소우주로 인식하였다. 그 때문에 몸의 외부인 우주 자연이 음양오행으로 움직이듯이, 우리의 몸 내부도 음양오행에 따라 만들어지고 작동하는 소우주로 보았다. 더 나아가 몸속에는 우주의 본성인 인·의·예·지가 내재되어 있어, 그것을 갈고 닦아 몸 밖으로 드러내야 한다. 맹자는 몸으로 덕을 쌓으라 하였고 순자 또한 몸으로 예를 실천하라고 하였다. 그것이 바로 수신제가치국평천하를 위한 첫 출발인 수신修身에 해당한다. 수신, 즉 몸을 갈고 닦는 방법으로는 사물의 이치를 터득하는 격물치지와 성심으로 마음을 올바르게 닦는 성의정심을 중요하게 여겼다. 이는 곧 몸과 마음 및 정신을 하나의 통일체로 인식한 것이다. 바른 마음가짐과 몸가짐은 하나로 통하는 수신의 요체이기에, 눈에 보이는 몸가짐을 바르게 하라는 도덕적 규율과 예의범절을 강조하였던 것이다.

이제는 서구의 영향으로 몸을 물질적인 육체로만 보던 고정관념을 버려야 한다. 그리고 우리의 전통적인 몸 인식을 회복하여, 몸·마음·정신을 통합적으로 이해할 필요가 있다. 몸과 마음은 호흡을 통해 상호 유기적으로 연결되어 있어, 마음 상태는 몸에 그대로 반영되고 역으로 몸 상태는 그대로 마음에 나타난다. 특히 마음과 감정 등은 철저히 몸을 통해 자신을 드러내는 만큼 몸에 초점을 맞출 필요가 있다. 몸을 통해 자신의 마음과 감정 상태를 읽어낼 수 있어야 한다. 고장이 나면 수리해서 쓰는 기계와 같은 몸이 아니다. 몸에는 조 단위가 넘는 개수의 세포가 숨 쉬고 마음과 연결되어 있으며 영혼이 깃들어 있는 실존하는 주체이다.

몸이 마음과 밀접하게 연동되어 있다는 증거는 다음과 같은 연구를 통해서도 입증된다. 이미 널리 알려진 사실이지만, 1979년 미국 하버드 대학교 엘렌 랭거 교수는 70~80대 노인 여덟 명을 대상으로 '시계 거꾸로 돌리기 실험'을 하였다. 노인들로 하여금 마치 타임머신을 타고 20년 전으로 돌아간 것처럼 생활하고 집안일도 직접 하도록 한 결과, 노인들 모두 시력, 청력, 기억력 등의 신체나이가 50대 수준으로 향상되었다고 한다.[92] 또 다른 예로 미국 예일 대학교의 베카 레비 교수가 이끄는 연구팀은 61~99세 노인 1백 명을 대상으로 긍정적 단어를 보여준 뒤 신체검사를 한 결과 걷기와 균형감은 물론 의자에서 일어나기와 같은 신체 능력이 향상된 것을 알 수 있었다.[93] 이와 같은 실험에서 알 수 있듯이, 마음과 몸은 하나이다. 어떤 생각, 어떤 감정을 가지느냐에 따라 몸은 즉각 반응한다. 따라서 나이 들어 건강한 몸을 위해 육체적 운동도 좋지만, 긍정적인 사고와 감정을 가지는 것 또한 매우 중요한 몸 운동이다.

이러한 사실은 이미 요가생리학에서 일찍이 간파하고 있었다. 요가는 몸과 마음, 영혼을 전일적으로 다루고 있다. 우리의 몸은 호흡을 통해 육체 · 감각 · 마음 등과 유기적으로 연결된 하나의 몸으로, 요가생리학에서는 이것을 빤짜꼬샤pancha kosha라고 한다.

요가생리학에 의하면, 우리의 몸은 음식물로 만들어진 외부의 육체의 층, 호흡의 층, 감각적 마음의 층, 지성의 층, 그리고 가장 내면에 위치한 지복 환희의 층과 같은 다섯 층이 차례로 겹겹이 쌓여 있는 고차원의 몸 통합시스템이다. 이것이 빤짜꼬샤인데, 빤짜는 다섯, 꼬샤는 껍질 층위를 의미한다. 양파를 염두에 두면 쉽게 이해된다.

이들 각 층은 기氣와 같은 쁘라나prana 에너지로 구성되어 있으며 각각의 에너지가 조화롭게 흐를 때 순수의식 내지 우주적 에너지의 각성이 이루어진다. 신체적인 육체의 층이 경직되어 있거나 병들어 있으면 그 안에 있는 호흡, 감정, 마음, 지성 등이 제대로 움직일 수 없다. 또한 에너지가 흐르는 호흡의 층은 미세하게 육체의 층을 지지하고 유지할 뿐 아니라, 외부의 육체와 내부의 마음과 생각을 잇는 매개체 역할을 한다. 그래서 호흡을 통해 몸과 감정을 통제할 수도 있다. 다섯 층 사이에 순수의식과 우주적 에너지가 잘 흐르지 못하면 병이 생기는 반면, 조화롭게 잘 흐르면 보다 차원 높은 의식의 각성과 깨달음의 세계에 닿게 된다.

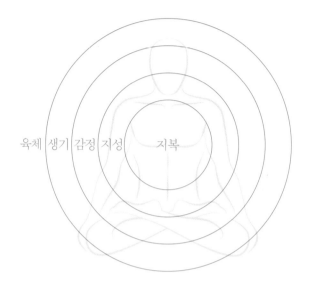

육체 생기 감정 지성　　지복

이와 같이 몸은 신체만을 의미하는 것이 아니다. 호흡이나 마음, 감정 등의 상태가 몸에 거울처럼 그대로 드러난다. '신체-감정-마음-영혼'은 상호 유기적으로 연결되어 작용한다. 그것을 통칭하여 몸이라 한다. 마음과 정신은 특정 부위에 있는 것이 아니라, 온 몸에 두루 퍼져 있으며 기억도 온 몸에 저장되어 있다. 니체가 말한 것처럼, 몸은 나의 존재 전부이다. 특히 나이를 먹을수록 육체부터 무너지고 그 다음엔 호흡이 거칠어지고 그 다음엔 심한 감정 동요를 겪게 된다. 이를 극복하기 위해서는 모든 것과 상호 연결되어 있고 생명의 주체인 몸 수련을 꾸준히 할 필요가 있다.

우리 몸은 그냥 쓰다 버리면 되는 물건이 아니다. 고장나면 수리하면 되는 기계 같은 부품도 아니다. 몸은 생명이요 문화이며 마음이다. 몸은 감각과 앎, 그리고 관계의 주인이다. 몸속에는 하늘과 땅의 기운이 흐르며, 물과 불, 바람의 에너지가 파동치고 있는 소우주이다.

이제 몸을 존귀하게 다루어야 한다. 수십 년 동안 나를 위해 일만한 몸을 사랑으로 돌봄으로써 내 안에 사는 세포들이 춤을 추도록 한다. 마음으로 몸을 보던 관점에서 벗어나, 몸을 통해 신체화 된 마음을 보아야 한다. 마음이 나의 모든 것을 알고 있는 것이 아니라, 몸이 나의 모든 것을 알고 있기 때문이다.

몸을 통해 신체화 된 마음을 본다는 것은 여러 감각이나 감정 및 의식 등이 몸으로 표현되므로, 몸의 감각이나 움직임 등에 주의집중하고 깨어 있으면 몸에 나타난 자신의 마음이나 감정을 읽을 수 있다는 말이다. 마음이 몸을 통해 자신을 드러내기 때문이다. 붓다도 깨달음에 이르는 수행법을 상세히 밝힌 『사념처경四念處經』에서 지금 여기에서의 행복한 삶을 살기 위해서는 몸에 집중해서 마음을 챙겨야 한다고하였다. 이것이 바로 마음챙김 sati, 念, mindfulness 으로, 몸에서 일어나는 움직임, 감각, 마음, 생각을 알아차리는 것이다. 몸에 기반을 둔 마음챙김을 통해 몸의 감각에 주의집중하고 몸이 보내는 신호를 제대로 알아차리면서, 몸을 친절히 돌보고 극진히 대해야 한다. 몸은 마음의 성스러운 집으로, 집을 아름답게 가꾸듯이 몸을 돌보고 챙겨야 한다.

아울러 나이 들수록 생각으로 살아가는 삶이 아니라, 몸으로 살아가는 삶이어야 한다. 우리가 지구별에 올 때 몸으로 왔듯이, 떠나갈 때도 몸으로 떠나간다. 그러니 나이 들면서 몸으로 살아야 한다. 몸으로 생각하고, 몸으로 움직이고, 몸으로 표현하면서 나이 들어가는 기술을 익혀야 한다.

근력 키우기

나이 들면서 반드시 신경을 써야 할 것으로 여러 노년 학자나 노인 전문 의사들이 이구동성으로 말하는 것 가운데 하나는 근육 관리이다. 나이 들어 근육은 돈보다 더 중요하다. 건강을 지켜주는 것은 돈보다 근육의 힘이기 때문이다. 따라서 나이 들면서 근육의 힘을 키우는 것은 돈보다 더 중요한 건강 보험이 아닐 수 없다.

근육은 우리 몸을 지탱하고 온 몸에 혈액이 돌게 하는 등 생명 유지에 매우 중요한 요소이다. 탄수화물과 지방을 태워 에너지를 만들어 내기도 한다. 더욱이 영양 섭취가 불충분하여 단백질이 부족하면 골격근육의 단백질까지 꺼내 에너지원으로 사용하기 때문에, 몸은 급격히 노화된다고 한다. 그렇게 되면 기력이 없고 여러 질환과 사고의 위험성에 노출되게 된다. 노화의 속도가 빨라져 다른 사람보다 더 빨리 늙어간다. 마음 근육도 약해져 우울증에 걸릴 확률이 높아지고 정신력도 떨어져 자신감을 잃고 사회적으로 고립될 수도 있다. 근육은 근육 그 자체로 끝나는 것이 아니라, 몸과 마음, 더 나아가 정신까지 영향을 미치는 중요한 신체 구성 요소이다.

이러한 근육은 젊었을 때는 큰 문제가 되지 않지만, 나이가 들수록 단백질을 합성·분해하는 기능이 점점 떨어지면서 근육량이 줄어든다고 한다. 그래서 30세 이후 근육량은 매년 줄어들어 50세가 넘으면 매년 15퍼센트 이상 감소되어 80세가 되면 절반이나 감소하는 것으로 알려져 있다. 게다가 운동이 부족하거나 음식 섭취가 불량하면 추가로 줄어들어, 나이를 먹은 뒤 심각한 건강문제에 부닥치게 된다.

질병으로 누워있는 시간이 많은 노년기에는 근육이 더욱 줄어들어 몸을 지탱하기가 점점 어려워지고, 다른 질병으로 이어져 생활에 큰 불편을 겪게 된다. 심지어 움직이다 넘어져 골절상을 입거나 걷기 어려워지는 등 죽음을 재촉하는 경우를 흔히 볼 수 있다. 특히 나이 들면서 바른 자세와 균형감각을 유지하는 항중력근(척추기립근·복근·둔근 등)이 약해지면서 허리가 굽고 넘어져 큰 부상으로 이어진다. 그래서 질병이 아닌, 근육 부족으로 사망하는 경우도 있다. 근육이 발달하면 살고 퇴화하면 죽을 정도로, 근육은 중요한 생명 요소이다.

실제 브라질 리우데자네이루 운동의학 클리닉 연구팀은 41~85세 성인 3천 9백 명을 대상으로 조사한 결과, 근력에서 평균치를 넘긴 사람들의 생존율이 높았다. 반면에 근력이 가장 낮은 그룹은 사망 위험이 10~13배나 높았다고 한다.[94] 왜냐하면 우리 몸에서 근육계가 차지하는 비중이 40~60퍼센트나 되고 신체 세포의 75퍼센트가 근육 세포이기 때문이다. 또한 근육은 성장호르몬을 배출하고 면역력을 비롯해 자신감과 같은 정신력도 높여준다. 그래서 근육은 젊음을 찾아주는 회춘약이라고도 한다.[95] 반면에 근육이 줄어들면 늙어가는 속도 역시 빨라진다.

이와 같이 나이 들면서 근력과 건강은 밀접한 상관관계를 이루는 만큼 지속적으로 근력운동을 통해 건강을 유지한다. 좋은 운동방법은 걷기와 스트레칭 외에 팔 굽혀 펴기, 플랭크, 계단 빠르게 오르기, 스쿼트, 의자에서 일어났다 앉았다 하기, 제자리 뛰기 등 일상생활에서 손쉽게 할 수 있는 것들이다. 그러니 일상적인 삶이 운동이 되게 할 수 있는 삶의 지혜가 요구된다.

근력 운동은 기본적으로 산책이나 달리기, 수영 같은 유산소 운동을 병행하는 것이 좋다. 근력 운동은 근육의 수축과 이완을 반복하면서 많은 산소가 충분히 공급되어야 하기 때문이다. 그래야 혈액 속의 산소 농도를 높여 근육으로 가는 혈액 순환의 양을 많게 할 수 있다.

유산소 운동은 매일 하는 것이 좋은 반면, 강도가 높은 근력 운동은 이틀에 한 번씩 휴식을 취하면서 하는 것이 바람직하다고 한다. 왜냐하면 나이 들면 근육 자체가 약해지고 힘줄이 노화되어 있어, 무리할 경우 오히려 부상 위험이 있다. 또한 운동을 하다가 근육이 파괴되면, 그 부위 근섬유를 복구하기 위해 근육 성장에 도움을 주는 위성 세포와 단백질이 소모되어 근력 손상으로 이어지기 때문이다.

나이 들어 하는 근력 운동은 지속적으로 부드럽게 하되, 무리를 할 필요가 없다. 특히 일시적으로 몰아치는 운동보다 규칙적으로 코어 근육 운동을 즐기는 생활습관이 무엇보다 중요하다. 아울러 적절한 양의 육류(닭고기), 달걀, 콩류 등을 통해 근육 생성 영양분인 단백질을 충분히 섭취한다. 단백질은 근육뿐 아니라 면역력을 높여주는 등 나이 들수록 더 중요하므로 특별히 신경을 쓴다.

이와 같은 육체적 근력 강화는 마음의 근육과 정신력도 높여 주기에 더욱 중요하다. 마음 근육을 단련시킬 수 있는 요가나 명상, 각종 정신 수련도 몸에 기반을 두는 것이 바람직하다.

:   굳어진 오감 일깨우기

일반적으로 나이 들면서 감각이 메마르거나 감정 표현력이 떨어진다고 한다. 마음속 감정의 바다에 기쁨이든 슬픔이든 파도가 치지 않기 때문이다. 그러면 삶이 재미가 없어진다. 과연 나이 들면서 점점 목석이 되어 가는 것은 어쩔 수 없는 일일까?

대자유를 지향한 『장자』의 제물편에는 '오상아吾喪我'란 말이 나온다. 매우 유명한 문구이다. 어느 날 남곽자기가 책상에 기대어 멍하니 하늘을 우러러 바라보고 있었다. 그의 제자 안성자유가 오늘 모습이 예전과 다르다고 하면서 그 이유를 묻자, 남곽자기는 '너 참 훌륭한 질문을 했다. 지금 나는 나 스스로를 잊어버렸다吾喪我. 네가 그것을 알겠느냐. 너는 사람의 퉁소 소리는 들었어도 땅의 퉁소 소리를 듣지 못했구나. 또 땅의 퉁소 소리를 듣는다 해도 아직 하늘의 퉁소 소리를 듣지 못했을 것이다'라고 답하였다.

'오상아'란 '나는 나 자신을 잊어버렸다'는 뜻인데, 몰아지경에 빠진 것을 의미한다. 여기서 전자의 나는 참 자아이고 후자의 나는 현실 자아 내지 에고자아이다. 재미있는 것은 '나'를 의미하는 오吾와 아

我 한자 의미이다. 두 글자 모두 나를 의미하지만, 오吾는 입구口가 다섯 개 있는 나이다. 즉, 오감이 열려 있어 하늘의 통소 소리, 땅의 통소 소리를 온전히 들을 수 있는 전인적인 순수 자아이다. 반면에 아我는 오감이 닫혀 있는 에고자아이다. 어린아이일수록 오吾에 가깝고 나이를 먹을수록 아我에 가까워진다. 그러니 '오상아'란 태어날 때의 순수 상태로 돌아가는 것으로, 살아오면서 형성된 내 존재를 잃어버려야 순수한 참 인간의 모습으로 돌아갈 수 있음을 의미한다.

이러한 장자의 가르침은 편협한 생각이나 의식 등으로부터 벗어나야 대자유를 누릴 수 있음을 암시하고 있다. 그러기 위해서는 오감이 살아 있어야 한다. 그래야 제대로 보고, 듣고, 느끼고, 맛볼 수 있다. 그것은 곧 자연과 하나됨이요, 인위적인 것으로부터의 자유를 의미한다. 몸의 오감이 살아 있어 생명력 넘치는 순수한 본원의 자아로 되돌아가는 것이다.

그러나 불행히도 사람은 나이를 먹어갈수록 보고 싶은 것만 보고, 듣고 싶은 것만 듣고, 느끼고 싶은 것만 느낀다. 편협한 생각과 감각의 동굴에 갇혀버린다. 그렇게 되면 자연히 고집이 세질 수밖에 없다. 자기 생각에만 빠져 남의 말을 듣지 않는다. 익숙한 맛에만 혀를 움직이고, 듣고 싶은 말에만 귀를 연다. 그래서 더욱 완고해지고 편협해지며 세상을 보는 눈도 좁아져 점점 보는 시야가 좁아진다. 감각도 무뎌져 피부에 와 닿는 바람도 느끼지 못하고, 달 밝은 밤길을 걸어도 달빛을 느끼지 못한다. 그러면서 '나이 들어 눈이 침침해서 그렇다', '나이 먹으면 다 그렇다'는 등의 이유를 대면서 나이 탓을 한다. 그러면 결국 오감이 메말라 점점 무미건조한 하루하루를 보내며 늙어갈 뿐이다.

과연 나이 먹으면 시각, 청각, 후각, 미각, 촉각 등 오감이 메마르는 것이 당연한 것일까? 이에 대해 『소마틱스』의 저자인 토마스 한나 1928~1990는 소마운동을 통해 감각 운동 기억 상실증에서 벗어나기만 하면 몸의 센서가 제대로 작동하여 몸의 자연치유력을 높여주고, 그렇게 되면 노화에서 벗어나 건강한 젊은 삶을 살 수 있다고 충고한다. 그가 바라본 노화는 충분히 예방과 치유가 가능한 증상으로 보았다.[96] 다시 말해 노화는 단지 많이 움직이지 않았기 때문에 나타나는 기능상의 문제일 뿐, 얼마든지 극복 가능한 증상이라는 것이다. 그것은 우리 몸이 스스로 느끼고 움직이는 생명체라는 믿음에서 비롯된다. 이와 같은 토마스 한나의 주장은 나이 탓하지 말고 지속적인 신체 활동을 통해 감각 운동 신경을 되살릴 수만 있다면 얼마든지 청춘 같은 노년의 삶을 유지할 수 있는 가능성을 열어 놓았다.

그러니 나이 들면서 기능이 떨어진 오감을 어떤 형태로든 자극해 회복시킬 필요가 있다. 그를 위해서는 오감을 다양하게 자극하는 행위도 중요하지만, 내 몸에서 느껴지는 오감을 자각하고 그것을 몸으로 즐길 수 있어야 한다. 예를 들어 바람이 불어와 피부에 와 닿는 감촉을 느끼면서 바람을 알아차리고, 천천히 음식물을 씹으면서 느껴지는 미세한 맛들을 즐기고, 이런저런 향을 맡으며 내 몸의 반응을 관찰해 보는 등 일상적인 삶 속에서 감각 기능을 회복시킬 필요성이 있다.

그러기 위해선 무엇보다 몸의 오감에 관심을 기울여야 한다. 몸에 느껴지는 여러 감각을 알아차리고 바라본다. 몸 밖을 보는 것에만 익숙해진 시선을 몸 안으로 돌린다. 이것은 많은 연습이 필요하다. 젊은 시절 끊임없이 외부의 욕망에만 이끌려 오면서 잃어버린 감각 기능이 이미 오래되고 강하게 굳어 있기 때문이다.

그러나 밖으로 향하던 삶의 시선을 내 몸에 집중하고 감각 세포를 하나하나 일깨우면 서서히 잠들어 있던 세포가 깨어나 오감이 되살아 날 수 있다. 그러면 나이 먹으면서 잃어버린 오 의 감각을 회복시켜 보다 생명력 넘치는 자아로 되돌아간다. 장자가 말한 대자유의 세계인 소요유의 경지에까지는 이르지 못하더라도 보다 자유롭게, 그리고 보다 많이 자연을 느끼면서, 느낌이 있는 삶을 영위할 수 있으리라 본다. 그것은 순수한 아이로 태어나 지구별 여행을 마친 뒤 자연의 상태로 다시 되돌아가는 것으로, 자신의 삶을 순수한 생명의 생멸 과정과 하나가 되도록 하는 것이다.

건강한 뇌 만들기

나이 들면서 내 몸 하드웨어를 지키는 길이 근육의 힘을 키우는 것이라면, 내 몸의 소프트웨어를 지속적으로 유지 관리하고 기능 향상을 돕기 위해서는 뇌를 늘 젊게해야 한다. 내 몸의 컨트롤 타워인 뇌를 잘 관리하는 것은 지속가능한 나이듦을 위해 꼭 필요하다. 치매 같은 인지 장애를 사전에 예방하기 위해서도 필수이다.

나이를 먹으면서 노화에 따른 뇌 기능 저하는 필연적이다. 중년 이후 정도의 차이가 있지만, 모든 사람의 뇌 기능은 퇴화하기 시작하여 기억력이 떨어지거나 정보 처리 속도가 느려지는 증상이 서서히 나타난다. 나이가 들면, 뇌 신경세포와 각 부위를 연결하는 백질 부위가 줄어들면서 뇌 기능이 저하되기 때문이다. 뇌 세포는 20대부터 매일 10만 개씩 감소하기 시작하여, 60세가 넘으면 해마다 줄어드는 뇌의 무게가 2~3그램이 된다. 65세 전후 뇌의 평균 무게는 1,360그램인데, 매년 조금씩 감소하여 90세 전후가 되면 1,290그램 정도가 된다. 그렇게 되면 뇌의 정보 전달이 느려지거나 잘못 전달되게 된다. 뇌 신경세포와 시냅스, 신경돌기 등이 위축되어 뇌의 무게가 줄어드는 것 외에 뇌혈관도 점차 찌꺼기가 쌓여 뇌졸중 위험도가 점차 커진다.

뇌가 제 기능을 못하면 나이 들어 행복한 삶을 사는데 치명적이다. 그 대표적인 질병이 노년기에 가장 두려워하는 치매이다. 미국도 65세 노인의 10퍼센트가 치매를 앓고 85세가 되면 50퍼센트에 이를 정도로 위협적이라고 한다.

그러나 최근 뇌과학 연구에 의하면, 뇌는 죽을 때까지 새로운 신경세포와 연결하는 능력이 있기 때문에, 얼마든지 뇌의 노화를 억제하거나 뇌 조직을 젊어지게 할 수 있다고 한다. 뇌세포 수가 조금 줄어들어도 뇌의 능력은 뇌세포 사이의 연결 정도에 의해 좌우되기 때문에, 뇌 건강 여하에 따라 크게 문제가 안 된다. 비록 새로운 것을 익히는 학습 능력과 기억력은 떨어질지라도, 어휘력이나 문제 해결 능력은 오히려 증가한다. 그래서 지속적인 학습과 반복 연습으로 뇌의 노화를 어느 정도 상쇄할 수 있는 것으로 알려져 있다.

관건은 뇌 운동을 통해 건강한 뇌를 만드는 데 있다. 나이 들면서 몸 운동은 열심히들 하는데, 뇌 운동에는 큰 신경을 쓰지 않는 것이 보통이다. 특히 나이 들어서는 몸뿐만 아니라 감정, 생각 등도 서서히 유연성과 탄력성이 떨어지면서 고착된 생활습관대로 살아갈 가능성이 매우 높아진다. 이를 방지하기 위해서는 뇌를 젊게 해야 한다. 젊다는 것은 발랄하게 살아 있다는 것으로, 그래야 보다 새롭고 늘 가슴 뛰는 삶을 꿈꾸고 실천할 수 있게 된다.

뇌를 젊게 하려면 매일 새롭고 건강한 생각을 하고 다른 감정을 느껴봄으로써 감각 기능을 되살려 뇌를 활성화시킨다. 또한 새로운 생각과 감정을 행동으로 옮겨 몸이 자각하고 반응하도록 한다. 아무리 좋은 행동과 습관이어도 반복하다 보면 뇌가 게을러진다. 눈 감고 식사하기, 양손으로 번갈아 가면서 머리 빗고 양치질하기, 눈으로 대화 나누기, 가구 위치 바꾸기, 흘러가는 구름 바라보기, 길가의 꽃향기 코로 맡아보기 등과 같이 평상시 안 하던 움직임을 해야 뇌의 전두엽이 활성화되어 젊어진다.[97]

게으른 사람은 뇌가 약하다는 말이 있다. 부지런히 뇌 운동을 해야 건강하다. 뇌 운동은 크게 학습을 통한 뇌 운동, 정서적 뇌 운동, 신체적 뇌 운동으로 나누어 볼 수 있다.

학습을 통한 뇌 운동은 게임, 퍼즐, 독서, 암기, 잠언 낭송, 문제풀이, 사경, 명문장 필사하기 등과 같은 직접적인 두뇌 활동을 통해 뇌를 단련시키는 방법이다. 이들 학습은 의외로 나이 들면 하지 않는다.

대부분 기억력이 나빠서, 또는 머리가 안 좋아서 등의 이유를 댄다. 그리고 공부는 어린 학생들이나 하는 것이란 고정관념도 마음 바닥에 깔려 있다. 그러니 이와 같은 문제점을 인식하고 어떤 형태로든 단순하면서도 재미있는, 그래서 즐겁게 몰입할 수 있는 공부 방법을 찾아내 인내심을 가지고 꾸준히 해야만 효과가 있다.

정서적 뇌 운동은 긍정적이고 유연한 감정과 마음을 갖는 것으로 영화 보기, 음악 감상, 여행, 그림 그리기, 허브향 맡기, 익숙하지 않은 냄새 맡거나 소리 듣기 등이 좋다. 특히 좋아 하는 사람들과의 즐거운 대화나 수다가 큰 효과가 있는 것으로 알려져 있다. 정서적 뇌 운동은 여성의 경우 손쉽게 접근하나, 남성의 경우 익숙하지 않은 생활이다. 남성들은 의식적인 노력이 필요하다.

신체적 뇌 운동은 보통 걷기나 스트레칭이 유효한 것으로 알려져 있다. 걷기도 가끔 뒤로 걷는 것이 안 쓰던 뇌를 자극하여 활성화하는 데 도움을 준다. 특히 최근 연구 결과에 의하면, 함께 어울려서 즐겁게 추는 춤은 뇌와 척수의 전도부 신경조직인 백질을 키우는 등 뇌 기능 개선 효과가 매우 큰 것으로 알려져 있다. 춤은 뇌의 정보처리속도나 기억력과 관련된 뇌 부위도 튼튼하게 하는 효과도 있다고 한다.[98] 스포츠 댄스나 커뮤니티 댄스도 좋고, 움직이는 춤 명상도 인지 능력과 공간 지각력 등에 탁월한 치유 효과가 있다.

이와 같은 지속가능한 뇌 운동을 통해 뇌를 활성화하면 뇌의 노화를 억제하고 인지능력을 향상시켜 건강한 노후를 보낼 수 있다. 뇌졸중, 치매, 파킨슨병과 같은 노인성 질환에서 벗어나 심리적 안정과 정신적 행복감을 누릴 수 있다. 그밖에 나이 들어도 건강한 뇌를 만들기 위해서는 뇌 운동 외에 긍정적인 생활 태도와 사고방식, 밝고 명랑한 마음, 충분한 수면, 균형 잡힌 식습관 같은 일상적인 생활습관을 함께 병행하는 것이 매우 바람직하다고 한다.

: 영적인 성숙

성숙하게 나이 들어가는 것은 단지 육체적 건강만을 말하는 것이 아니다. 오히려 보다 높은 차원에서 영적인 성장을 꾀하는 것이야말로 가장 바람직한 나이듦의 지향점이다. 이것은 내면의 여행을 통한 영적인 나이듦으로 자기 돌봄과 배려의 극치이다. 이를 연꽃에 비유하면, 활짝 핀 연꽃은 영혼이요, 연못은 우주요, 연줄기는 육체요, 연꽃이 피어나게 하는 영양분이자 연꽃의 향기와 색깔을 결정짓는 것은 영성이다. 궁극에는 영혼의 자양분인 영성의 힘을 키워 아름다운 생명의 꽃을 꽃피운다. 그를 위해서는 다음과 같은 실천적인 노력이 필요하다.

첫째, 내 안의 영성을 알고, 느끼고, 찾아 경험한다. 영성이란 영혼을 지닌 실체로서 근원적이고 초월적인 자아이다. 그것은 내 안에 깃들어 있는 순수의식체인 신성이기도 하다. 따라서 영적으로 나이 들어가기 위해서는 무엇보다도 내 안의 신성을 몸으로 자각하는 것, 그것을 느껴보는 것, 그리고 그것을 찾고자 하는 노력과 경험이 매우 중요하다. 배가 등대 불빛을 따라 머물 곳에 머물고 떠날 곳으로 떠나듯이, 인간도 나이를 먹으면서 영혼의 빛을 향해 다가서고 영혼의 빛이 삶을 밝게 비추어준다. 그러기 위해서는 내 안에 지고한 신성이 깃들어 있다는 사실을 고요한 침묵 속에서 자각하고, 그 존재를 찾고, 느끼고, 체험하는 것이 나이를 먹으면서 경험하고 체화해야 할 삶의 지향점이다.

둘째, 밝은 영혼의 빛을 키워나간다. 요가에서는 상키야 철학의 우주론을 토대로 사트바^{sattva}, 라자스^{rajas}, 타마스^{tamas}라는 세 개의 물질 구성 요소인 구나가 끊임없이 연속되는 과정에 따라 만물의 생성과 소멸이 이루어지는 것으로 보고 있다. 이것이 근원적 물질요소인 쁘라크리티를 변화시키는 힘이다.[99] 사트바 구나는 순수하고 밝은 성질, 라자스 구나는 활동적이고 양적인 성질, 타마스 구나는 어둡고 음적인 성질을 지니고 있다.

이와 같은 속성이 가장 잘 나타나는 것이 인간이다. 세 구나의 역학 관계에 따라 인간의 모습이 달라진다. 특히 라자스와 타마스 구나가 많을수록 세속적으로 되는 반면, 사트바 구나가 많을수록 보다 높은 차원의 감성이나 지성 등을 겸비한다. 그것이 곧 차원 높은 영성이다. 그리고 궁극에는 내 안에 충만한 사트바 구나로 인해 마음 작용을 끊을 수 있게 된다. 그렇게 되면 물질과 영혼의 혼돈에서 벗어나 순수의 식체인 아트만과 하나가 되어 삼매에 이를 수 있다.

그러니 내 안의 영혼의 불빛을 환히 밝히기 위해서는 영성을 키워야 한다. 그것은 창조, 빛, 사랑, 자비, 감사, 관용, 인자함, 평온, 조화,

고요, 생명 등으로 표현된다. 이들 영적 요소들은 실제 그와 같은 마음가짐과 관찰, 그리고 경험 등을 통해 몸 안에서 자란다.

셋째, 생명의 숨을 쉰다. 요가에서는 마음과 기(쁘라나)가 함께 작용하고 기는 호흡에 의해 일어나는 것으로 보고 있다. 요가 고전인『하타요가 프라디피카』에는 "기의 흐름에 따라 마음도 움직인다. 기가 움직이지 않으면 마음도 움직이지 않는다. 수행자가 부동심에 도달하려면 호흡의 조절에 의하여 기의 움직임을 통제해야 한다"라고 하면서, 호흡의 중요성을 역설하였다.

종래 영성 담론에서는 심리적, 정신적인 측면에서만 주로 관심을 기울였다. 몸과 호흡을 영성과 연결시켜 접근하려는 노력은 부족하였다. 그렇지만 호흡은 감정, 생각과 밀접하게 연결되어 있을 뿐 아니라, 내면의 신성을 드러내는 역할을 한다. 그러므로 생명의 숨 쉬기는 영적으로 나이 들어가는 데 있어서 매우 중요하다. 호흡의 중요성을 자각하고 호흡 조절을 통해 마음을 다스리는 기법을 터득하고 그런 경험을 몸에 축적해야만 한다.

더욱이 나이를 들면서 신체적 노화에 따른 여러 부정적 요소를 극복하고 영적인 진화를 하기 위해서는 나의 생명을 살리고 내면의 신성을 키울 수 있는 호흡에 각별히 신경을 써야만 한다. 이는 죽음을 다른 말로 '숨이 끊어졌다'고 하는 것만 보아도 호흡이 생명과 직결되어 있다는 사실을 알 수 있다.

바람직한 호흡법은 기본적으로 단전까지 깊게 들이쉬고 내쉬는 복식호흡이다. 들숨보다는 날숨이 길어야 하며, 호흡에 나의 몸과 감정이 실려 유기적인 움직임이 이루어져야 한다. 몸의 중심축인 척추는 바르고 척추를 중심으로 전신이 기하학적인 균형과 조화를 이루어야 한다. 그래서 호흡을 통해 몸과 마음을 통제하고 '나'라는 존재의 편안함과 고요함을 느낄 수 있어야 한다.

넷째, 마음의 밭에 좋은 마음씨를 뿌린다. 모든 인간은 오랜 세월 속에서 축적된 잠재적인 습이나 잠재인상을 가지고 있다. 일반적으로 업보, 또는 까르마karma 로 불리어지는 것들이다. 이것은 마음의 활동에 의해서 생겨나며, 과거로부터 쌓아온 습관, 가능성, 경향성 등을 가지고 있다. 인간은 업을 떠나 존재할 수 없다. 업의 사슬에 얽혀 있는 한 영혼도 결코 평화로울 수 없다. 그럼에도 업의 과보에 따라 여러 가지의 모습을 가진 생명들은 진주조개의 껍질을 은으로 인식하는 것과 같이 착각에 빠져 실재가 아닌 것을 실재로 바라본다.[100]

이러한 업이나 까르마는 잠재된 마음씨이다. 콩 심은 데서 콩 나듯이, 살아오면서 마음의 밭에 뿌린 마음씨에서 자라나 온몸을 뒤덮고 있는 성향들이 그 사람의 성격이나 기질은 물론 운명을 좌우한다. 부정적인 습과 업은 자아를 왜곡하며 인생의 슬픔과 비극을 초래한다. 악순환 되는 습과 업의 고리를 끊지 않는 한 고통의 바다에서 벗어날 수 없다. 어떤 방법으로든 고통의 사슬을 끊는다. 이것이 곧 요가나 불교에서 말하는, 업의 윤회로부터 벗어나 깨달음의 세계로 나아가는 것이다.[101] 그를 위해서는 오랜 세월 굳어진 마음의 밭을 갈아엎고 새 마음씨를 심어야 한다. 자신의 언행을 바라보면서 습과 업의 실체를 알아차리고 실천을 통해 나쁜 습을 뿌리째 뽑는다.

요가 고전인 『시바 상히타』는 지혜를 통해 참 자아인 아트만을 직관하여 업을 소멸하라 하였으니, 현실 생활에서는 명상 등을 통해 자기 자신을 늘 들여다보고 자기 모습을 알아차린 뒤 좋은 말씨, 좋은 습관, 좋은 행동, 좋은 생각 등을 많이 하여 마음밭에 새 마음씨를 뿌리고 가꾸면 된다. 이는 일상생활을 지배하는 삶의 지배력을 타파하고 영적인 삶의 길을 모색하는 것으로, 초월적인 삶의 의미와 가치·목적을 추구하는 영성 함양과도 부합한다.

다섯째, 우주 자연과 소통한다. 영성은 우리로 하여금 모든 개체들이 보이지 않게 서로 연결되어 있으며 궁극적으로는 시간과 공간을 초월하여 서로를 위해 존재하는 하나의 유기체라는 상호 연계성과 공동체성을 인식하게 한다.[102] 깊은 영성은 세상에 대한 인식 지평을 자기를 넘어 이웃으로, 세계로, 온 우주로 확장한다. 그것은 곧 모든 것과 하나가 되는 것으로, 거대한 그물망으로 관계 맺고 있는 우주 만물과 나를 통일적으로 바라보는 것이다. 그를 통해 조화롭고 평화로운 온 우주 자연만물과의 소통은 이루어진다. 이런 인식과 자각 속에서 마음으로 달을 바라보고, 밤하늘 별 숫자를 세어 보고, 작은 들꽃을 무심히 바라보면서 우주적 영성은 싹튼다.

이러한 삶은 자연히 대화의 대상이 친한 사람에서 뭇사람으로, 주변의 나무와 새들로, 매일 다른 모습으로 떠가는 구름으로 확장된다. 열린 오감으로 코는 향기를 통해서, 혀는 맛을 통해서, 피부는 감각을 통해서, 귀는 소리를 통해서 하나가 되어간다.

자연은 우리로 하여금 사물과 현상을 있는 그대로 보게 함으로써,

마음의 작용을 순화시키고 정화시키는 데 도움을 준다. 미국의 인류 철학자인 할리 채프먼은 자연 속에 내재되어 있는 자연의 경건성, 즉 자연의 영성을 발견할 수 있다고 하였다. 자연 영성과의 합일은 온 우주에 현존하는 신성에 대한 경이로운 존경심과 무한한 즐거움의 체험을 통해 영적인 경험을 고양시킨다.[103]

특히 자연과의 대화는 인간관계에선 느낄 수 없는 보다 맑고 고운 영적 교감을 불러일으키고 피부로 느낄 수 있는 경외감을 체험하기 때문에 영성 계발에 효과적이다. 더욱이 자연과의 대화는 내면에 숨어있는 순수의식의 하나인 생태적 감수성을 일깨우고 생명 사랑으로 이어진다. 그것은 자연 만물에 깃든 신성을 자각하는 데 도움을 주고, 자연에 대한 경이감과 생명 사랑을 통해 영적인 성숙을 돕는다.

여섯째, 음식을 조절한다. 영적으로 나이 들어가기 위해서는 먹고 마시는 음식 조절이 필수적이다. 음식 조절이 얼마나 중요한지는 요가 고전에 잘 나타나 있다. 요가 고전의 하나인 『하타요가 프라디피카』에는 요가에 실패하는 다섯 가지 장애 요소 중 하나가 무절제한 음식의 섭취에 있다고 하면서 절식을 매우 강조하고 있다. 절식이란 "신선하고 향긋한 맛을 내는 음식물을 먹으며, 항상 위의 4분의 1을 비워두고, 시바 신께 공경하는 마음으로 식사하는 것"이다. 『시바 상히타』도 요가 수행의 전제 조건 여섯 가지 중 여섯째로 절식을 꼽고 있으며, 요가 수행자가 멀리 해야만 하는 주의사항 스무 개 가운데 여덟 가지나 음식과 관련이 있을 정도이다.[104]

그러니 영적으로 나이 들어가기 위해서는 매일 먹는 음식 조절이 매우 중요하다. 그것은 채식과 소식, 음식물에 대한 감사함이 핵심이다. 음식 조절은 몸과 마음을 순화시키며 생명 의식을 고양시켜 준다. 더 나아가 영적인 각성으로 이어져 영적 성장을 돕는다.

이상과 같이 영적으로 나이 들어가기 위해서는 내 안에 잠들어 있는 영성을 자각하고 그것을 일깨워주어야 한다. 성스러운 책을 읽고 영적인 시를 외우는 것, 고요의 바다에 빠지는 것, 깊은 의식 집중, 자기 자신을 주인으로 섬기는 것, 명상과 만트라, 영성 일기 쓰기, 자비 연습, 세계를 향해 열린 마음을 가지는 것, 아름다운 자연의 신비에 경외감을 표현하는 것, 절대 침묵에 빠져보는 것, 이웃의 고통을 함께하는 것, 자신의 생명에 감사한 마음을 가지는 것, 몸 수련을 통해 영혼이 깃든 육신을 잘 가꾸는 것 등, 이 모든 것들이 영적인 자양분이다. 이것은 영적으로 무르익어가는 노년의 삶을 보장할 뿐 아니라, 아름다운 생명의 꽃을 피울 수 있도록 돕는다.

명상을 통한 알아차림

명상 붐이 불고 있다

프랑스의 세계적인 철학자인 미셸 푸코는 자기 혁신을 이룰 수 있는 '자기 배려' 방법의 하나로 명상을 꼽고 있다. 미국의 세계적인 심리학자인 타라 브랙 역시 실천적인 자기 사랑법으로 '자기 돌봄'을 강조하였다. 두 사람의 공통점은 모두 더 나은 삶의 기술로 명상을 강조한 점이다. 명상은 자신을 있는 그대로 알아가고 사랑하는 삶의 테크놀로지이기 때문이다. 이것만 보아도 참 나로 참 인생을 살아가는데 명상이 얼마나 중요한지 알 수 있다.

실제 나이 들면서 건강한 삶을 위해 꼭 해야 하는 운동으로, 신체 운동은 근력 운동, 마음 운동은 명상을 꼽는다. 근력 운동과 명상은 몸과 마음의 조화로운 건강을 보장하고, 행복한 삶의 질을 약속한다. 특히 21세기 디지털 사회에서 명상의 중요성은 점점 더 커지고 있다. 그래서 명상이 세계적인 붐으로 확산되고 있는 추세이다.

1997년 IMF 이후 우리 사회는 질적인 성장을 꾀하는 동시에 개인의 삶 역시 삶의 질을 중요하게 여기면서 웰빙의 중요성이 부각되었다. 덩달아 건강에 대한 관심도 높아져, 요가, 명상, 헬스, 자연건강식, 여행 등 심신의 건강과 삶의 질 개선에 국민적 관심이 고조되었다. 단적으로 요가의 경우 2000년대 초만 하여도 일부 계층의 전유물이었으나, 2000년대 초중반을 거치면서 폭발적인 인기를 얻음에 따라 각종 매스컴에 소개되고 여러 요가협회에서 요가지도자를 배출하면서 전국에 요가원 설립이 붐을 이루었다. 이를 기반으로 2000년대 후반에 들어와 폭발적인 인기를 얻은 요가는 신체의 다이어트와 아름다움을 추구할 목적으로 주로 하타요가를 중심으로 확산되었다.

그렇지만 2000년대에 들어와 분 웰빙 바람과 요가 수요의 급증은 2010년을 전후로 힐링이 화두로 등장하면서 직접적인 심신 치유 효과가 있는 명상으로 대중적인 관심이 점차 옮겨갔다. 이 시기 명상은 전통적으로 전해진 불교와 요가 명상법이 주를 이루었다. 이 때문에 명상은 종교적인 행위로 인식되거나, 일부 계층의 수행법으로 이해되면서 대중적으로 확산되지 못하였다.

하지만 명상 수요는 꾸준히 확대됐고 자연히 새로운 정신의학, 심리학, 보건의료와 비즈니스로까지 확산되어, 우리 사회 역시 미국과 같은 선진국처럼 명상이 보편화되는 추세에 있다. 우리나라에서 가장 큰 명상 전통을 지닌 불교계에서도 최근 선과 명상 등의 수행법을 통해 치유 분야까지 영역을 확장하고 현장에서 활용하고 있는 실정이다.[105]

이러한 명상 붐은 사실상 미국에서의 명상 열풍이 연장된 것이다. 미국에서는 2003년 8월 『타임』지의 커버스토리로 '명상의 과학'을 소개한 이후 『워싱턴 포스트』와 『뉴스위크』지 등에서 헤드라인 기사나 특집호로 명상을 다루면서 전 세계에 명상의 중요성과 치유 효과를 퍼트렸다. 그 결과 미국 심리치료가의 40퍼센트 이상이 명상법을 활용하고 미국 내 7백여 곳의 기관과 단체에서 명상 프로그램이 활용되기에 이르렀다.[106]

특히 존 카밧진이 1990년에 마음챙김 Mindfulness을 임상에 처음 적용한 이래 다양한 명상 프로그램이 개발되고 전 세계에 소개되면서 우리나라도 큰 반향을 일으켰다. 마음챙김 명상이란 기본적으로 알아차림, 현재의 경험에 주의 기울이기, 수용 등을 특징으로 한다. 핵심 프로그램으로는 알아차림에 근거한 스트레스 완화 프로그램인 MBSR, 알아차림에 기반을 둔 인지치료 프로그램인 MBCT, 변증법적 행동치료 프로그램 DBT, 수용과 전념 치료프로그램 ACT 등이 있다. 국내에서의 마음챙김 명상은 2004년경부터 확산되어, 현재 국내 명상계의 주류를 차지할 정도이다. 존 카밧진이 제안한 마음챙김 명상은 한국적 상황에 맞추어 재구성되어 한국형 마음챙김 명상K-MBSR으로 발전하고 있다.

이와 같이 2010년대에 들어와 힐링 열풍에 휩싸여 '명상 붐'이라 할 정도로 명상에 대한 사회적 관심과 수요가 크게 높아졌다. 그 이유는 다음과 같다. 이를 통해 명상이 우리 시대에 왜 필요한지, 어떠한 치유효과가 있는지, 내가 어떠한 선택을 해야 할지 엿볼 수 있다.

첫째는 웰빙 등 삶의 질을 개선시키려는 욕구 표현이다. 21세기에 들어와 삶의 가치관이 물질적 풍요에서 정신적 안녕과 행복을 추구하는 생활양식으로 급격히 변하면서, 삶의 가치와 질이 중요해지었다. 그에 따라 물질을 넘어서 정신적 건강과 참 행복 증진에 도움이 되는 명상에 대한 사회적 수요가 급격히 증가하였다.

둘째는 사회적 병리현상을 치유하고자 함이다. 20세기에 고도로 발전한 산업사회는 물질적 풍요와 동시에 극심한 빈부 격차, 풍요에서 소외된 계층의 일탈적 행위(폭력, 알코올 중독, 자살, 우울증 등)가 크게 사회문제로 부각되었다. 정부는 국가 차원에서 사회안전망 확보와 사회복지 증진 차원에서 사회적 병리현상을 치유하려는 노력을 기울였고, 그 일환으로 명상 프로그램 연구와 개발 및 활용이 다각도로 시도되었다.

이러한 명상의 사회적 수요는 명상 연구를 촉진하였고, 다양한 명상 전문가들이 활동하는 기반이 되었다. 또한 보건소와 노인복지시설, 학교, 기업, 공공기관, 교육기관 등에서 진행하는 프로그램에 명상이 접맥되면서 명상 열풍을 보다 자극하는 사회적 배경이 되었다.

셋째는 명상에 대한 과학적 연구와 탈종교화이다. '명상은 과학이다.' 기존 명상은 대부분 오랜 기간 전해진 명상 전통에 기반을 둔 것으로, 불교의 간화선과 위빠사나ᵛⁱᵖᵃˢˢᵃⁿᵃ, 요가 등이 대표적이다. 그러나 이들 명상법은 전통에 기반을 두어 대중화에 한계가 있었다. 종교적인 경향이 있어 종교의 벽을 넘는 데도 일정한 어려움이 있었다.

반면에 미국 심리학계와 의학계를 중심으로 명상에 대한 현대적인 연구가 진행되면서 명상의 치유 효과가 과학적으로 검증되고 담론화되면서, 미국이 주도하는 명상의 과학적 연구와 대중화는 빠른 속도로 이루어졌다. 미국에서 명상에 대한 과학적 연구는 1993년 미국 국립보완통합의학센터ᴺᶜᶜᴬᴹ에서 국가 연구비로 시작되었는데, 그 이후 매년 1천여 편 이상의 명상 관련 논문이 소개될 정도이다. 2004년 미국과 캐나다의 22개 주요 의학전문대학원에서 통합 의학 아카데미를 만들었는데, 통합의학의 한 분야로 마음챙김을 다루었다. 그에 따라 마음챙김 명상은 심신 치료 분야에 널리 적용되었고 심리 치료를 위한 제3의 물결로 전 세계로 확산되어 갔다.[107]

이와 같이 21세기에 들어와 미국 학계에서 명상에 대한 과학적 연구 성과를 기반으로 명상이 종교가 아닌, 하나의 과학이자 제3의 물결로 자리 잡으면서 우리나라 역시 현대과학에 기반을 둔 명상을 새롭게 주목하게 되었다. 특히 최근 신경과학과 뇌과학의 발달로 명상의 치유 효과가 과학적으로 입증되면서, 명상이 보다 설득력 있게 대중에게 다가가 객관화·대중화되어 전통과 종교에서 벗어날 수 있었다. 그 결과 명상은 전인적 삶을 추구하는 현대인의 선택이 아니라 필수가 되어가고 있다.

그 단적인 증거로 『타임』지는 2014년 2월 3일자 표지 타이틀로 '마음챙김 명상 혁명 The mindful revolution'을 다루었다. 이는 명상이 세계적인 이슈로 부상하고 대중적 수요가 있다는 것을 반증한다. 실제 오늘날 미국을 비롯한 선진국 대부분의 나라에서 명상이 일상생활에서 보편화되었고 웰빙과 힐링을 위한 보편적 활동으로 인정받고 있다.

실제 2018년 미국 성인 가운데 명상하는 사람이 14.2퍼센트나 될 정도이다. 이는 5년 전보다 세 배 넘게 증가한 것이라고 한다. 명상이 대중화되자, 지난 3년 동안 미국에서 출시된 명상 애플리케이션만 2천 개가 넘을 정도이다. 우리나라 역시 최근 명상 붐이 불면서 명상 전문가들이 만든 명상 앱이 늘어나고 명상에 대한 대중적 관심이 높아져 다양한 명상 수련회가 열리고 있다.

명상이란?

노자는 『도덕경』 12장에서 "다섯 빛깔이 사람 눈을 멀게 하고, 다섯 소리가 사람 귀를 막고, 다섯 맛이 사람 입맛을 상하게 하고, 멋대로 하는 사냥질이 사람 마음을 미치게 하고, 귀중품이 사람 행동을 방해한다"고 하였다. 나이 들면서 우리의 몸과 마음은 노자의 말처럼 그동안 살아오면서 겪은 온갖 빛깔과 소리와 맛으로 찌들어 있다. 두 손으로 움켜쥐는 마음의 작용에만 익숙한 나머지 탐욕의 욕망에서 손쉽게 벗어나지를 못한다. 사물을 있는 그대로 보지 못하고 편견과 아집에 사로잡혀 '꼰대짓'을 한다. 끊임없는 욕망과 채우지 못한 공허감이 삶을 절망으로 이끈다. 이렇게 되면 공자가 말한 60세에 귀가 순해지는 것이 아니라, 오히려 오감이 닫혀 고집불통이 될 뿐이다.

이처럼 되지 않기 위해서는 노자의 주장대로 살아오면서 익숙해진 감각에서 벗어나 마음을 바르게 하고 호흡에 집중해야 한다. 순수성을 회복해야 한다. 그를 통해 탐욕과 욕심을 버리고 무위의 도를 즐긴다. 무위의 도란 사사로운 욕심을 버리고 마음을 닦아 일상의 편안함과 여유로움을 찾아가는 인생길이라 할 수 있다. 그 길을 안내해 주는 징검다리 역할을 하는 것이 바로 명상이다.

명상은 나이 들면서 자기 자신을 통제하고 관리할 수 있는 최고 최대의 컨트롤타워이자, 푸코가 말하는 삶의 테크놀로지 기술이다. 명상이 자기 내면을 바라보고 생각이나 감정이 일어나는 자리를 바르게 통찰하도록 해주기 때문이다. 더 나아가 명상은 자신의 몸과 마음, 감정과 정신 상태를 보다 열린 관점으로, 지금의 자기 자신의 존재와 세상을 객관적으로 바라볼 수 있도록 하여, 그 동안 삶의 과정에서 잘못된 인체 시스템을 정상화하거나 리셋하는 데 도움을 준다. 또한 자연과 조화를 이루게 함으로써 마음의 평정과 삶의 기쁨을 누릴 수 있는 환경을 만드는 지렛대 역할을 한다.

이러한 명상 이해는 그 어원을 보면 쉽게 이해된다. 명상의 영어 단어 meditation은 라틴어 mederi(치유하다)가 어원이며 medicine(의약)도

여기서 파생된 용어이다. 따라서 명상은 그 자체 치유 요소가 있을 뿐 아니라, 삶을 정상화시키기 위한 수단으로 사용된 것임을 알 수 있다.

명상은 바쁜 마음을 내려놓고 마음을 집중한 뒤 고요히 생각하거나, 마음을 비우고 사물을 바라보는 것이다. 그러면서 자기 자신을 온전히 알아가고 상처를 치유하고 깨달음의 지혜를 얻는 것이라 할 수 있다. 그런 의미에서 명상은 삶을 좀 더 효과적으로, 진지하고 건강하게, 그리고 더 행복하게 살기 위한 기술이라 할 수 있다.[108]

그 때문에 명상은 인류문명사에서 고대부터 다양한 형태로 발달되어 왔다. 불교, 기독교, 힌두교, 이슬람교, 수피, 아메리카 원주민 등 세계의 모든 종교적 활동에는 명상 요소가 있다. 인간과 신을 연결시키는 매개로, 또는 치유 수단으로 명상 기법이 활용되어 왔다. 종교 가운데 불교와 힌두교는 어느 종교보다 명상법이 발달되어 왔으며, 요가는 그 자체 깨달음을 위한 명상이라 할 정도로 과학적이고 체계적인 명상법이 확립되어 있다.

인류 문명사에서 수천 년 동안 이어져온 명상은 우리나라 역시 마찬가지이다. 신라시대에는 화랑도 또는 풍류도의 한 범주로 명상이 행해지고, 불교가 전래되면서 다양한 불교식 명상법이 확산되었다. 고려시대에는 깨달음에 이르는 돈오돈수頓悟頓修 논쟁이 일거나, 선정과 지혜를 닦는 정혜쌍수定慧雙修 논쟁이 이는 등 깨달음을 향한 명상 담론이 활발하였다. 조선시대에는 심학心學으로서 성리학이 발달함에 따라, 수신의 방편으로 '경敬'이 강조되었다. 경이란 명상 개념과 대동소이한데, 영어로 mindfulness(마음챙김)로 번역된다. 그래서 선비들의 일상생활은 경(명상)을 통해 자신의 몸과 마음을 알아차리고 바른 예의와 행동을 지향하였다. 선비는 명상가나 다름없었다.

이와 같이 우리의 명상 전통은 고대까지 올라갈 수 있을 뿐 아니라, 불교의 나라 고려시대, 유교의 나라 조선시대 1천 년을 거치면서 불교와 성리학의 명상법이 확산되고 뿌리내렸으나, 20세기에 들어와 단절되고 왜곡되었다. 다행히 21세기에 들어와 세계적인 추세에 따라 명상의 필요성이 증대되고 다양한 명상법이 보급되고 있을 뿐 아니라, 일반 대중을 상대로 한 전문적인 명상 센터가 하나둘씩 증가하는 추세를 보이고 있다.

최근에는 전 세계적으로 인류의 정신문화유산인 명상을 객관적으로 재해석하여 치유의 수단으로 활용하거나 자기 계발을 위한 기술로 활용하고 있다. 또한 명상이 개인의 심신 건강 외에 알코올 중독이나 자살 등과 같은 사회적 당면 문제를 해결하는 데도 적용되어 효과를 거두면서, 교육계와 기업체 등에서도 다양한 명상 프로그램을 도입하고 있다.

명상의 기본 원리와 치유 효과

명상은 단순히 조용히 앉아 있는 것을 의미하지 않는다. 명상은 자세, 마음, 감정, 호흡, 침묵, 고요, 집중, 알아차림, 초월, 영성, 깨달음 등과 직결되어 있는 통합적 개념으로, 신체, 마음, 정신 등과 연계된 고차원적인 정신 운동이다. 명상은 스트레스, 집착, 트라우마, 습관, 기억은 물론 신체적인 근골격계, 신경계, 면역력, 혈압, 호르몬과 신경물질 등의 생리체계의 변화에 긍정적인 영향을 미치는 것으로 이미 과학적으로 검증되었다.

명상하는 방법은 상당히 많은 종류가 있으나, 기본적인 원리는 두 가지이다.

첫 번째는 집중 명상이다. 이 방법은 한 대상에 주의 집중하는 것으로, 전통적인 사마타samatha 명상이다. 한자로는 '止(지)' 또는 '定(정)'이라 한다. 이 명상법은 분산된 의식을 한 곳에 집중함으로써 마음을 고요하게 하고 심신의 이완을 가져온다. 또한 집중력을 키워 잠재력을 계발하고 외부 대상에 대한 명확한 인식을 통해 인지능력을 키울 수 있다.

두 번째 명상의 원리와 기법은 통찰 명상이다. 이 방법은 대상을 타자화하여 생각 없이 바라봄으로써 대상의 본질을 알아차리는 방법이다. 전통적으로는 위빠사나 명상으로 알려져 있다. 한자로는 '觀(관)' 또는 '慧(혜)'라 한다. 고려시대 불교계에서 논쟁이 있었던 정혜쌍수定慧雙修는 바로 사마타와 위빠사나 명상법을 동시에 수행하는 것을 의미한다. 통찰 명상은 사물을 있는 그대로 바라보는 것인 만큼 자기 자신이 관찰자가 되어 마음과 머리에 일어나는 감정과 생각을 보다 객관화하여 바라보아야 한다. 그를 통해 늘 깨어있는 상태를 유지하고자 하는 지혜의 명상법이다. 석가모니가 이 명상법으로 깨달음을 얻었으며, 최근 세계적으로 유행하는 마음챙김 역시 크게 보면 통찰 명상에 속한다.

이와 같이 명상은 기본적으로 집중과 통찰로 요약된다. 집중이란 특정한 대상에 주의력을 기울여 하나에 몰두하는 것이고, 통찰이란 자신을 타자화하여 객관적으로 바라보면서 마음의 움직임을 알아차리는 것이다. 그런 의미에서 명상은 삶을 좀 더 가치 지향적으로 살아가도록 도와주고 건강과 행복을 증진시켜 삶의 질을 높이고 보다 고차원의 삶으로 이끄는 수단이자 기술이라 할 수 있다.

그래서 종교에서는 깨달음과 마음의 평안에 중점을 두는 반면, 심리상담자는 명상의 심리학적 효과에 주목하고 의사들은 명상의 치료 효과에 관심을 두고 있다. 일반인은 스트레스 경감을 통해 보다 행복한 삶을 추구하는 도구로 활용한다. 때로는 잠재된 능력을 개발하거나 창의성을 높이는 수단으로 명상이 활용되기도 한다.

명상이 널리 활용된 데에는 과학적인 연구가 뒷받침되었기 때문이다. 명상에 대한 임상 연구는 실제 미국 학계 주도로 1950년대부터 이루어졌다. 특히 1970년대 초 미국 하버드 대학교 의과대학의 집중 명상에 관한 임상 연구에서 일정한 성과를 거두었고 1980년대에 들어와는 앞서 설명했던 존 카밧진을 중심으로 활발한 과학적 연구가 진행되었다. 그 결과 최근 명상이 가지고 있는 치유 메커니즘이 어느 정도 규명되고 있다.

명상의 뇌과학적 치유원리는 명상을 하면 뇌의 기능과 활동이 긍정적으로 바뀌는 데 있다. 명상은 알파파와 세타파와 같은 뇌파를 자극하여 이완과 각성을 촉진하고 일산화질소nitric oxide, NO를 분출한다. 이러한 뇌파와 기체성 물질은 좌측 전전두피질을 자극하여 부정적 정서가 긍정적 정서로 바뀌고, 기억력, 감정 조절, 연민과 공감 능력 등도 좋게 하여 몸과 마음을 건강하고 행복하게 한다.

명상의 심리학적 치유원리는 크게 네 가지를 꼽을 수 있다. 첫째, 명상은 개별적이고 독립된 자아에서 벗어나 전체성을 자각하게 한다. 둘째, 명상은 주의 집중 능력이 향상되어 치유 능력을 높여 준다. 셋째, 명상은 자신의 언행과 감정을 알아차리는 능력이 신장되어 마음이 편안해지고 스트레스에 쉽게 노출되지 않는다. 넷째, 명상은 사물을 있는 그대로 받아들임으로써 수용적 태도가 길러져 자기 치유 능력을 배양할 수 있다.

명상의 치유기제는 실제 많은 영역에서 심신의 질병을 치유하고 삶의 질을 개선하는 것으로 입증되고 있다. 특히 명상은 불면증, 우울증, 공황장애, 강박증 등과 같은 심리적 질병에 큰 효과가 있으며, 고혈압, 만성통증, 심장병, 피부병, 암, 제2형 당뇨 등과 같은 신체적 질병에도 도움이 되는 것으로 알려져 있다.

이렇듯 명상은 치유 효과가 크기 때문에 다방면으로 활용되고 있다. 명상은 심신의 안정과 영적 의식을 각성시킬 뿐 아니라, 심혈관계나 신경계·면역계 등에 긍정적인 효과가 있기 때문이다. 이것은 이미 여러 임상실험에서 입증된 것으로, 윤종모 신부는 그의 저서 『치유명상』에서 명상 효과를 다음과 같이 정리하고 있다.[109]

- 명상을 하면 세상을 보는 관점이 바뀐다.
- 명상은 정서를 안정시키고 EQ(감정지수)를 강화한다.
- 명상은 상한 감정을 치유하여 사랑과 위로, 용기를 얻게 한다.

- 명상을 하면 몸과 마음이 건강해진다.
- 명상은 집중력을 비상하게 발달시킨다.
- 명상은 면역력을 강화시켜서 성인병의 예방과 치료에 좋다.
- 명상은 긍정적인 마음을 형성한다.
- 명상을 하면 창조력이 발달한다.
- 명상은 잠재력을 계발 시켜 능력 있는 사람으로 만들어 준다.
- 명상은 자존감을 높여 준다.
- 명상은 깨달음을 얻어 자아를 초월하게 해 준다.
- 명상은 자연과 하나라는 일치감을 느끼게 한다.
- 명상은 궁극적인 행복감을 가져온다.

특히 최근에는 명상에 대한 과학적 연구, 즉 심리학, 뇌과학, 신경 과학 등의 연구를 통해 심리적·신체적·정신적으로 긍정적인 명상 효과를 밝혀내고 있다. 그를 통해 명상은 과학이며, 삶의 선택이 아니라 필수가 되어가고 있다. 실제 명상은 의식 내면에 있는 순수 의식(사랑, 공감, 평화, 치유, 겸손 등)을 일깨어주고 미세한 감정의 통제 능력을 키워주어 생각과 감정의 노예에서 벗어나 주체적인 삶을 살아가는 데 도움을 준다고 한다.

최근 뇌과학은 명상을 하면 뇌가 바뀌는 것을 입증하였다. 명상은 뇌 피질의 양을 증가시키고 뇌 신경돌기부와 시냅스를 활성화시킬 뿐 아니라, 뇌파에도 긍정적인 영향을 미친다. 또한 생명에너지 고양과 치유에 효과적인 엔도르핀과 행복 물질인 세라토닌을 증가시키는 것으로

명상의 치유 효과

	육체적 효과	심리적 효과	정신적 효과	사회적 효과
직접 효과	· 스트레스 감소 · 심인성 질환 치유 · 성인병 예방·치유 · 자연치유력 회복	· 심리적 안정 · 감정 조절 · 자존감 향상 · 수용성 증가	· 뇌파 안정화 · 순수의식 고양 · 기억력 향상 · 긍정적 사고 · 주의집중력 향상 · 통찰력 향상 · 창의력 신장	· 자비심 증가 · 공감능력 향상 · 관계성 회복 · 전체성 자각
파급 효과	· 건강 증진	· 잠재능력 발휘 · 업무능력 신장	· 심리·정서 안정 ▶ 생활 안정	· 리더십 향상 · 대인관계 향상 · 사회활동 강화

	개인		사회	
확산 효과	· 삶의 질 향상 · 웰빙·웰다잉 · 행복 증진		· 사회적 자본 강화(신뢰, 배려, 존중, 협동) · 공동체 강화 · 사회봉사와 나눔 ▶ 지역행복지수 상승	

나타났다. 우뇌를 활성화시켜 감성과 영성, 창의성을 신장시키는 데도 도움을 주며 학습과 인지능력을 향상시키는 것으로도 보고되었다.

또한 자율신경계에도 긍정적인 효과를 보여, 감정 조절 능력을 향상시키고 신체 이완과 혈압 안정에도 도움을 준다. 또한 명상은 면역력을 강화하고 호르몬과 신경전달물질의 변화를 가져와 심신 이완과 건강에 유익하다.

일반적으로 나이를 먹을수록 화를 잘 내는 경우를 흔히 볼 수 있다. 화나 분노는 뇌의 대뇌변연계에서 만들어지는데, 이를 억제하는 전두엽의 기능이 나이 들면서 떨어지기 때문에 그렇다. 이를 방지하기 위해서는 전두엽의 기능을 활성화시켜 감정 조절능력을 키워야 한다. 바로 명상이 전두엽에 효과적이다.

명상은 심리적인 치유 효과도 큰 것으로 입증되었다. 명상은 전체성을 강화하고 주의집중력을 키워줄 뿐 아니라, 비판단적 태도와 수용성 증가로 심신의 안정과 안녕을 꾀할 수 있게 한다. 이러한 태도 함양은 사회적 관계를 좋게 하고 타인에 대한 사랑과 배려, 존중감을 돈독하게 하여 보다 좋은 관계로 나아가는 밑거름이 될 수 있도록 한다.

명상은 다른 어느 도구보다 스트레스를 경감하거나 긍정적으로 수용하는 데 매우 탁월한 효과가 있다. 스트레스는 생명체로 살아가는 이상 받을 수밖에 없는 삶의 요소이다. 문제는 스트레스를 어떻게 수용하고 반응하느냐에 따라 몸에 유익할 수도 있고 해로울 수도 있다. 스트레스를 해소하기 위해서는 긍정적인 사고와 삶의 수용이 중요하다.

특히 노년기에는 신체적 노쇠와 질병으로 고통을 감내해야 한다. 사회적 활동의 축소로 자존감이 약해지거나 위축되고 고립감 등으로 우울증에 시달릴 수도 있다. 우울감(증)을 해소하기 위해서는 나이 들어가면서 나타나는 신체적·사회적·심리적 변화를 긍정적으로 수용하고 스트레스를 가볍게 흘려버릴 수 있어야 한다.

그를 위해서는 무엇보다도 명상이 매우 효과적이다. 명상을 통해 스트레스에 맞서 싸우지 말고 그것을 있는 그대로 수용한 뒤 긍정적인 삶의 요소, 예를 들어 크게 웃기, 지인들과 담소 나누기, 산책하기 등과 같은 활동을 하면서 자연스럽게 해소시켜 나가는 지혜와 자세가 필요하다. 그밖에 스트레스 해소에 좋은 음식인 우유나 육류, 견과류,

바나나 등을 먹는 것도 좋다. 이들 음식은 행복 호르몬이자 신경전달 물질인 세로토닌의 분비를 촉진하는 트립토판이 많이 들어 있어 스트레스 해소에 효과적이다.

일상에서 스트레스를 손쉽게 줄이는 효과적인 방법은 숨쉬기를 잘하는 것이다. 스트레스나 불안감, 또는 긴장 등은 우리 몸속 교감신경을 활성화시키고, 가슴으로 가쁘게 들이쉰 산소를 소비하면서 활성산소 배출량이 늘어나 온갖 성인병에 걸릴 위험성이 증가한다. 이를 방지하기 위해서는 심호흡을 해야만 한다. 배로 깊게 숨을 들이쉬는 복식호흡을 하게 되면 세로토닌이 활성화되어, 신경이 안정되고 스트레스도 덜 받게 되어 마음의 평안을 누릴 수 있다.

그러기 위해서는 무엇보다도 순간순간 자신의 모습을 알아차릴 수 있어야 한다. 지금 이 순간 무슨 생각을 하는지, 어떠한 감정 상태인지, 어떤 행동을 하려고 하는지 등등을 알아차리는 것이다. 지금 이 순간을 알아차리기 위해서는 멈춤이 있어야 하고, 멈추기 위해서는 들이쉬고 내쉬는 호흡으로 의식을 가져가고 그러면 손쉽게 알아차릴 수 있다.

멈춘 다음에는 자기 자신을 바라볼 수 있어야 한다. 자신을 타자화하여 그림자 바라보듯이 그냥 바라보면, 자신이 무슨 생각을 하는지, 어떤 잘못된 행동을 하고 있는지, 어떤 심리 상태인지 등을 알아차리게 되어 자신을 돌보고 자신의 마음이나 행동을 통제할 수 있게 된다. 이것이 곧 명상으로 자신을 돌보는 것이다. 다시 말해 멈춤과 쉼, 바라보기, 그리고 호흡 집중은 명상의 기본 테크놀로지이자, 알아차림을 통해 자기 자신을 배려하고 돌볼 수 있는 지혜의 문이다.

제5부

습관이 답이다

나이 들면서 가슴 뛰는 내일을 살고 싶다면,

좋은 습관을 많이 만들어 놓아야 한다.

삶이 습관의 노예가 되어서는 안된다.

가슴 뛰는 내일이 있는 나이듦을 통해

내면의 아름다움이 겉모습에서 그대로 느껴질 수 있어야 한다.

그것은 그 자체 삶의 예술이자 나이듦의 미학이다.

1. 좋은 습관 길들이기

당신의 믿음은 당신의 생각이 된다.
그 생각은 말로 나타나고 말은 행동으로 옮겨지며
행동은 습관으로 자리잡는다.
당신의 습관은 당신의 가치를 결정하며,
그 가치는 당신의 운명이 된다.

· 마하트마 간디 ·

: 습관의 힘

인간은 어린 시절부터 형성된 습관에 의해 움직이는 존재이다. 습관은 이미 고정화된 감정, 생각, 행동 패턴이다. 습관은 태아 때부터 형성된 것도 있고 최근에 생긴 것도 있겠으나, '세 살 때 버릇이 여든까지 간다'라는 말이 있듯이 어린 시절에 형성되어 굳어진 것이 의외로 많다. 그런 습관은 너무 익숙한 나머지 의식하지 못하고 있을 뿐이다.

어린 시절부터 형성된 나쁜 생활습관은 그 자체 사소할지 모르지만, 그것이 몸과 정신의 퇴행을 가져오고 다른 장기와 심신 상태에 부정적인 영향을 미쳐 질병을 유발하고 노화를 촉진할 수 있다. 더 나아가 정신적 위축으로까지 이어져, 바늘 도둑이 소도둑이 되고, 작은 구멍에서 물이 새 저수지 둑을 무너뜨리듯이 결국 인생 후반기의 삶을 피폐하게 만든다. 작고 사소한 습관들이 결국 나이 들어 삶을 위험에 빠뜨리는 최대의 적이 될 수도 있다. 그래서 세계적인 노년학자인 마크 윌리엄스는 습관이 주는 편안함의 유혹에서 벗어나는 것부터 잘 늙어가는 것이 시작된다고 충고하고 있다.

건강보험심사평가원에 의하면, 2018년도에 당뇨병, 고혈압, 고지혈증, 지방간 등 이른바 생활습관 4대 질병으로 진료를 받은 환자의 절반이 5060 중장년층이라고 한다. 이들 성인병은 생활습관이 안 좋아 발병한 것으로, 생활습관만 고쳐도 좋아지는 병들이다. 식품의약품안전처 역시 치매 예방을 위해서는 건강한 생활습관이 중요하다고 보고 '333 운동수칙'을 강조하고 있다. 333이란 3권, 3금, 3행의 줄임말로 지켜야 할 아홉 가지 생활습관을 말한다. 적극 권장하는 3권은 운동과 식사, 독서 습관이고, 적극 금지하는 3금은 절주와 금연 및 뇌 손상 주의를 말하며, 적극 행해야 하는 3행은 정기적인 건강 검진과 치매 조기 발견 및 소통하는 습관을 말한다.

이시형 정신과 박사도 4대 생활습관 개선운동을 펼치면서 생활습관만 바꾸어도 99세까지 88하게 살 수 있다고 했다. 그가 말하는 4대 생활습관이란 식습관, 운동습관, 마음습관, 리듬습관이다. 그는 명상, 요가, 생활 운동법을 통해, 건강한 식습관을 길들이고 좋은 수면습관을 통해 깊이 잠을 자며, 마음 통찰을 통해 스트레스에서 벗어나 여유롭게 살아가라고 충고한다.

건강한 생활습관이 얼마나 중요한지는 미국과 네덜란드, 중국의 학자들이 참여한 국제연구팀에 의해서도 입증되었다. 연구팀은 30여 년에 걸쳐 미국인 11만 1천 명의 데이터를 분석한 결과, 5개의 건강한 생활습관을 가진 사람은 그렇지 않은 사람보다 여성은 14년, 남성은 12년 더 건강하게 오래 살았다고 한다. 더욱이 장기간 네다섯 가지의 건강 습관을 실천한 사람은 암이나 심혈관질환 등의 병 없이 건강하게 산 기간이 그렇지 않은 사람보다 최소 6년 이상이었다.[110] 여기서 말하는 건강한 생활습관 다섯 가지는 금연, 통곡물과 채소 중심의 건강한 식단, 하루 30분 이상의 운동, 적절한 체질량 지수 유지, 절제된 음주 등이다. 이와 같은 연구 결과를 통해서 알 수 있듯이, 좋은 생활습관은 건강하게 오래 살 수 있는 최고의 비법이다.

특히 나이 들면서 치명적으로 나타나는 나쁜 습관은 매사 부정적으로 생각하는 마음습관이다. 나이 들면서 신체뿐 아니라 정서적으로도 부정적인 요소가 많아지는 상황에서, 그것을 수용하는 의식이나 생각마저 부정적이면 실제 이상으로 우울해지지 않을 수 없다. 결국 나이 들어가는 삶을 피폐하게 하는 독약이 된다. 모든 사람들이 다 늙고 병들고 외로운 것은 마찬가지이다. 그것을 어떻게 받아들이고 어떠한 삶의 태도를 보이느냐에 따라 삶의 질은 달라지는데, 이 과정에서 결정적인 역할을 하는 것이 습관이다.

지금까지 연구에 의하면, 성공적인 노화를 결정짓는 것은 유전적 요인이 15~30퍼센트에 불과하다. 나머지는 후천적인 신체적, 정서적, 사회적 조건이 좌우한다고 한다. 미국의 노화방지의료협회 이사인 조지프 마룬 박사도 곱게 늙기 위해서는 식습관을 비롯해 부지런히 움직이는 생활습관이 매우 중요하다고 하였다.

노화는 나이를 먹으면서 몸 안의 혈액 순환, 신경과 호르몬체계에 문제가 생겨 신체 기능이 약화되는 것을 말한다. 신체 기능은 그 사람의 사고방식과 생활 태도와 직결되어 있으며, 그것은 습관으로 나타난다. 그래서 그 사람의 일상적인 생활습관을 보면 그 사람의 노년의 삶을 엿볼 수 있다고 할 정도로, 습관은 매우 중요하다.

특히 나이 들면서 습관이 중요한 것은 노년의 위기에서 안정장치가 되기 때문이다. 나이가 들면 노화에 따른 우울증, 어느 날 갑자기 찾아오는 뇌경색과 같은 신체적 질병, 배우자의 죽음에 따른 상실감 등 많은 위기가 찾아올 확률이 점점 높아진다. 실제 그런 위기 상황에서 자신을 지켜주는 것은 병원 같은 외부적 환경도 중요하지만, 평상시의 좋은 습관 같은 내적 환경이 더 중요하다.

이처럼 나이 들수록 중요해지는 좋은 습관은 하루아침에 형성되지 않는다. 좋은 습관은 하루라도 일찍 길들이는 것이 바람직하다. 그것은 성공적으로 나이 들어가는 지름길이나, 불행히도 나이를 먹을수록 좋은 습관을 만들기는 힘들어진다. 오히려 살아오면서 덕지덕지 내 몸에 붙어있는 나쁜 습관들이 나이를 먹을수록 부메랑이 되어 몸과 마음을 병들게 한다. 그런 만큼 중노년기에는 젊었을 때보다 더 많은 노력을 기울여, 마부가 말을 순하게 길들여 원하는 방향으로 마차를 끌고 가듯이 좋은 습관을 길들여 자신의 인생 수레바퀴를 몰고 가야 한다.

그러할 때 고대 그리스 스토아학파 철학자인 에픽테토스[55~135]가 말한 것처럼, 훌륭한 습관들이 인생을 즐겁게 할 수 있다.

장수하는 사람의 공통된 특징은 긍정적인 사고, 감사하는 삶, 감동적인 삶, 삶에 대한 보람 등이라고 한다. 이런 특징은 당연하고 쉽게 체득할 수 있는 것으로 보이지만, 그런 몸과 마음의 근육을 단련하려면 여러 긍정적인 습관들이 복합적으로 작용하면서 이루어진다. 예를 들어 늘 스트레스 받고 있는데 긍정적인 사고가 가능하며, 늘 불만이고 화를 내는 사람이 감사하는 삶을 살 수 있겠는가? 오감이 죽어 있는 사람은 매사 감동하는 삶을 살 수 없다.

"마음은 없다. 그러나 마음은 있다. 있는 마음은 습이다."

이 말은 마음이 무엇인지 답을 찾다 내린 결론이다. 사람의 마음 작용과 행동 패턴은 오래 전부터 알게 모르게 만들어져 굳어진 습관이 좌지우지한다. 실제 세계 최고의 습관 연구자인 웬디 우드는 그의 명저 『해빗』에서 평상시 하는 행동의 43퍼센트가 무의식적으로 하는 자동화된 습관이라고 하면서 습관의 중요성을 역설하였다.[111] 나이 들면서 유쾌하게 원하는 삶을 살고 싶다면, 수년에 걸쳐 소소하면서도 좋은 행동을 통해 좋은 습관을 가급적 많이 만들어 놓아야 한다. 소소한 작은 일상의 습관들이 노년의 운명을 좌우한다는 사실을 명심해야 한다. 삶이 습관의 노예가 되어서는 안 된다.

다행히 인간은 습관을 얼마든지 바꿀 수 있다는 점이다. 물론 시간이 흐르면서 강하게 굳어진 습관은 젊은이들의 습관보다 바꾸기가 결코 쉽지 않다. 그만큼 습관의 근육이 강고하기 때문이다. 그래서 노인들이 똥고집을 부리거나 완고하고 고집불통인 경우가 많은 것이다. 그러나 윌리엄 제임스의 말처럼 습관만 바꾸어도 자신의 인생을 확 바꿀 수 있다. 그의 말은 사실이며, 나이 먹은 누구에게나 가능한 진리이다. 나이 먹으면서 굳어진 나쁜 습관도 노력 여하에 따라 얼마든지 원하는 방향으로 바꿀 수 있다.

습관을 바꾸는 것은 곧 자신의 삶의 가치, 지향점, 태도 등을 바꾸는 것으로 매우 중요하다. 그것은 니체의 말처럼 기존의 가치를 전복시키고 새로운 가치를 창조하는 것으로, 그 구체적인 삶의 표현이 습관이다.

이미 굳어진 생활습관은 몸과 마음을 경직되게 만들고 삶을 반복된 일상으로 만들어 재미없고 지루한 나날의 연속이다. 그와 반대로 일신우일신 日新又日新(나날이 더욱 새로워짐)의 정신과 삶의 자세로 살면 나쁜 습관은 발붙일 틈이 없게 되고 하루하루가 새롭고 새 날이 이어진다. 습관을 바꾸어 새로운 인생을 열어가는 것이다. 이것이야말로 푸코가 말한 삶의 기술로서의 자기 배려이자, 최고의 자기 돌봄이다.

윤동주는 그의 시 「새로운 길」에서 어제도 가고 오늘도 가는 나의 길이지만, 그 길은 새로운 길이 되어야 한다고 다짐한다. 윤동주의 바람처럼 하루하루가 새날이 되어야 한다. 태양이 매일 다른 각도에서 떠오르고 똑같은 하늘이지만 매일 구름이 다르듯이, 반복되는 하루 같지만 그 속에는 새로운 것들이 넘쳐난다. 나뭇잎이 자라 있거나, 어제 보이지 않던 풀잎이 새로 돋아나 있지 않은가.

미국의 최초 4선 대통령을 지낸 루스벨트의 부인 안나 엘리너 루스벨트는 '어제는 역사, 내일은 미스터리, 오늘은 선물'이라고 하였다. 하루하루 맞이하는 오늘은 기분 좋은 선물 같은 하루이다. 내일은 미스터리한, 그래서 궁금하고 기다려지는 하루이다.

문제는 나다. 내가 달라지지 않고 늘 반복된 일상을 습관적으로 살아가다 보니, 세상이 달라져 보이지 않는다. 지난 과거 그 자체는 바꿀 수 없지만, 그것을 바라보는 내 눈이 달라지면 어둡던 과거도 얼마든지 아름답게 보일 수 있다. 그러면 오늘 하루하루가 새로운 길이 되어, 정말 선물 같은 새로운 세상이 펼쳐지고 날마다 인생이 즐거워질 것으로 보인다.

좋은 습관 만드는 법

좋은 습관은 반복적인 훈련을 통해서 가능하다. 최근 뇌과학의 발달로 우리의 감정이나 생각, 행동이 어떻게 뇌세포와 연결되어 있는지 속속 밝혀지고 있다. 우리의 뇌는 가소성이 있기 때문에, 일정한 말과 행동이나 생각을 반복하면 뇌세포의 뉴런이 상호 연결되고 그것이 맥락화되면서 습관적인 패턴으로 나타난다. 다시 말해 반복된 행동은 그에 상응하는 뇌 신경세포인 뉴런의 시냅스 구조가 만들어져 패턴화된 행동으로 나타나 습관으로 이어지게 된다. 그렇게 되면 우리의 뇌는 자동화된 항법장치처럼 기계적으로 반복된 행동을 한다. 내 몸의 주인이 내가 아니라 습관이 되어버린다.

문제는 습관의 질과 방향이다. 선은 선을 부르고 악은 악을 낳는다. 긍정 에너지는 긍정 에너지를 낳고 부정 에너지는 부정 에너지로 이어진다. 습관도 마찬가지이다. 나쁜 습관은 그것으로 끝나는 것이 아니다. 부정적인 에너지를 온 몸으로 확산하여 자신은 물론 주변을 부정적으로 물들게 한다. 좋은 습관이 왜 중요한지 알 수 있다.

좋은 습관은 새로운 행동 패턴이 반복되면서 굳어져야 한다. 그러기 위해서는 그에 상응하는 에너지 축적이 이루어져야 한다. 우리의 행동은 물론 말과 생각, 감정 등도 무형의 에너지이다. '하늘은 스스로 돕는 자를 돕는다'라는 어구로 유명한 스코틀랜드의 세계적인 작가 새뮤얼 스마일스[1812~1904]는 새로운 나의 운명을 만드는 일은 긍정의 힘에서 시작된다고 하면서, "마음을 바꾸면 생각이 달라지고, 생각을 바꾸면 행동이 달라지고, 행동을 바꾸면 습관이 달라지고, 습관을 바꾸면 성품이 달라지고, 성품을 바꾸면 운명이 달라진다"고 하였다.

인도의 성자 마하트마 간디도 "당신이 지닌 신념은 당신의 생각이 된다. 그 생각은 말로 나타나고 말은 행동으로 옮겨지며 행동은 습관으로 자리 잡고 습관은 당신의 가치를 결정한다. 그 가치는 당신의 운명을 좌우한다"고 하였다. 긍정적인 생각이 새로운 습관을 만들어 운명까지 바꾸는 놀라운 기적을 낳는 것이다.

이러한 새로운 습관 만들기는 미국의 신경과학자인 조 디스펜자가 체험을 통해 잘 보여준다. 그는 척추 손상으로 전신마비 진단을 받고도 몸의 자연치유력을 통해 수술 없이 단 12주 만에 걷게 되었는데,

이러한 경험을 바탕으로 쓴 『브레이킹』과 『당신이 플라시보다』, 『꿈을 이룬 사람들의 뇌』에서 어떻게 원하는 습관을 만들고 그것을 통해 원하는 바를 성취할 수 있는지 잘 말해주고 있다. 그는 뇌의 가능성을 믿고 내 삶에 변화를 원하는 것을 지속적으로 반복하다 보면 실제 그것이 이루어진다고 하였다. 한 마디로 뇌의 힘, 마음의 힘, 습관의 힘으로 원하는 삶을 살아가는 것이다. 원하는 새로운 삶은 새로운 생각, 새로운 감정, 새로운 행동에서 비롯된다. 그리고 그것이 새로운 습관으로 자리 잡았을 때 새 삶은 이루어진다.

그러나 그것은 손쉬운 일이 아니다. 이미 습관화된 기존의 마음과 감정 패턴이 무의식적으로 우리의 몸과 마음을 지배하고 있기 때문이다. 굳어진 생각과 감정 패턴, 행동 습관은 자동적으로 강력한 힘으로 작용한다. 이미 그렇게 생각하고 마음먹고 행동하도록 자신의 뇌와 신경세포, 몸과 마음 근육이 단련이 되어 있기 때문이다.

그러니 새로운 습관을 만들기 위해서는 기존의 굳어진 몸 시스템을 전체적으로 바꾸어야 한다. 그것이 가능해지기 위해서는 원하는 것이 이루어질 때까지 그에 상응하는 생각이나 감정 등을 무한 반복해서 길들여야 한다. 새로운 습관 만들기는 다음과 같은 세 단계로 이뤄진다.

1단계: 알아차림

먼저 지금 자신의 생활습관을 점검한다. 보다 가치 있는 삶을 살거나 자기가 원하는 생활을 하기 위해 도움이 안 되는 습관은 과감히 버린다. 반대로 도움이 되는 습관은 적극 찾아내 살려내면서, 자신에게 필요한 새로운 행동을 확인한다. 이를 위해 조 디스펜자는 원하는 삶을 창조하는 마음 활용법으로 '명상'을 적극 추천하고 있다.

명상은 자신의 마음과 행동을 볼 수 있는 거울과 같은 마음 테크닉이자 새롭게 마음을 디자인할 수 있는 도구가 될 수 있다. 다시 말해 거울 그 자체보다 거울에 비친 모습이 더 중요하듯이, 명상 그 자체보다 더 중요한 것은 명상을 통해 알아차린 자신의 모습이다. 예를 들어 나이를 들면 짜증을 잘 내지만, 대부분 짜증을 내고 있는 자신을 모르는 경우가 일반적이다. 이런 경우 짜증내는 습관은 교정되기는커녕 오히려 나이 들수록 더 심해질 뿐이다. 짜증내는 자신의 습관에서 벗어나기 위해서는 우선 짜증내는 순간 그것을 바라보고 알아차린다. 이때 매우 유용한 도구가 바로 명상이다.

명상을 통해서 자신의 마음 씀씀이나 행동, 사용하는 언어습관, 감정 표현방식 등을 조용히 바라본 뒤 마음과 행동의 움직임을 주의깊게 알아차린다. 그런 다음 그것을 있는 그대로 기록에 남기는 것이 효과적이다. 이때 주의할 점은 내 안에서 흘러나오는 생각이나 감정, 태도, 습관 등을 있는 그대로 기록하는 것이다.

이렇게 하루 이틀, 100일을 기록하다 보면 자신의 몸과 마음 사용설명서를 작성할 수 있고 습관적인 태도와 언어, 감정 표현 등을 정확히 파악할 수 있다. 그리고 이 과정에서 저절로 치유가 이루어진다. 자신이 원하는 삶의 방향을 직시하고, 고쳐야 할 점, 더욱 북돋아줘야 할 점 등이 자연스럽게 자각됨으로써 자신의 삶을 새롭게 리셋할 수 있게 된다.

2단계: 새로운 습관 찾아 물꼬 트기

긍정적인 습관과 새로운 행동은 반복하여 몸이 익숙해지도록 한다. 그것은 우리 몸과 마음을 조정하는 뇌 신경구조를 새롭게 만들어가는 과정이다. 그를 위해서는 에너지가 축적되어야 한다. 에너지 축적은 강한 신념, 집중, 의지력, 실천 등과 같은 뇌의 힘, 생각의 힘, 마음의 힘을 통해 이루어진다. 원하는 방향으로 습관의 물꼬를 튼 뒤에는 올바른 방향으로 나아갈 수 있도록 스스로 독려하고 칭찬하고 격려한다(셀프 칭찬).

이것은 앞의 1단계에서 명상을 통한 자기 모습 기록하기 방법을 사용하면, 자연스럽게 의식 혁명이 가능한 에너지가 축적되고 자연스럽게 실천으로 이어지게 된다. 예를 들어 짜증내는 자신의 모습을 알아차린 뒤 짜증내지 않으면, 스스로를 칭찬해준다. 짜증을 내지 않아서 얻어진 마음의 평화로움이나 상대방과의 부드러운 관계를 생각하며 미소짓거나 '00아 참 잘 했어'라고 칭찬을 해 주면, 보다 빨리 짜증내는 습관을 고칠 수 있다. 더욱이 그것을 기록으로 남기거나 칭찬일기까지 쓴다면 금상첨화이다.

3단계: 새로운 습관 길들이기

이렇게 새로운 습관을 만들어가는 과정은 강한 의지와 실천력이 필요하다. 특히 나이 들어갈수록 기존 습관에 지배당할 위험성이 크고 새로운 행동을 지속가능하게 유지하기 어려운 만큼, 매일 행할 수 있는 환경 조성이 필요하다. 예를 들어 가족들에게 선언하고 수시로 확인해달라고 부탁하거나, 매일 일기를 쓰고, 잘 보이는 곳에 표시를 해 놓거나, 일정한 주기별로 성과를 점검하는 등 어떤 형태로든 자신의 의지와 실천력을 지속적으로 제고할 수 있는 방안이 필요하다. 그래서 오랫동안 습관을 연구한 웬디 우드 역시 습관 그 자체에 대한 노력보다 원하는 습관 행동을 반복적으로 할 수 있는 상황과 환경을 만들어 지속성을 창조하는 것이 중요하다고 하였다.

좋은 습관을 만들어 가는 데, 기존의 나쁜 습관은 크게 신경을 쓰지 않아도 된다. 우리 속담에 '굴러온 돌이 박힌 돌 빼버린다'라는 말이 있다. 좋은 습관에 길들여지면 연관된 나쁜 습관은 저절로 사라지게 된다. 예를 들어 긍정적인 사람이 되고자 많이 웃는 습관을 들이면, 어느 순간 우울한 감정, 찡그린 얼굴은 사라지고 보다 긍정적이고 밝은 사람으로 변해 있다.

전략 커뮤니케이션 회사를 운영하는 미국의 더스틴 맥키센은 40대에 1천억 원대 갑부로 성공한 사람들의 공통점을 찾아 만든 여섯 가지 성공 습관을 제시하였는데, 독서, 도전, 운동, 보답(감사, 신뢰), 경쟁심, 산책 등이다.[112] 이들 습관은 40대에 경제적으로 크게 성공한 사람들만의 좋은 습관이 아니라, 성공적으로 나이 들어가는 길이기도 하다. 이들 습관이 성공으로 이어지기 위해서는 매일 실천해야 한다. 그래야 습관이 되고, 습관이 되면 인생이 바뀌고 새로운 운명이 펼쳐질 수 있다.

나이 들어 해야 할 좋은 습관들

일반적으로 나이 들수록 점점 습관은 무의식적인 작용을 통해 주인을 노예로 만든다. 말하는 습관, 행동하는 습관, 감정을 표현하는 습관, 식사하는 습관이 일정하게 패턴화되면서 굳어져 있다.

"사람이 습관을 만들고 습관이 사람을 만든다."

영국 작가 존 드라이든[1631~1700]이 한 말이다. 이 말이 의미하듯이, 이미 굳어진 습관은 강한 관성이 있어 바꾸기가 쉽지 않다. 오히려 습관이 자기를 만든 주인을 통제하고 구속한다. 굳어진 습관이 그 사람의 인생을, 삶을 지배하는 경우를 흔히 볼 수 있다. 그래서 나쁜 습관이 많은 경우에는 악순환의 나날에서 벗어나지 못한 채 나이 들수록 힘든 인생을 살아가야만 한다. 습관의 노예로 살아가는 것이다.

반면에 좋은 습관은 좋은 생각, 바람직한 행동으로 이어지고 자신의 육체와 정신 활동에 긍정적인 결과로 이어진다. 이것은 습관의 지배를 받기는커녕 습관을 노예로 삼아 자신의 의지대로 삶을 살아가는 것이다. 이러할 때 나이 들어도 창조성이 발휘되고 성숙한 나이듦이 가능하다. 결국 나이 들어 습관의 노예로 살아갈지, 아님 습관을 종으로 부릴지는 전적으로 본인의 선택과 노력 여하에 달려 있다. 한 살이라도 젊었을 때 좋은 습관을 길들이는 것은 노후를 대비하는 어떤 보험보다도 약효가 뛰어나다 할 수 있다. 반대로 방치하면 나쁜 습관의 노예가 되어 우울한 노년을 보낼 수밖에 없다.

앞에서 바람직하게 나이 들어가기 위해서는 4대 영역 12개 미덕이 삶에 녹아나야 한다고 하였다. 다시 한번 정리하면, 건강 영역은 신체적 건강, 심리적 안정, 정신적 평온이다. 자아실현 영역은 자기 돌봄과 자존감, 자아 초월을 핵심 미덕으로 꼽았다. 관계 영역은 사랑, 감사, 배려를 나이 들면서 실천에 옮겨야 할 미덕으로 보았다. 활동 영역은 기부, 봉사, 참여의 미덕이다. 이들 미덕이 삶이 되기 위해서는 일상적인 생활 속에서 습관으로 이어지고 그것이 자기만의 라이프 스타일로 자리 잡아야 한다.

4대 영역 12개 미덕을 실천할 수 있는 좋은 습관들은 다음과 같다. 이들 습관들을 하나하나 새기면서 자신에게 얼마나 많은 좋은 습관이 있는지 확인할 필요가 있다.

심신 건강에 좋은 습관들

- 늘 긍정적으로 생각한다.
- 몸의 신호를 잘 알아차린다.
- 하루에 1만 보 이상 걷는다.
- 나만의 건강한 식사 습관이 있다.
- 항상 치아 관리에 신경 쓴다.
- 많이 웃는다.
- 취미 생활을 하고 있다.

자아실현을 돕는 좋은 습관들

- 명상을 한다.
- 배우는 것을 즐긴다.
- 시간 관리를 철저히 한다.
- 버킷리스트를 작성한다.
- 일기, 시, 수필 같은 글쓰기를 한다.
- 외우는 습관이 있다.

관계를 좋게 하는 습관들

- 누구에게나 미소와 친절로 대한다.
- 감사 일기를 쓴다.
- 불평불만과 잔소리를 하지 않는다.
- 무엇이든 칭찬하는 습관이 있다.
- 말하기보다 듣는 편이다.
- 몸을 청결히 한다.
- 패션에 신경 쓴다.

사회 활동에 도움을 주는 습관들

- 무엇인가를 나누고 베푸는 습관이 있다.
- 매주 일정한 시간 이상 봉사활동을 한다.
- 한 개 이상의 단체에 가입하여 활동한다.
- 다양한 분야의 사람들과 교류한다.

이들 습관들은 행복하게 나이 들어가는 삶의 레시피이자 테크닉이다.[113] 모두 당연하고 손쉬운 일 같지만, 나이 들수록 점점 멀어지는 습관들이기도 하다. 기존의 생활습관들이 자신의 의지와는 관계없이 새로운 습관을 방해하기 때문이다. 그런 만큼 행복하게 나이 들게 하는 좋은 습관들이 내 몸에 뿌리를 내릴 때까지는 인내심을 가지고 반복해서 실천하여 내 몸이 익숙해지도록 해야 한다.

습관이 답이다

2.   행복하게 나이 들어가는 습관 12

습관은 오래 반복된 행위로,
결국에는 그 사람 자신이 된다.

· 아리스토텔레스 ·

:   늘 긍정적으로
생각하는 습관을 기른다

새로운 백년을 맞이하기 위한 인생 설계는 앞서
강조한 바와 같이 긍정적인 프레임이 기본이다.
세상을 긍정적으로 바라보았을 때 펼쳐지는 세계 역시 밝고 기쁨으로
가득 찰 수 있다. 누구나 누리고 싶은 행복이나 열정, 즐거움, 환희,
평화, 감사, 자존감 등도 먼저 긍정적인 프레임 속에서만 가능한 문제
이다.

그렇다면 새로운 백년을 위한 첫 출발점 역시 긍정 마인드이다. 물

론 이런 마음의 성향과 태도가 익숙한 사람은 인생틀을 새롭게 짜기가 손쉽겠지만, 반대로 부정적인 성향의 사람은 기존의 인생 프레임을 바꾸기가 어려우며, 설령 의욕을 가지고 새롭게 인생 설계를 한들 악순환의 굴레에서 벗어나기 힘들다.

따라서 새로운 백년을 위한 인생 설계에 앞서 먼저 삶을 긍정적으로 대하는 작은 노력과 실천이 우선 필요하다. 늘 긍정적으로 생각하기 위한 실천적인 방법은 작은 것에도 '감사하다', '고맙다'는 말을 하거나, 작은 좋은 일에도 '난 행운아야' 하면서 긍정적인 셀프 칭찬을 해 몸과 마음에 새기는 일이다. 그것은 곧 긍정적인 마음씨를 마음의 밭에 심는 것으로, 그러면 어느 순간 긍정의 나무가 마음에서 자라나 긍정의 에너지파동이 몸 밖으로 분출되게 된다.

보다 손쉬운 방법으로는 일상생활에서 자주 사용하는 핸드폰이나 책상, 컴퓨터, 식탁, 자동차 등에 '고마워. 사랑해. 감사해요'와 같은 긍정 문구를 적은 스티커를 부착해 놓고, 눈에 들어올 때마다 마음으로 새기거나 큰 소리로 말해 보는 것도 효과적이다. 이 방법은 감사와 사랑으로 넘쳐나는 삶을 긍정적으로 살아가는 데 큰 도움이 된다고 한다. 또 아침에 일어나 몸을 푼 뒤 산책을 하거나 명상으로 시작하는 습관은 더할 나위 없이 즐거운 하루의 시작을 선물한다. 시작이 반이라고 하였듯이, 아침을 어떻게 맞이하고 어떤 기분으로 하루를 시작하는가는 매우 중요하다.

이렇게 긍정 마인드로 시작한 하루는 아침에 보이는 것들이 새롭게 보일 것이며, 그러면 늘 새로운 삶이 펼쳐지리라 본다. 하루하루가 새롭고 변화되는 삶이 하나의 흐름으로 이어지면, 그것이야말로 나이 들어가면서 누릴 수 있는 최상의 습관이 될 것이다.

1분 명상을 생활화한다

미국을 비롯한 선진국은 이미 명상이 라이프 스타일로 자리 잡고 있을 정도로 대중화되어 있다. 명상은 앞으로 4차산업혁명 시대를 살아가는 포스트 코로나 사회에서 더욱 필요한 일상적인 삶의 도구가 될 것이다. 명상은 현대사회에서 선택이 아니라 필수이다. 마음의 밥으로 매일 먹어야 한다.

매일 명상하는 습관은 나이 들어가는 자신을 올바른 방향으로 인도하고, 영적으로 나이 들어 건강하고 행복한 자아 초월에 이를 수 있는 가장 강력한 무기이다. 명상은 자신의 몸과 마음에 주의 집중하도록 하고 몸과 마음이 보내는 신호를 알아차리게 함으로써, 지금 이곳에 현존하는 삶을 살도록 이끌어 준다.

나이 들면서 일상적으로 하는 생활 명상은 시간과 장소를 가릴 필요가 없다. 아침에 눈을 뜨면서 할 수도 있고, 설거지를 하면서 할 수도 있고, 운전을 하면서 할 수도 있다. 순간순간 깨어 있으면 된다. 명상 시간도 1분에서 3분이면 족하다. 언제 어디서나 자신에 집중하고 알아차릴 수 있다면, 그것이 명상하는 삶이다. 다만, 다음과 같은 몇 가지 기본 태도를 갖추면 된다.

첫째, 순간 멈춤을 한다. 우리의 마음은 끊임없이 날뛰고, 몸은 늘 무엇인가를 하도록 습관화되어 있는 것이 일반적이다. 명상을 위해서는 이런 움직임을 순간 멈추고 자신 밖으로 향하던 시선을 내면으로 향하도록 한다. 그러면 보이고, 보이면 찾아진다.

둘째, 지금 이곳에 존재한다. 일반적으로 우리의 삶은 이미 지나간 과거나 아직 오지 않은 미래에 매달려 지금 이 순간에 집중하지 못하는 경우가 종종 있다. 순간 멈춤을 통해 나의 몸과 느낌, 생각 등을 철저히 지금 이 순간 현재에 초점을 맞춘다. 예를 들어 설거지하면서 빨리 끝내고 외출할 생각을 하는 것이 아니라, 오로지 설거지 하고 있는 자신의 몸과 마음에 집중하면서 자신의 모습을 있는 그대로 바라보기만 하면 된다.

셋째, 호흡에 주의 집중한다. 순간 멈추고 지금 이곳에 집중하는 것이 생각처럼 쉽지 않다. 운전할 때도 빨리 목적지에 갈 생각에 난폭 운전을 하거나 자신도 모르는 사이에 느리게 가는 앞차에 욕을 하고, 대화를 나눌 때 상대방의 말을 경청하지 않고 머리 한쪽으로 다른 생각을 하곤 한다. 이런 때 지금 이곳에 집중하고자 하면, 호흡에 주의를 기울이는 것이 가장 효과적이다. 코로 숨이 들어오고 나가는 것에 집중하거나 숨이 복부까지 들어왔다 나갔다 하는 것에 의식을 가져가면 된다.

넷째, 내가 나를 바라본다. 내가 나의 몸과 마음을 정확히 보려면 있는 그대로 자신을 바라볼 수 있어야 한다. 그를 위해서는 호흡에 집중하면서 자신의 몸과 마음을 그냥 바라보다 보면 내면의 움직임을 알아차릴 수 있다. 이것은 일종의 관찰자 효과이다.

다섯째, 판단하지 않고 그대로 바라본다. 몸에서 느껴지는 통증이나 감각, 생각 등을 평가하거나 판단하면 그런 생각에 매달려 사실을 있는 그대로 볼 수 없다. 통증과 감각 너머의 진실을 보기 위해서는 그것을 그냥 바라만 보아야 지혜의 눈이 열려 볼 수 있다. 현재 세계적으로 확산되고 있는 마음챙김 명상을 개발한 존 카밧진은 마음챙김이란 "순간순간 일어나는 감각이나 감정과 생각을 있는 그대로 수용하고 인정하며 판단하지 않고 현재에 주의를 집중하면서 명확히 알아차리는 것"이라고 하였는데, 이 말처럼 자신의 내면에서 일어나는 것을 있는 그대로 받아들이고 알아차리는 것은 명상에 있어서 매우 중요하다.

여섯째, 비운다. 명상은 여러 잡생각, 번뇌, 고민 등을 비우는 것이 중요하다. 투명한 거울을 오래 사용하면 때가 끼어 잘 안 보이듯이, 사람도 오래 살다 보면 이런저런 얼룩이 져 사물을 있는 그대로 바라보지 못하면서 많은 고통을 받게 된다. 거울을 닦듯이 그동안 살아오면서 얼룩진 자신을 지우고 비워야 한다.

고요한 바다가 되려면 바람이 불지 않아야 하듯이, 마음이 고요하고 평온하기 위해서는 바람을 일으키는 근심 걱정 등을 잠재워야 한다. 그것은 비움을 통해서만 가능하다. 그렇다고 비운 뒤 무엇인가를 채우려 애쓸 필요는 없다. 비우면 저절로 채워지는 법이다. 그렇지 않고 기존의 습관대로 무엇을 채우려 하면 채워지기는커녕 온갖 잡념과 망상이 앞을 가릴 뿐이다.

일곱째, 밥 먹듯이 한다. 명상은 일종의 마음의 밥이다. 마음 근력을 단련시키기 위해서도 필요할 뿐 아니라, 항상 깨어있는 삶을 위해서도 명상은 늘 필요하다. 또한 몸과 마음, 그리고 정신이 상호 유기적으로 관계 맺고 조화로운 삶이 되기 위해서도 명상을 밥 먹듯이 한다. 침대에서 일어났을 때, 식사 할 때, 앉아 있을 때, 걸어갈 때, 누워 있을 때, 사람 만날 때, 운전할 때 모두가 명상 시간이 될 수 있다. 때와 장소에 관계없이 하던 일을 순간 멈추고, 생각을 잠시 멈추고 1~3분 잠깐 동안 호흡에만 집중하면 된다. 그리고 바라보고 알아차리기만 하면 된다. 그러면 저절로 삶의 지혜가 샘솟게 된다. 이것이 일상적인 습관이 될 때 행복한 삶을 위한 컨트롤 타워가 저절로 만들어지는 것이다.

명상할 때 일차적인 선택지는 무엇을 가지고 명상할 것인지 집중할 대상을 정하는 것이다. 보통 숫자나 이미지, 몸, 호흡, 감각, 소리 등을 주로 활용한다. 호흡에 집중하거나 숫자를 세어보고, 또는 특정 이미지를 떠올려 명상하거나, 몸의 움직임과 감각을 있는 그대로 바라보거나, 옴 같은 소리를 내는 등의 방법으로 하면 된다. 처음에는 깊은 호흡에만 집중하거나 바라보는 것만으로도 효과적이다.

예를 들어 운전할 때 신호등에 정차하면, 초조하게 푸른 신호등을 기다릴 것이 아니라 마음속으로 호흡과 함께 100에서 3씩 빼면서 숫자를 세어본다. 또는 누군가에 의해 화가 나면, 심호흡과 함께 들숨에 '소~' 날숨에 '함~' 한다. 그러면 화도 사라지고 화를 내는 자기 모습을 좀 더 객관적으로 바라볼 수 있다. 무릎 통증이 느껴지면 통증과 싸우지 말고 손바닥으로 무릎을 문지르며 '무릎아. 널 아프게 해서 미안하다. 미안하다. 앞으로 너를 잘 돌봐주마' 하면서 있는 그대로 바라본다.

기본적인 명상 순서는 다음과 같다. 어떤 명상법을 취하든, 바른 자세와 호흡은 각별히 신경을 써야 한다. 등을 곧게 펴 주는 바른 자세는 척추의 숨통을 바르게 열어주어 하늘과 땅 사이에 있는 내가 우주 기운과 원활히 소통하기 위함이다.

명상 순서

- 편안한 자세를 취하되, 척추는 곧게 편다(앉기, 서기, 눕기 가능).
- 몸이 바른 자세가 되었는지 자각한다(척추-머리 직립).
- 불편한 곳이 있으면 자세를 바로잡으면서 이완한다.
- 어깨를 살짝 돌려 이완한다.
- 두 손을 무릎 위에 놓거나 배꼽 앞에 놓는다.
- 혀를 입천장에 붙이면서 턱을 살짝 당긴다.
- 눈을 천천히 감고 의식을 미간이나 코끝 등에 집중한다.
- 호흡을 깊게 하면서 명상에 들어간다.
- 명상을 끝내면서 서서히 호흡을 자각한다.
- 의식을 미간이나 코끝으로 가져온다.
- 서서히 눈을 뜬다. 이때 눈으로 들어오는 빛을 자각하고 시야에 들어오는 공간과 사물의 느낌을 관조한다.

이러한 일상적인 생활 명상은 명상 그 자체가 목적이 되어서는 안된다. 명상은 어디까지나 내가 내 삶의 주인이 되어 행복한 삶을 살기 위한 도구일 뿐이다. 따라서 명상을 통해 지금 이곳 나의 존재를 알아차리고 내가 가고 있는 인생길의 좌표를 탐색하면서 몸으로 실천하는 삶이 되도록 해야 한다. 명상은 삶의 내비게이션이다.

　이와 같은 명상의 생활화를 위해서는 먼저 가까운 전문 명상센터에서 기본적인 명상법을 익히는 것이 바람직하다. 그런 다음 최근 좋은 자료가 많이 올라오고 있는 유튜브 동영상이나, '마보', '마음건강길', '마음챙김' 등과 같은 명상 앱을 활용하면 혼자서도 명상을 즐길 수 있다. 좀 더 진지하게 하기 위해서는 명상센터에 정기적으로 다니거나, 찾아보면 의외로 많은 명상수련회에 종종 참석해 보는 것도 행복하게 나이 들어가는 삶의 지혜이다. 특히 명상을 함께 즐길 수 있는 인생 길벗이 있을 때 여러모로 도움이 된다.

1분 명상 실습

호흡 집중 명상

- 하던 일을 잠시 멈춘다(눈은 감아도 좋고 떠도 좋다).
- 자세를 바르게 한 뒤 의식을 호흡으로 가져온다.
- 코끝에 의식을 집중, 숨이 아랫배에 들어오고 나가는 것을 자각한다.
- 천천히 호흡을 깊게 하면서 들숨보다 날숨을 길게 하면서 몸을 이완시킨다.
- 계속 호흡에 집중하면서 몸이 편안해짐을 느껴 본다.

마음챙김 명상

- 바닥이나 의자에 편하게 앉는다. 서서 해도 좋다.
- 몸을 바르게 한 뒤 두 눈을 감으며 호흡에 집중한다.
- 가만히 마음을 1분간 바라본다.
- 마음에 스쳐지나가는 생각, 감정, 감각을 단지 바라만 본다.
- 특정 생각이나 감정에 빠지면, 다시 호흡에 집중한다.
- 의식을 호흡에 집중, 들숨과 날숨을 세 번 한 뒤 서서히 눈을 뜬다.
- 지금 이곳 나의 존재를 느껴본다.

몸 챙김 명상

- 바닥이나 의자에 편하게 앉는다. 서서 해도 좋다.
- 몸을 바르게 한 뒤 두 눈을 감으며 호흡에 집중한다.
- 가만히 몸을 바라본다.
- 머리-어깨-손-가슴-등-골반-다리-발의 순으로 의식
  을 옮겨 가면서 바라본다.
- 몸 전체를 느껴본 뒤 서서히 눈을 뜬다.
- 지금 이곳 나의 존재를 느껴 본다.

: 버킷리스트를 작성한다

　　　나이 들면서 나타나는 위기 가운데 하나는 희망이 점점
줄어든다는 점이다. 희망이 있어도 '자식들이 잘 되기를 바란다' 또
는 '나이 들어도 아프지 않았으면 좋겠다' 등과 같은 아주 소박한 바
람이 있을 뿐이다. 그에 따라 삶이 점점 소극적으로 되고 대외적인 활
동력도 떨어지면서 삶의 공간이 점점 좁아져 끝내 집안에 고립되는
경우를 종종 볼 수 있다.
　　나이를 떠나서 내일, 꿈, 희망, 버킷리스트라는 말은 가슴을 설레게
한다. 미래에 대한 기대와 가능성이 느껴지기 때문이다. 그것은 삶의

원동력이다. 그럼에도 나이를 들면서 점점 꿈과 희망이 없는 일상이 되어 가고, 특히 은퇴 이후에는 더욱 그렇다. 희망을 잃어간다는 것은 미래가 없어진다는 의미이다. 미래가 없다 보니, 삶이 현실 안주형으로 변하거나 과거에 얽매여 살게 된다. 그러면 더 이상 발전은 없다. 점점 '늙음'이라는 나이 감옥에 갇혀 감옥 밖의 희망찬 세상을 잊고 산다. 희망이 없는 일상의 나날들뿐이다. 삶이 무료하고 재미가 없어진다.

이와 같은 부정적인 나이듦에서 벗어나기 위해서는 적극적으로 자신의 삶에 희망을 불어넣을 필요가 있다. 희망은 나이로 우울해진 마음의 밭에 드리우는 햇살과도 같다. 희망을 품으면 마음의 밭에서 용기, 설렘과 같은 새싹이 돋는다. 희망이 있는 나이듦은 좀 더 능동적이고 적극적인 삶으로 바뀐다. 삶을 긍정하게 되고 스트레스도 줄어들면서 삶의 질도 한층 좋아질 수밖에 없다. 회복탄력성도 높아져 질병이나 상심에서 더 쉽게 빠져나올 수 있다. 그래서 희망이 있는 사람이 그렇지 않은 사람보다 더 의미 있고 알찬 삶을 산다는 사실은 이미여러 연구를 통해 밝혀졌다. 희망 역시 사랑, 감사 등과 마찬가지로 행복하게 나이 들어가는 묘약으로, 삶에는 행복을, 마음에는 안녕감을, 몸에는 열정을 선물한다.

희망이란 뭔가 좋은 것을 기대하는 바람이다. 희망이 꼭 자기 자신에게 국한될 필요는 없다. 오히려 성숙한 나이듦을 위해서는 희망의 대상이 개인 차원에서 사회, 더 나아가 국가와 세계로 확장되어야 한다. 세계 평화를 기원한다든가, 남북통일을 희망한다든가, 길고양이가 배고프지 않기를 희망하는 것도 매우 바람직하다.

희망은 마음으로 끝나는 것이 아니라 구체적인 행동으로 이어져야 한다. 예를 들어 매일 희망 일기를 쓰는 것도 감사 일기를 쓰는 것만 큼이나 성숙한 나이듦을 위해 바람직하다. 자신의 희망을 수시로 기록함으로써 마음에 깊이 새겨보는 것도 희망이 가지는 정서적 효과를 극대화할 수 있다. 또는 지구 평화를 희망하면 반전·반핵운동에 관심을 갖고, 내가 사는 마을이 깨끗한 공동체가 되길 희망하면 매일 새벽 집 주변 쓰레기를 줍는 것이다. 희망이 희망으로 끝나는 것이 아니라, 그것을 실천하고 조금이라도 이루어지는 것을 보았을 때 삶의 만족도는 높아지고 보다 성숙한 나이듦의 세계로 들어갈 수 있다.

청년은 꿈을 먹고 살고 노년은 추억을 먹고 산다는 말이 있으나, 이 말은 아주 잘못된 말이다. 나이 들어 추억만을 먹게 되면, 결국 흘러간 과거에 갇히게 되면서 지루한 일상이 되어버린다. 과거에서 벗어나 가슴 뛰는 내일이 있는, 그래서 미래 지향적인 나이듦을 위해서는 꿈과 희망이 있는 삶이 되어야 한다. 꿈과 희망은 내가 탄 인생 배를 미래로 힘차게 나아가게 하는 바람이요, 행복한 삶의 조건이다. 독일 철학자 칸트는 행복해지려면 하는 일과 사랑하는 사람, 그리고 희망이 있어야 한다고 하였다. 희망이 없는 삶은 불행으로 이어지며, 그래서 나이가 들수록 행복지수가 떨어진다.

미국의 유명한 시인 사무엘 울만[1840~1924]이 쓴 「청춘」이란 시 마지막에 '머리를 높이 들고 희망의 물결을 붙잡는 한 그대는 여든 살이어도 늘 푸른 청춘이네'라는 구절이 있다. 그가 78세 쓴 시로, 2차 세계대전 당시 맥아더 장군의 책상 위 액자에 들어 있던 시이다. 그가 말하고자

한 것은 희망이 없는 청년은 애늙은이요, 희망이 있는 노년은 80대에도 늘 청춘으로 살아갈 수 있다는 지적이다. 그렇다. '희망'이라는 인생 열차를 타고 달리는 지구별 여행자의 여정은 나이와 상관없이 청춘과, 젊음과, 열정이 함께 하는 삶을 누릴 수 있을 것으로 보인다.

그러니 죽는 그 순간까지 꿈꾸는 삶, 희망이 있는 삶이 되어야 한다. 희망리스트, 버킷리스트를 정기적으로 작성하고 실천에 옮기는 삶을 사는 습관을 길들인다. 하루동안 하고 싶은 일과 희망, 일주일 동안 하고 싶은 일과 희망, 1년 동안 하고 싶은 일과 희망, 3년 동안 하고 싶은 일과 희망 등을 적고 실천에 옮기다 보면, 희망의 인생 열차는 어느덧 청춘열차로 바뀌어 죽음의 종착역까지 지구별 여행자를 행복하게 데려다 주리라 본다.

감사 일기를 쓴다

성숙한 나이듦을 위해서는 자신을 둘러싼 환경과 의미 있는 관계 맺기를 통해 자존감을 높이고 존재의 의미를 되새길 필요가 있다. 그를 위해서는 다른 어느 심리적 기제보다 일상생활에서 '감사' 기능을 강화하고 활성화시키는 것이 매우 중요하다.

감사는 동서고금을 막론하고 매우 소중한 인간의 품성이자 사회적 덕목으로 평가되어 왔다. 그래서 어느 나라나 '감사합니다'라는 인사가 일반화되어 있는 것이다. 감사함은 다른 사람이나 사물에 대한 고 마음과 행복감을 표현하는 것으로, 그를 통해 얻는 자신의 존재 가치와 행복감이 반영된 긍정적인 마음의 표현이다. 그래서 존 밀러는 "그 사람이 얼마나 행복한가는 감사의 깊이에 달려 있다"고 하였을 정도다.

실제 감사하는 마음과 태도가 자아 효능감을 높여줄 뿐 아니라, 자아 존중감과 행복감을 증진시키고 심리적 안녕감을 키워준다는 사실은 이미 여러 연구를 통해 입증되었다. 그뿐만이 아니다. 나이 들면서 겪게 되는 우울감과 불안, 죽음에 대한 두려움 등도 감사하는 마음이 줄여준다고 한다. 그래서 감사 성향이 높은 사람은 삶을 긍정적으로 바라보고 삶의 만족도가 높아 낙천적이며 우울과 스트레스가 낮을 수밖에 없다. 이는 나이를 먹으면서 꼭 필요한 요소들이다.

그렇다면 나이 들어가면서도 화분에 물을 주듯이 감사하는 마음과 태도를 지속적으로 길러주어야 하는데, 가장 효과적이고 강력한 방법은 바로 감사일기 쓰기이다. 감사일기 쓰기의 긍정적 효과는 노인을 비롯해 어린이, 청소년, 교사 등을 대상으로 한 여러 연구논문에서 공통적으로 확인할 수 있다.

감사 일기를 왜 써야 하는지는 미국 토크쇼의 여왕으로 불리는 오프라 윈프리의 사례에서도 알 수 있다. 이미 널리 알려진 사실이지만, 아주 불운한 어린 시절을 보낸 그녀가 미국인이 가장 존경하는 여성이 될 수 있었던 비결의 하나는 일기였다. 그녀는 아무리 바빠도 하루도 빠짐없이 일기를 쓰면서 날마다 다섯 가지 감사한 일을 기록하였다고 한다. 심지어 사소한 것에도 감사함을 잊지 않았다. '상쾌한 아침 감사합니다', '새파란 하늘 감사합니다', '맛있는 스파게티 감사합니다', '오늘 읽은 책 작가님께 감사합니다' 그녀에게는 하루하루가 감사함으로 넘치는 삶이었다.

오프라 윈프리 일화에서 확인할 수 있는 것은 감사함이 감사함으로 이어진다는 점이다. 이것은 일종의 긍정심리학이며, 강력한 끌어당김의 법칙이다. 특히 그녀는 단지 마음만으로 감사한 것이 아니라, 일기에 감사한 일을 직접 기록함으로써 감사함을 극대화하고 그것을 내면화시켰다는 점이다. 생각과 감정은 단지 마음속으로만 하는 것보다 직접적인 행동을 통해 표현되었을 때 더 강력한 힘을 발휘한다.

감사 일기는 단지 쓰는 행위로 끝나는 것이 아니다. 그를 통해 나이 듦의 미학을 즐길 수 있다. 나이 들면서도 자존감을 잃지 않고 성숙하게 나이 들어갈 수 있는 길벗이 되어 줄 수 있기 때문이다. 이는 직접 감사 일기를 쓰면서 그 효과를 직접 체험한 사실이다.

감사 일기는 감사 대상이 굳이 사람에게만 국한될 필요가 없다. 지역사회나 국가, 세계 등으로 감사 대상이 확장되어야 한다. 도로가 개설된 것에 감사하거나, 환경운동에 앞장을 선 시민단체에 감사하거나, 세계 평화에 기여한 유엔에 감사하는 것과 같이 사회적 감사도 매우 중요하다. 또는 자신과 관계 맺는 사물이나 동식물, 자연현상도 감사 대상이다. 예를 들어 아름다운 저녁노을에 감사함을 느끼는 것도 매우 소중한 삶이다.

자기 자신에 대한 셀프 감사도 자기 사랑과 존재 가치를 높여 주기에 매우 중요하다. 셀프 감사 일기는 자기 성찰뿐 아니라 자신의 존재와 삶의 소중함을 일깨워 준다. 또한 '나-너-세계'의 연결성을 강화함으로써 순수의식을 각성시키고 우주의식으로 확장하는 데도 도움을 준다. 글쓰기는 분명 행복하게 나이 들어가는 든든한 다리이다.

감사일기는 매일 쓰는 것이 중요하나, 굳이 부담을 느끼면서까지 많이 쓸 필요는 없다. 3~4줄만이라도 지속적으로 작성하는 것이 중요하다. 감사할 대상과 감사해하는 자신의 모습을 알아차리는 것만으로도 절반의 성공과 효과를 거둘 수 있다.

더 나아가 감사일기 쓰기가 삶의 기록과 문학 활동과 같은 글쓰기로 확장된다면 더할 나위 없이 바람직하다. 푸코가 "우리 자신을 배려하는 것은 지속적인 글쓰기 행위와 결합되어 있다"라고 하였듯이, 글쓰기는 자기 배려를 위한 효과적인 삶의 기술이기도 하다.

글쓰기는 일종의 자기 대화이자 자기 성찰행위이다. 삶의 의미를 탐구하고 끊임없이 가치 지향적인 자기 존재를 형성해나감으로써, 삶을 예술로 만들어가는 테크놀로지 기능을 한다. 그래서 글쓰기는 노화에 따른 불안과 위기를 극복하고 나이 들면서 나타나는 정체성 위기와 무기력함에서 벗어나, 삶을 보다 의미 있고 풍요롭게 살 수 있도록 돕는다.

:   시간 관리를 철저히 한다

나이 들면서 나타나는 특징의 하나는 점점 시간이 많아진다는 점이다. 하루 여덟 시간 이상 소비하던 경제활동 시간이 줄어들면서 상대적으로 남아도는 시간을 어떻게 소비할 것인가는 노년기의 삶의 질과 직결된다.

따라서 나이 들수록 남아도는 시간을 철저히 관리하는 삶의 태도는 매우 중요하다. 이것은 단지 시간 관리의 의미를 넘어서, 자신의 생활 스타일을 점검하고 성숙하게 나이 들어가는 삶을 견인할 수 있는 방편이 될 수 있다. 적어도 매달 한 번 이상은 시간 단위로 하루 일과를 점검하고 확인하면서 자신의 삶을 재구성하는 것이 바람직하다. 시간 관리를 철저히 하기 위해서는 자기 자신에게 엄격해야 한다. 그렇지 않으면 신체 및 정신적인 활동을 게을리 하게 되어 자신도 모르는 사이에 노쇠하거나 활동력이 떨어져 육체근육 뿐 아니라 마음근육도 쇠약해지어 점점 위축될 수밖에 없다. 그렇게 되면 시간 관리는 물 건너 간다.

2015년에 통계청이 발표한 65세 이상의 고령자 시간 활용을 보면, 여가 활동시간이 가장 많은 7시간 16분에 이른다. 그 가운데 TV 시청과 같은 미디어 이용시간이 무려 4시간 4분에 달한다. 하루 4시간 이상을 TV를 보는 시간에 소비할 정도로 비생산적인 시간 죽이기를 하고 있는 것이다. 또는 하루 종일 바둑만 두거나, 운동이 좋아서 온 종일 탁구만 치거나, 서재에서 책만 보는 것도 바람직한 시간 관리가 아니다. 그렇게 되면 건강을 위협받거나 의미 있는 삶에서 멀어질 뿐 아니라, 조화로운 노년의 삶이 깨질 수밖에 없다.

실제 노년기에 남는 시간을 활용할 수 있는 활동 영역은 매우 다양하고 그 종류 역시 매우 많다. 특히 노년기 시간 관리는 크게 자기 계

활기찬 노년을 위한 여가활동

휴식활동	잠, 산책, 여행, 대화 등
사교활동	여행, 소풍, 친목회, SNS 등
봉사활동	마을 청소, 복지 및 의료시설 봉사 등
오락활동	TV 시청, 게임, 영화 관람, 공원 방문 등
문화활동	공연 관람, 전시장 관람, 음악 감상, 교양강좌 수강 등
취미활동	악기 연주, 공예, 서예, 식물 가꾸기, 독서, 글쓰기, 다도, 요리 등
신체활동	각종 스포츠, 자전거 타기, 걷기, 줄넘기, 요가, 스포츠 댄스 등
관광활동	국내외 여행, 문화유산 답사, 현장 체험 등

출처: 김동진, 『활기찬 노년을 위한 여가활동』, 서울대출판부

발활동 시간, 여가활동 시간, 사회활동 시간으로 나누어 계획되고 실천해야 한다. 이들 세 시간영역은 바람직한 노년기의 삶을 영위하는 데 꼭 필요한 부분으로, 바람직한 노년기의 삶이 되기 위해서는 다른 어느 시기보다도 조화롭고 균형 잡힌 일상생활이 중요하다. 그와 관련된 정보도 인터넷을 통해 손쉽게 찾을 수 있고 노인복지관이나 평생교육기관 같은 공공영역에서 제공하는 프로그램도 점점 많아지고 있는 실정이다. 그러니 인터넷 정보와 평생 교육 프로그램 등을 적극 활용하여 자기 계발과 여가 및 사회 활동이 적절하게 조화와 균형이 이루어질 수 있도록 적극적으로 노력할 필요가 있다. 그러할 때 전인적이고 성숙한 나이 들기가 가능하다.

문제는 본인의 의지와 노력 여부에 따라 시간 활용의 양과 질이 크게 달라진다는 점이다. 나이 들면서 사회 활동이 줄어들고 외부 정보와도 차단될 위험성이 있다. 수동적인 자세에서 벗어나 능동적이고 적극적인 자세로 자신에게 필요한 활동을 찾아내 시간을 엄격히 관리해야 한다.

그렇지만 나이 들수록 자유의 몸이 되어 스스로 시간 관리를 해야 하나, 구속력이 없기 때문에 흐지부지 될 가능성이 농후하다. 마음은 있어도 노화와 함께 몸이 따라주지 않아서 시간 관리가 안 될 개연성이 높다. 또는 한 동안 병을 앓은 뒤 흐름이 깨져 계획대로 시간 활용이 안 될 수도 있다. 실제 퇴직 이후 자유인이 되면서 3년을 넘기지 못하고 대충 살아가는 사례를 흔히 볼 수 있다. 따라서 이와 같은 가능성을 충분히 예측하고 자기 자신에게 보다 엄격해질 필요가 있다. 그리고 자기 규율을 통해 철저히 시간을 관리한다.

: 많이 웃는다

'늙어서 웃지 않는 것이 아니라 웃지 않아 늙는다'는 말이 있다. 나이 들수록 얼굴이 무표정하거나 굳어가는 것이 일반적이다. 외부의 자극에 의해서 웃을 일이 줄어드는 데다 점점 오감의 감성이 굳어지면서 반응이 느려지기 때문이다. 그러면서 나이를 먹는 것에 비례하여 웃지 않고 점점 무표정해지는 악순환에 빠져든다.

웃음 없는 삶에 빠져들지 않으려면, 의도적인 노력이 필요하다. 억지로라도 웃고 밝은 표정을 짓는다. 행복해서 웃는 것이 아니라, 웃으니 행복해진다는 말이 있듯이 웃으면 기분이 좋아진다. 자주 웃으면 얼굴 근육이 달라지고, 얼굴 이미지도 밝게 바뀐다. 그렇게 되면 나이 듦에 따른 우울한 기분에서도 벗어날 수 있고, 긍정적으로 생각하게 되고, 대인관계도 좋아지면서, 말 그대로 웃으면 복이 온다는 것을 실감하게 된다.

실제 89세 넘도록 건강하게 장수하는 사람들의 공통점은 90퍼센트가 잘 웃었다고 한다. "마음이 즐거우면 앓던 병도 낫는다(잠언 17:22)"라고 하였듯이, 웃음이 마음을 즐겁게 하여 몸을 부드럽게 이완시켜 스트레스를 줄여주고 부정적인 정서를 긍정적인 것으로 바꾸어 주는 등 노화의 속도를 늦추고 젊게 살아가는 데 특효가 있다. 실제 고령자 층을 대상으로 한 웃음 치료 연구를 통해서 웃음이 두통, 고혈압, 우울증, 화병, 불면증, 분노조절장애 등에 효과가 큰 것으로 입증되었다. 일부 연구결과는 웃음이 중증 우울증을 개선하는 데도 효과적이며 명상보다도 더 치유 효과가 큰 것으로도 알려져 있다.

이러한 웃음 효과 때문에 최근 다양한 웃음 치유 프로그램이 개발되어 있다. 웃음치유란 웃음을 통해 신체나 정서적 고통과 스트레스를 완화시켜 주는 치료법으로, 미국을 비롯한 선진국은 물론 우리나라에서도 다양한 프로그램을 경험할 수 있다.

웃음은 몸과 마음을 건강하게 해 주고 삶의 질을 높여 행복한 삶을 열어준다. 그래서 행복한 사람의 공통점은 항상 웃는다는 사실이다.

그 뿐만이 아니다. 웃는 사람에게 침 뱉지 못한다는 말이 있듯이, 웃는 모습은 다른 사람도 행복하게 한다. 더불어 함께 살아가는 데 웃음만큼 효과가 큰 묘약도 없다. 웃음은 행복하게 나이 들어가는 길로 갈 수 있는 좁은문을 여는 열쇠이다. 나이 들어가는 것이 불안하고 힘들다면, 무조건 크게 웃어볼 일이다.

웃음은 다른 어느 심리적 기제보다 플라시보 효과가 큰 것으로 알려져 있다. 그냥 15초 이상 크게 웃기만 해도 뇌에서 엔도르핀이 분비되어 행복감을 느끼고 수명이 이틀이나 늘어난다고 한다. 하루 45초의 웃음은 스트레스나 고혈압에도 효과가 나타나고, 10분이면 숙면을 할 수도 있다고 한다. 암 예방과 치유에도 도움이 된다.

그렇다면 미쳤다는 소리를 들을 정도로 허허실실 웃을 필요가 있다. 아침에 일어나 웃고, 자기 전에 웃고, 밥 먹고 웃고, 날아가는 새를 보며 웃고, 힘들 때 웃고, 꿈이 이루어진 것을 상상하며 웃다보면, 저절로 행복해지고 보다 성숙하게 나이 들어가는 자신의 모습을 발견할 수 있으리라 본다. 나이 들면서 나타나는 여러 질병을 예방하는 차원에서도 15초 이상 수시로 웃고 또 웃을 일이다.

: 외우는 습관을 기른다

나이 들어가면서 더 이상의 발전이 없는 것은 배움을 멈추었기 때문이다. 새로운 공부 없이 기존 지식으로 살다 보니, 지적인 새로움이나 확장은 기대하기 힘들다. 특히 현대 지식정보 사회에서는 아무리 AI가 원하는 모든 지식 정보를 제공할지라도 끊임없는 자기 학습이 요구된다. 또한 급변하는 디지털 환경에 적응하기 위해서도 지속적인 배움이 필요하다.

나이 들수록 삶의 패턴은 일정해진다. 그 이유는 모든 것이 경직되고 습관화되기 때문이다. 습관화된 두뇌는 쓰지 않게 되어 퇴화하고 굳어진다. 반면에 두뇌를 쓰면 신경세포인 뉴런이 활성화되어 신경가소성의 작용으로 창의적인 두뇌 활동이 가능하다. 죽어가는 뇌 세포를 줄이거나 속도를 늦출 수도 있다. 뇌를 자극하고 활성화시키는, 단순하면서도 효과적인 방법은 책을 보고 좋은 문장을 외우거나, 좋은 시를 외워 낭송하거나, 고전 명문장을 암기하고 깊이 음미해보는 것이 좋다.

이와 같이 단순하면서도 반복적인 뇌 운동은 뇌 건강을 강화하고 더 나아가 정신적인 평온까지 얻을 수 있다. 그러기 위해서는 끊임없이 두뇌 활동을 해야 하는데, 나이 들면서 가장 좋은 방법은 암기이다. 왜냐하면 시력이 나빠져 독서하기가 어려워지고, 오랜 시간 집중해서 책을 읽기가 쉽지 않다. 잠언이나 명시 또는 고전에 나오는 특정 구절을 반복해서 암기하고 낭송하는 것이 독서보다 쉽고 더 효과적인 측면이 있다. 암기 방법은 일정한 목표를 두고 매일 숙제하듯이 필사하고 암기하고 낭독하는 것이다. 종교가 있는 경우에는 경전이 좋고, 없는 경우에는 잠언집이나 영적인 시집, 또는 고전 가운데 『명심보감』이나 『논어』, 『대학』 등도 좋은 글이다. 특히 고전은 나이 들어 깊이 음미하거나 사유를 하기에 좋기 때문에 노년의 지혜를 더 풍부히

할 수 있다.

암기할 때는 단지 반복해서 암기하는 것보다 외우겠다는 강한 의지가 필요하다. 아무런 생각 없이 외우면 그 뿐이다. 잘 외워지지 않는다. 외울 때 강한 의지와 열정이 투사될 때 잘 기억된다. 또 외울 때 단순히 머릿속으로 생각만 하면 잘 외워지지 않는다. 필사를 하거나 소리를 크게 내어 낭독하면서 몸에 각인시킨다. 몸으로 외우고 새기는 것이 최상의 암기방법이다.

이렇게 암기한 문장은 수시로 반복해서 암송하거나 낭송한다. 끊임없이 기억을 되살리는 효과가 있다. 암기한 것에 대한 보람으로도 이어져 삶의 기쁨을 누릴 수 있다. 여러 사람이 모이는 모임에서 멋진 시를 낭송하거나 친인척 모임에서 경서를 멋지게 낭송하는 모습들은 행복하게 나이 들어가는 자기표현이자, 미래세대에게도 매우 교육적이다.

어른다운 마음 활용법을 익힌다

일반적으로 나이 들면서 불평불만과 잔소리가 늘어나는 것은 사실이다. 화도 잘 내고 감정 조절을 못하는 노인들을 종종 볼 수 있으며, 자기 마음에 들지 않으면 소위 꼰대짓을 한다. 전형적인 부정적 노년의 모습이다.

이런 노년의 자화상에서 벗어나려면, 감정을 다스릴 줄 알아야 한다. 그 방법은 바로 앞서 언급한 명상과 감사일기 쓰기이다. 호흡 조절을 통해 감정을 들여다보면 손쉽게 통제가 가능해진다. 그리고 자기 자신을 타자화시켜 바라보면, 불평불만을 늘어놓고 잔소리만 일삼는 자신의 모습이 얼마나 못났는지 금방 알아차릴 수 있다. 불평불만과 잔소리를 하지 않는 방법은 하지 않으려고 노력하는 것보다, 그것을 잠재울 묘약을 키우는 것이 바람직하다. 매사 고마워하고 감사하며 배려하고 친절하게 행동하다 보면, 자연히 불평불만과 잔소리를 하지 않게 된다.

그 가운데 손쉬운 묘약은 무엇이든 칭찬하는 습관이다. 나이 들면서 남을 배려하고 칭찬하는 일은 대표적인 어른다움이자 나잇값을 하는 것이라고 한다. 칭찬은 고래도 춤추게 한다는 말이 있듯이, 칭찬의 효과는 대단히 크다. 어른이 하는 칭찬은 아랫사람들에게 격려와 용기를 주어 효과 만점이다. 더욱이 칭찬의 효과는 그대로 자신에게 되돌아와 상대방으로부터 대접을 받을 수 있는 지름길이다. 또한 칭찬은 모든 것을 긍정적으로 받아들이게 함으로써 자연히 불평불만과 잔소리가 줄어들어 인간관계 역시 자연히 좋아질 수밖에 없다.

나이 들면서 좋은 인간관계를 맺기 위해서는 칭찬 외에 상대방의 말을 잘 들어주는 것도 중요하다. 상대적인 관계인식보다 자기중심적으로 상황을 파악한 나머지 독불장군식으로 대화하는 경우를 종종 볼 수 있다. 또한 자기주장만을 고집하거나 상대방의 의견을 들으려 하지도 않는 예도 많이 경험한다. 이런 경우 대화 단절은 물론 꼰대 소리를 듣게 된다. 대화할 때 자기 말만을 하려는 충동을 억제하고 상대방의 말을 귀담아 듣는 습관을 길러야 한다. 오히려 상대방의 말을 잘 들어주는 것 자체만으로도 어른다운 마음 씀씀이다. 푸코도 자기 배려를 위한 삶의 기술로 경청을 꼽고 있다.

또한 어른다운 미덕은 무엇인가를 나누고 베푸는 마음 씀씀이다. 베푸는 것은 받는 것보다 더 행복하다. 혈압도 내려가고 스트레스도 해소되어 더 건강하고 더 만족스런 삶을 살 수 있다. 이것은 이미 많은 연구를 통해 밝혀진 사실이다. 젊었을 때는 손바닥을 움켜잡았는지 모르지만, 나이 들어서는 움켜진 손바닥을 펼쳐야 한다. 콩 한쪽도 나누어 먹는 삶이 아름답다.

하루 1만 보 이상 걷는다

건강하게 장수하는 사람들의 공통점 가운데 하나는 부지런하다는 점이다. 인간은 기본적으로 살아있는 생명체이다. 노화는 움직임이 줄어든다는 의미이다. 생명체는 살아 움직이는 존재이고, 그렇지 않으면 죽은 존재나 다름없다. 생명력을 극대화하기 위해서는 그것을 구성하는 세포를 끊임없이 움직여 활성화시켜야 한다. 사람의 생명력 역시 움직임을 통해 유지, 강화된다.

사람의 생명력을 키우는 데 도움이 되는 운동으로 걷기가 좋다는 점은 이미 널리 알려진 사실이다. 걷기는 2백여 개의 뼈와 6백 개 이상의 근육이 동시에 움직이고 모든 장기들을 활발히 활동하도록 한다. 그 때문에 걷는 속도와 모습은 노화의 정도를 가늠해 볼 수 있을 정도이다.

실제 영국 킹스 칼리지 런던과 미국 듀크 대학교의 공동 연구에 의하면, 걷는 속도가 느릴수록 빨리 노화하고 얼굴도 더 늙어 보이고 뇌의 크기도 작아진다고 한다.[114] 느리게 걷는 사람이 그렇지 않는 사람보다 근력과 폐, 치아 상태, 면역력 등이 더 나쁘다. 치매 위험도 더 높다. 이는 노년뿐 아니라 중장년들도 마찬가지이다. 그 때문에 걷는 속도는 노화의 정도와 건강 상태를 알 수 있는 좋은 지표로 활용되고 있다. 부지런히 걷고 움직이는 것은 노화를 늦추고 건강해질 수 있는 좋은 습관이다. 실제 걷기는 다음과 같은 효과가 있다.

첫째, 신진대사를 촉진하여 체중 조절에 도움을 준다. 나이 들수록 운동량이 부족하여 신진대사가 원활하지 못하다. 걷기는 이런 약점을 보완할 수 있고, 부족한 근육의 양을 늘려 기초 대사량을 증가시켜주는 효과가 있다.

둘째, 심장과 뇌혈관에 좋다. 노년기 치명적인 질병은 심근경색, 뇌졸중 등 심혈관질환이다. 걷기는 혈압을 떨어트리고 몸에 좋은 콜레스테롤을 늘려주어 당뇨나 암 예방에도 도움을 준다. 하루 30분씩 규칙적으로 걸을 경우 심장 질환과 뇌졸중의 위험성을 30퍼센트 감소시키는 효과가 있다고 한다.

셋째, 뼈와 근력을 강화시켜 준다. 걷기는 뼈를 튼튼히 하여 골다공증을 예방하는 데 효과적이다. 또한 나이 들면서 하체가 먼저 약해지는 만큼 걷기를 통해 근력을 강화하여 하체를 튼튼히 할 필요성이 있다.

넷째, 걷기는 뇌 건강에도 탁월한 효과가 있다. 1주일 동안 10킬로미터 정도를 걸으면 뇌의 위축과 기억력 상실을 줄일 수 있다는 연구 보고도 있다. 걷기는 신진대사를 촉진하고 뇌에 자극을 줌으로써 뇌세포의 활동이 활발해져 치매 예방에도 좋다. 생각 없이 걸으면, 뇌가 '디폴트 모드' 상태로 들어가기 때문이다. 디폴트 모드란 일종의 멍 때리기로 뇌에 휴식을 주어 초기 상태로 되돌리는 것으로, 창의성과 주변을 이해하는 능력이 더 좋아지게 된다. 그 결과 스트레스를 줄이고 뇌 활동을 활성화하여 건강한 뇌를 유지할 수 있다. 그를 위해서는 한 시간 정도 잠시 생각을 내려놓고 멍 때리면서 걸으면 된다.

특히 햇빛이 좋은 날 걸으면 더 좋은 것이 햇빛이 심혈관 질환 예방과 인체의 생리작용 제어에 중요한 역할을 하기 때문이다.[115] 햇빛은 뇌의 일부 부위에서 발현해 PER2 유전자를 활성화시켜, 혈류 제어 작용을 하는 심장 아데노신의 농도를 높여 신진대사를 개선하는 효과가 있다고 한다. 따라서 혈관 건강을 증진시켜주는 햇빛이 쨍한 날 가급적 걷는 것이 바람직하다.

또한 걷기는 뇌에서 해마의 활동을 촉진하고, 스트레스를 유발하는 편도체 활동을 줄여 준다. 해마는 새로운 생각을 하게 하는 반면, 편도체는 불안과 초조 등과 같은 감정과 직접 관련이 있다. 걷기는 뇌에서 뇌세포인 뉴런이 활발히 활동하면서 기억력이 좋아지고 상상과 창조정신을 자극할 뿐 아니라, 스트레스를 경감하여 심신을 이완시켜 편안한 삶의 세계로 나아가는 길이 될 수 있다.

걷기는 꼭 많이 걸어야 좋은 것이 아니다. 오히려 하루 30분 정도

규칙적으로 걷는 것이 바람직하다. 걸을 때는 전방 15도를 바라보면서 바르게 걷고 들숨과 날숨 호흡에 맞춰 몸을 역동적으로 움직이는 것이 좋다고 한다.

걷기가 효과를 얻기 위해서는 몇 가지 주의할 점이 있다. 하나는 바른 자세로 걷는 것이 중요하지만, 일정한 동작으로만 걸을 경우 다른 부위가 굳어버리고 신체 기능의 균형과 조화가 깨져 건강을 해칠 수 있다. 옆으로 걷기, 뒤로 걷기 등 다양한 형태의 걷기를 통해 전체적인 몸의 균형과 조화 및 활력을 도모할 필요가 있다. 그를 통해 전신을 지속적이고 기능적으로 움직일 수 있도록 한다.

다음으로 조심할 점은 걷기만 할 경우 등 근력이 감소하고, 쥐는 힘 악력도 줄어들고 심폐 기능도 떨어진다. 일본 도쿄 건강장수의료센터에서 아이치현 주민들을 대상으로 조사한 결과, 6년 동안 걷기만 열심히 한 노인의 등 근력이 25퍼센트나 감소했다고 한다. 반면에 걷기와 근력운동을 병행한 주민들은 모든 건강기능이 좋아졌다고 한다.

캐나다 온타리오 퀸즈 대학교 보버스 로스 박사팀도 60~80세 노인들을 상대로 유산소 운동(러닝머신 걷기)과 근력 운동의 관계를 네 그룹으로 나누어 6개월 동안 추적 관찰한 결과, 유산소 운동과 근육 운동을 동시에 한 그룹이 건강상태가 가장 좋아졌다고 한다. 심폐 기능도 18퍼센트나 향상되었으며, 의자에서 일어서고 걷기와 같은 신체 활동도 가장 좋았다. 걷기를 하되, 한 다리로 서서 한쪽 다리 들기, 앉았다 일어나는 스쿼트 운동, 한쪽 다리를 앞으로 굽혀 앉았다 일어나는 런지자세 등과 같은 근력운동을 반드시 병행할 필요가 있다.[116] 그러면 성장 호르몬 분비가 증가하고 노화과정도 늦출 수 있다고 한다.

이와 같이 노년기 건강은 걷기를 기본으로 하되, 활동성이 낮은 저강도 근력 운동을 병행하면서 가끔 한 번씩 고강도 운동을 해주는 운동 습관이 중요하다. 그리고 함께 걷는 것도 좋지만, 종종 휴대폰 등 모든 것을 내려놓고 혼자 그냥 걸으면서 사색하거나 마음을 비우는 것도 매우 바람직하다. 그것은 단지 걷는 것이 아니라, 그를 통해 단순하면서도 아주 효과가 큰 힐링과 치유의 시간이 되어, 신체 외에 마음과 정신 근육도 튼튼하게 하는 일석삼조의 효과를 거둘 수 있다. 이는 젊었을 때보다 지혜가 영그는 중노년기에 더욱 필요한 습관이다.

하루 1만 보는 걷는 운동을 통해서만 채우는 것이 아니다. 다양한 움직임을 통해서 채워나간다. 이런저런 집안 활동이나, 시민단체나 자원봉사와 같은 사회 활동을 통해서 1만 보를 채워나갈 때 더 의미가 있다.

: 　　몸의 신호를 수신하는 습관을 가진다

한국인은 나이와 상관없이 어디가 아프면 병원을 찾고 약물치료를 받는 것이 상식이 되었다. 일부는 습관이 되다시피 하였고 일부는 약물에 중독이 되다시피 하였다. 그 결과 자기 병에 대한 진단과 처방을 전적으로 남에게만 의존하다 보니, 자기 주도적인 치유력이 현격히 떨어져 있는 상태이다. 나이 들어 자기 몸을 의사에게

만 맡기는데, 그럴 경우 최종 목적지는 요양원에 가서 남에게 내 몸을 맡긴 채 외롭게 죽어갈 확률이 높아진다.

우리 몸은 태어날 때부터 자기 치유력을 가지고 있다. 그것은 다양한 감각운동신경을 통해 감지되고 반응하며 대처하도록 되어 있다. 다시 말해 우리 몸은 다양한 감각 센서가 있어 자기 몸이 위험에 처했을 때 신호를 보내 대처하도록 기능적으로 구조화되어 있다. 이는 현대 뇌신경과학을 통해 이미 과학적으로 입증된 사실이다.

문제는 나이를 먹으면서 각종 스트레스와 외상으로 인해 감각 센서가 고장이 나 있거나 기능을 잃어버려 제대로 작동하지 않는 것이다. 그 결과 몸에서 보내는 뻣뻣함, 각종 통증, 호흡 이상, 대소변 이상, 팔다리 불편함 등과 같은 이상신호를 느끼지 못한 채 방치하거나 느껴도 참고 지내다 병을 키워 결국 병원을 찾아 약물이나 물리치료를 받는 것이 일반적이다.

실제 매년 60만 명 정도가 병원을 찾는 뇌졸중은 한국인의 3대 사망 원인 가운데 하나일 정도로 위험한데, 사전에 전조 증상을 인지하는 환자는 50퍼센트밖에 되지 않는다고 한다. 나머지 50퍼센트는 자기 몸에서 '나 아파'라고 보내는 여러 신호를 수신하지 못한 채 방치하였다 큰 변을 당하는 것이다. 통계에 의하면, 뇌졸중 환자 40퍼센트 정도가 발병 이전에 전조 증상을 보인다. 일종의 미니 뇌졸중으로, 갑자기 말이 어눌해지거나, 몸의 균형을 잡기 어렵거나, 평상시와 달리 두통이 심하거나 하는 증상은 일단 뇌혈관 질환을 의심하고 검사를 받아보아야 한다. 나이 들면서 흔히 나타나는 심장병 역시 우리의 몸을 쥐어짜는 가슴 통증이나 두근거림으로 '주인님, 저 심장 아프니 관심 가져주세요'라고 신호를 보낸다.

그러니 사전에 몸의 신호를 기민하게 알아차리고 대처하는 것은 매우 중요하다. 우리의 몸은 몸에 이상 증상이 있으면 반드시 사전에 다양한 신호를 보낸다. 명상을 통해 몸에 관심을 기울이고 몸이 보내는 다양한 신호를 알아차려 선제적으로 대응해야 병을 예방하고 치유할 수 있다.

예를 들어 몸에서 보내는 미세한 통증 신호를 알아차리거나, 자기 관찰을 통해 자세의 뒤틀림이나 높낮이의 불균형, 손발이 저린 증상이나 불편함을 알아차리거나, 호흡, 대소변 등의 변화에서 몸의 이상 증상을 알아차린다. 그리고 이런 행동이 반복되다 보면 학습효과에 의해 습관화되면서 건강을 지킬 수 있게 된다. 이는 그냥 주어지지 않는다. 습관화된 노력이 반드시 필요하다. 이를 통해 사후약방문 격으로 병든 뒤 치료하는 삶에서 벗어나 사전에 예방하는 치유의 삶이 되어야 한다.

몸의 신호를 제때 수신하기에 효과적인 방법은 바디스캔이다. 바디스캔은 알아차림 명상 프로그램의 하나인데, 몸의 각 부위에 의식을 집중하고 바라봄으로써 몸 상태를 알아차리는 요법이다. 요가에서는 요가니드라라고 한다. 요가니드라는 깨어 있는 잠이라는 뜻으로, 앞에서 언급한 몸의 다섯 층을 차례로 스캔하여 의식의 각성과 에너지 흐름을 원활하게 하도록 한다.

바디스캔과 요가니드라는 심신 이완을 통한 치유 효과가 있는 것으로도 알려져 있다. 또한 몸의 감각을 일깨우고 몸 상태를 알아차리는 데도 효과가 있다. 그를 통해 몸이 보내는 신호를 제때 자각하고 대응할 수 있다.

: 　나만의 식사습관을 키운다

　　나이 들면서도 건강한 신체를 유지하기 위해서는 스트레스, 수면, 근육, 그리고 음식물 관리가 중요하다고 한다. 음식물은 직접적으로 우리 몸을 만들고 유지하는가 하면, 그 반대로 잘못된 식생활은 몸을 망가트리고 병을 유발하는 직접적인 원인이 된다. 나쁜 식생활이 성인병의 주요 원인이라는 사실은 이미 널리 알려져 있다. 그래서 대부분 음식물에 많은 신경을 기울이고 내 몸에 좋은 식품과 영양제를 찾아 앞다투어 먹는 경향이 있으나, 정작 큰 것을 놓치어 소탐대실하는 경우를 종종 볼 수 있다. 오히려 음식물 관리는 다음과 같은 큰 원칙을 준수하는 것만으로도 건강을 지킬 수 있다.

　　첫째, 소식과 절식 위주로 식사를 한다. 나이를 먹으면 소화기관을 비롯한 모든 신체 기능이 떨어진다. 입안에 음식을 털어 넣는 과식 습관은 한마디로 자기 몸에 대한 폭력 행위이다. 많이 먹은 음식을 소화시키기 위해서는 많은 에너지를 소비하게 되어 결국 몸이 지치고, 그 과정에서 몸에 나쁜 활성산소가 대량 배출되어 몸이 병들어간다. 또한 먹은 음식을 온전히 소화하지 못해 분해되지 않은 음식물이 위장에 남아 있어 독소를 배출한다. 독소는 오장육부를 힘들게 한다. 피의 흐름도 탁하게 하여 혈액 순환 장애로 이어지고 만성 피로에 빠지게 된다. 그래서 병원을 찾고 약을 먹지만, 그것은 일시적일 뿐 결국 그 약이 독이 되어 내 몸을 무기력하게 만들고 더 큰 병을 불러온다.

실제 독일의 막스 플랑크 노화생물학연구소가 주도한 동물 실험에서, 적게 먹은 생쥐들이 노년기에 더 건강하게 오래 살았다고 한다. 다만, 그런 효과를 보기 위해서는 이미 나이 들어 식사량을 줄이면 큰 효과가 없으며 노년기에 접어들기 전부터 적게 먹는 식습관을 길러야 한다. 연구를 주도한 린다 파트리지 연구소장은 '건강에 이로운 행동은 젊었을 때 시작해야 하며 노년의 건강은 평생 공을 들여야 하는 문제'라고 충고하였다.[117]

따라서 먹고 싶은 양의 70퍼센트 정도만 먹는 식습관을 가진다. 열을 가해 조리한 음식은 삼가고, 단순한 재료로 적당히 요리한 음식을 배부르지 않을 만큼 규칙적으로 적당량만 꼭꼭 씹어 천천히 먹는다. 종종 간헐적 단식을 하는 것도 좋은 식습관이다.

1930년대에 모리스 어니스트는 『장수하는 법 The Longer Life』이라는 책을 쓰면서 유럽에서 백세 이상 장수한 사람들의 일대기를 조사하였는데, 이들의 공통된 일상적인 생활규칙으로 적당히 몸을 움직이고 신선한 공기를 마시는 것, 적성에 맞는 일을 하는 것, 마음가짐을 느긋하게 하는 것 외에 식사를 검소하게 하는 것을 꼽았다.[118] 과식은 금물이다. 위장 기능이 점점 떨어지는 만큼 반드시 소식과 절식을 할 필요가 있다.

둘째, 채식 위주의 식사를 한다. 튀김 음식은 최대한 삼가고 불에 탄 육식은 먹지 않도록 한다. 채식을 위한 식재료는 제철 채소와 과일이 좋으며, 견과류와 콩, 생선 등으로 식물성 단백질과 비타민을 보충하는 식습관이 중요하다. 특히 요리는 가급적 최소한으로 조리하여, 재료의 싱싱함과 영양소를 몸으로 가져와야 한다.

셋째, 입이 아닌 눈이나 코로 식사를 한다. 다시 말해 배를 채우기 위해서가 아니라 맛을 즐길 수 있는 식사를 한다. 내 몸을 살리는 생명 밥상이어야 한다. 그를 위해서는 무엇보다도 중요한 것이 맛과 향을 음미하며 꼭꼭 씹어 먹는 것이 제일이다.

넷째, 식사 명상을 통해 내 몸을 살리는 음식물에 감사함을 느낄 수 있어야 한다. 동학의 2대 교주 해월 최시형은 '하늘이 하늘을 먹는다'는 이천식천以天食天 논리를 폈다. 우리가 먹는 것은 모두 우주의 기운이 담긴 우주 밥상이다. 한 톨의 쌀이 내 입에 들어오기까지 수많은 사람들이 수고하였으며, 땅과 하늘과 바람과 햇살의 기운이 서려 한 알의 쌀이 된 것이다. 식사를 하면서 감사함을 느낀다면 더할 나위 없는 건강밥상이다. 그러니 식사를 하면서 '이런 맛있는 것을 먹게 해주어 감사합니다'라고 속삭일 수 있다면, 먹는 음식이 보약이 된다.

다섯째, 물은 하루 2리터 정도 마신다. 물은 몸 세포의 활성화와 체형 유지에 필요하다. 일반적으로 알려진 대로 식사 30분 전, 취침 전후 물 한 컵 마시는 습관을 들이는 것이 좋다. 특히 물은 우리 몸의 70퍼센트가 물로 구성되어 있는 만큼 가급적 좋은 물을 적정량 마시는 것이 바람직하다.

여섯째, 자기 몸에 대한 각성과 알아차림을 통해 자기 몸이 좋아하는 음식을 찾아 먹는다. 종종 남이 말해주는 체질별 음식이나 몸에 좋다는 특정 음식에만 의존하나, 그것보다 자기 몸에 대한 알아차림을 통해 자기 주도적으로 자기 몸에 좋은 음식과 부족한 영양소를 찾아 내 먹을 필요가 있다.

일곱째, 건강 상식을 익혀 섭생을 조절할 필요가 있다. 예를 들어 녹차 하루 세 컵 이상 마시면 뇌졸중 위험을 40퍼센트 감소시키며, 올리브유는 '올레산'이라는 불포화 지방산이 많이 들어 있기 때문에 장수식품으로 알려져 있다. 불포화 지방은 온도가 낮아져도 굳지 않고 계속 기름상태로 있기 때문에, 올리브유가 수명 연장과 같은 노화에 효과가 있다. 나이 들면서 누구나 겪는 노안에는 당근이 좋고, 과일은 뇌졸중 발생 위험을 크게 낮추는 것으로 알려져 있다. 노화 예방에 좋다고 알려진 블루베리, 복분자, 피칸 등을 챙겨 먹고, 식초를 물에 타서 많이 마시면 혈전증 예방과 치료에 효과적이다. 그리고 나이 들면서 오메가3, 칼슘, 비타민, 미네랄, 단백질이 많은 음식을 많이 먹고 독소를 배출하는 음식이나 밀가루, 설탕 등은 가급적 먹지 않는다.

이와 같은 자기만의 식사 원칙을 정해 놓고 그것 중심으로 음식물을 섭취하는 것이 바람직하다. 이런 원칙을 지키지 않으면서 몸에 좋다는 영양제와 특정 음식만을 찾아 먹으면 큰 효과를 얻을 수 없다. 내 몸의 건강은 영양제가 지켜주는 것이 아니다. 내 몸에 적합한 음식물 위주로 구성된, 조화롭고 균형 잡힌 식사가 우선이다. 그를 위해서는 수시로 자신이 무엇을 먹는지, 어떻게 먹는지를 꼼꼼하게 체크하여 자신만의 식생활 원칙과 매뉴얼을 조절할 필요가 있다.

일반적으로 나이 들면서 외모에 대한 관심이 줄어드는 경향을 보인다. 외모에 관심이 있어도 어떻게 해야 하는지 모르는 경우가 대다수이다. 외모는 성숙하게 나이 든 내면의 자기표현이자 자기문화이며, 자기다움의 외적 상징이기도 하다. 그런 의미에서 자신의 모습을 드러내는 패션에 신경을 쓸 필요가 있다.

특히 옷은 그 사람의 내면을 보여주는 외부 모습이다. 어떤 옷을 입느냐에 따라 자신의 내면 상태도 바뀔 뿐 아니라, 외부 활동을 하는데 있어서도 긍정적인 영향을 미친다. 그럼에도 불구하고 나이를 먹으면서 패션에 둔감해지고 대충 입는 경우가 일반적이다. 특히 출근을 하지 않거나 만나는 사람이 점점 줄어들면서 대충 입는 것이 습관화되어 패션에 둔감해질 수밖에 없다.

옷을 잘 입는 것은 누구에게 보여주기 이전에 신성한 자기 몸을 귀하게 모시는 의례이기도 하다. 나이를 들면서 대부분 무채색의 칙칙한 옷을 입는다. 특히 홀로 사는 남성들은 홀아비 티가 옷에 묻어난다. 이왕이면 밝고 산뜻한 옷을 입는 것이 좋고 자기 개성이 드러나면 더 바람직하다.

나이 들면서 신경을 써야 하는 패션은 옷만이 아니다. 헤어스타일도 매우 중요하다. 2018년 일본에서는 '그레이 헤어'라는 단어가 유행하였다고 한다. 중장년 여성들 사이에서 흰머리가 유행하였고, 염색 중단 경험담을 다룬 책이나 사진집 등이 인기리에 판매되었다. 이는 유럽 선진국도 마찬가지이다. 머리를 염색하는 것은 불가피한 경우를 제외하면 대부분 젊음에 대한 강박관념이거나 다른 사람의 시선을 의식해서이다. 오히려 흰머리는 나이듦의 상징이며 삶의 연륜을 보여주는 요소이다. 그것은 젊은이에게 자랑할 부분이지 부끄러워 할 일이 아니다. 나이듦이 자연스러운 것이 듯이, 흰머리도 자연스러운 현상이다.

남는 문제는 흰머리를 어떻게 받아들이고 어떻게 표현할 것인가이다. 그것은 오로지 마음의 문제이지, 흰머리 자체는 문제가 되지 않는다. 흰머리를 자연스럽게 받아들이면, 염색 스트레스에서 벗어나 자유로워질 수 있다. 더 나아가 단지 흰머리에서 끝나는 것이 아니라, 그 자유로움은 나이 들어가는 자신의 모습에서 새로운 아름다움을 발견하고 보다 더 긍정적으로 자신의 삶과 존재를 바라보게 된다. 그에 따라 흰머리와 어울리는 표정, 흰머리와 어울리는 삶의 태도, 흰머리와 어울리는 옷이나 액세서리를 조화롭게 가꿈으로써 나잇값 하는 패션을 갖출 수 있게 된다.

이처럼 외모에 신경쓰는 데 주의를 집중해야 할 곳은 타인이 아니고 자기 자신이다. 자기 내면의 아름다움을 어떻게 표현할 것인가가 패션의 기본 철학이다. 나이 들어가는 것은 단풍이 곱게 물드는 가을과 같다. 나이 들어가는 삶을 어떠한 색깔의 단풍으로 물들일 것인가는 전적으로 자신의 선택에 달려 있다. 이왕이면 곱게 물들어야 한다. 우중충하고 색 바랜 단풍이 되지 말아야 한다. 얼마나 좋은 옷, 화려하고 근사한 옷을 입느냐가 중요한 것이 아니다. 자신의 내면의 아름다움을 어떻게 패션으로 표현할 것인가가 고민되어야 하며, 그런 마음이 옷이나 모자, 신발 등으로 표현되었을 때, 그것이야말로 고운 단풍으로 물든 나이듦의 자기표현이라 할 수 있다.

또 나이 들면서 주의를 기울여야 할 외모는 점점 어두워지는 낯빛이다. 얼굴 피부가 생기를 잃고 검버섯 같은 잡티가 늘면서 전체적으로 얼굴 이미지가 탁해지는 것이 일반적이다. 검버섯은 손등이나 목에도 늘어난다. 이것은 노화의 결과이나, 보다 개성 넘치는 외모 관리를 위해서는 평상시 비타민C가 많은 오렌지, 토마토 등을 많이 먹어주거나 주기적으로 피부 관리가 필요하다.

이렇게 패션에 신경을 써도 몸에서 냄새가 나면 오히려 추해질 수도 있다. 의외로 겉모습은 멋진데, 역겨운 냄새가 나는 어르신을 종종 볼 수 있다. 실제 40세 이상이면 몸속의 노폐물이 제대로 배출되지 않아 몸에서 냄새가 나는 것이 일반적이다. '노넨알데하이드'라는 물질 때문이다. 이는 피지가 잘 분해되지 않아 모공 속에 쌓여서 생기는 성분이다.

냄새의 주범은 몸뿐만이 아니다. 입에서도 강한 악취가 나는 경우가 많다. 나이가 들면 침샘에서 침이 많이 분비가 안 되고, 그러면 입안이 건조해지고, 입안이 마르면 입속 세균이 잘 번식해 냄새가 심해진다고 한다.

그밖에 위장 기능이 떨어지면서 음식물을 제대로 소화시키지 못해 입에서 지독한 냄새가 나는 경우도 많다. 또한 술 담배를 하거나 기름진 음식 등은 소화불량으로 이어져 입에서 냄새가 나고 대사물질이 피부 밖으로 배출되지 않아 몸속에서 냄새가 나는 경우도 많다. 단식 중일 때 의외로 많은 사람들에게서 지독한 냄새가 나는 것을 종종 경험하는데, 오장육부의 질환이나 대장 퇴적물 등도 자기 자신이 자각하지 못하는 냄새의 원인이 된다. 이러한 '노인 냄새'는 젊은이들이 가까이 하기를 꺼리는 원인 중에 하나이다.

그러니 나이 들면서 누구나 몸에서 냄새가 날 수 있다는 점을 염두에 두고 스스로 관리해야 한다. 아울러 주변도 청결히 할 필요가 있다. 나이를 먹다 보면 주의력이 떨어져 주변이 산만한 경우를 많이 볼 수 있다. 자신이 사는 집 안팎을 늘 깨끗이 하고 규칙적으로 정리정돈하는 습관을 기른다. 그리고 그런 습관이 자신의 몸과 마음 챙김으로 이어지도록 한다.

이와 같이 패션에 신경을 쓰고 몸을 청결하게 하는 것은 다른 사람의 시선을 의식해서가 아니다. 자기 내면의 아름다움을 자연스럽게 표현하는 것이다. 나이 들어서 무르익은 빛과 향기로움이 자기만의 개성과 멋으로 표상화되었을 때, 그것이야말로 진정한 나이듦의 패션 철학이요, 나이 든 사람만이 보여줄 수 있는 고고하면서도 그윽한 아우라이다.

그래서 성숙하게 나이 들어 초월의 경지에 이른 내면의 아름다움이 겉모습에서 그대로 느껴질 수 있어야 한다. 그것은 그 자체 삶의 예술이자 나이듦의 미학이다.

1   조지 베일런트, 이덕남 옮김, 『행복의 조건』(프런티어, 2010).

2   행복·즐거움 늘어나-오십부터 살맛난다, 『조선일보』, 2010.5.21.

3   평생 세 번 늙는다-새로 밝혀진 노화의 비밀, 『주간조선』, 2019.12.23.

4   하르트무트 라데볼트, 힐레가르트 라데볼트, 유영미 옮김, 『인생의 재발견』(알에이치코리아, 2012).

5   노인이 생각하는 노인 72.5살, KBS, 2019.1.8.

6   위 기사.

7   김난도 외, 『트렌드 코리아 2020-서울대 소비트렌드 분석센터의 2020 전망』
    (미래의 창, 2019), 359~382쪽.

8   『여유당전서』 시집 권6, 노인일쾌사 6수.

9   박혜숙, 「다산 정약용의 노년시」 『민족문학사연구』 44, 2010.

10 『성호전집』 제1권 시, 세안행.

11 심노숭, 안대회 외 옮김, 『자저실기自著實記』(휴머니스트 출판그룹, 2014), 121쪽.

12 마르쿠스 툴리우스 키케로, 정영훈 엮음, 정윤희 옮김, 『키케로의 노년에 대하여』
    (소울메이트, 2015), 25쪽.

13 마르쿠스 툴리우스 키케로, 앞의 책, 36~56쪽.

14 김효경, 「조선시대 노인의 존재양상」 『역사민속학』 52, 2017.

15 이시형, 『에이징 파워』(웅진씽크빅, 2007).

16 심리학용어사전: 전생애 발달 관점(http://www.koreanpsychology.or.kr).

17 윌리엄 새들러, 김경숙 옮김, 『서드 에이지, 마흔 이후 30년』(사이, 2006).

18 위의 책, 63~286쪽.

19 키케로, 앞의 책, 75쪽.

20 마크 아그로닌, 신동숙 옮김, 『노인은 없다』(한스미디어, 2019).

21 이창수 외, 「Rowe와 Kahn의 성공적 노화 모델에 대한 비평과 향후 과제」
    『한국웰니스학회지』 8~4, 2013.

22 조지 베일런트, 앞의 책, 53쪽.

23 진 코헨, 김성은 옮김, 『창조적으로 나이들기』(동연, 2016).

24 마크 아그로닌, 앞의 책.

25 김동배, 「한국 노인의 성공적 노화 척도 개발을 위한 연구」 『한국사회복지학』 60-1, 2008, 226쪽.

26 김희경, 「남성노인과 여성노인의 성공적 노화 영향요인」 『한국노년학』 32-3, 2012.

27 김동배, 앞의 논문, 213~216쪽 참조.

28 안정신 외, 「성숙한 노화 태도와 성공적 노화 및 심리사회적 성숙의 관계 - 성숙한 노화개념의 탐색」
    『한국심리학회지: 발달』 26-2, 2013.

29 서수균 외, 「성숙한 사람의 특징」 『대동철학회』 59, 2012.

30 김동배, 앞의 논문, 223쪽 〈표 3〉을 참조하여 중요한 문항만 뽑았다.

31 조지 베일런트, 앞의 책, 339~348쪽.

32 하비 콕스, 유지황 옮김, 『영성·음악·여성 21세기 종교와 성령운동』(동연, 1996).

33 박일영, 「수양과 수덕 - 원불교와 그리스도교의 영성 수련에 대한 비교 고찰」 『종교연구』 28,
    2002, 103~104쪽.

34 권희순, 「인격 성장과 영적 성장의 변화과정에 대한 트랜스퍼스널심리학적 고찰과 평가
    - 웨슬리의 영성수련방법을 통한 경험적, 실험적 연구」 『목회와 상담』 2003년 가을호, 272쪽.

35 송순재, 「새로운 영성 개념을 통한 교육의 방향전환」 『신학과 세계』(감리교신학대학교, 2002),
    313~318쪽.

36 권희순, 앞의 논문, 256쪽.

37 이경열 외, 「한국인을 위한 영성척도의 개발」 『한국심리학회지: 상담 및 심리치료』 15-4, 2003.

38 권희순, 앞의 논문, 256~257쪽.

39 이경열 외, 앞의 논문.

40 토마스 무어, 노상미 옮김, 『나이 공부』(소소의 책, 2019).
    이 책은 2017년에 미국에서 출판되었는데, 뉴욕 타임스 베스트셀러로 46주 연속 1위를 차지할 정도
    로 미국인들의 반응이 좋았다. 어떻게 해야 낙관적이고 보람 있게 나이 먹을 수 있는지, 희망적인 나
    이듦의 비전과 방법을 제시하고 있다.

41 조성자, 「Montessori의 교육사상에 나타난 영성의 의미」 『Montessori교육연구』 6, 2001 참조.

42 최해림, 「상담에서 영성의 문제」 『한국심리학회지: 상담 및 심리치료』 13-1, 2001, 7쪽.

43 이숙종, 「인간교육에서 영성교육의 중요성」 『한국기독교신학논총』 21, 301쪽.

44 도나 조하 외, 조혜정 옮김, 『SQ-영성지능』(룩스북, 2001) 참조.

45 최해림, 앞의 논문, 8쪽.

46 토마스 무어, 앞의 책, 345~348쪽.

47 권희순, 앞의 논문.

48 강여주·윤여탁, 「요가 수행자들의 수행의미와 수행경험에 대한 분석」 『체육연구논문집』 10-1,
    2003 참고.

49 윤민석, 「노화에 대한 재해석: 노년초월 이론과 9단계이론을 중심으로」 『한국노년학』 32-2,
    2012, 432쪽.

50 최병목, 「공자와 매슬로의 인간발달단계 비교」 『극동사회복지저널』 4, 2008, 18~22쪽.

51 윤민석, 「노화에 대한 재해석: 노년초월 이론과 9단계이론을 중심으로」 『한국노년학』 32-2, 2012,

434쪽.

52 위의 논문 435쪽 재인용.

53 김희경, 「남성노인과 여성노인의 성공적 노화 영향요인」『한국노년학』 32-2, 2012.

54 홍은희·오승은, 「노년기의 초월적 삶에 대한 개념분석」『한국웰니스학회지』 32-3, 2012, 820쪽.

55 윤민석, 앞의 논문, 436~437쪽을 참조로 재정리함.

56 안정신, 「Erikson의 9단계 노년초월척도의 한국판 타당화」『한국지역사회생활과학회지』 26-1,
    2015.

57 문희철, 꼰대가 되지 않기란 어렵다(https://brunch.co.kr/@moonlover/89).

58 서사현, 『명품노인-나이 들수록 베풀고 나누며 즐기는 멋진 인생』(토트, 2013).

59 하워드 클라인벨, 이종헌 옮김, 『전인건강』(성장상담연구소, 2012).

60 윌리엄 새들러, 앞의 책, 295~315쪽.

61 소노 아야코, 김욱 옮김, 『나이듦의 지혜』(리수, 2011).

62 마틴 셀리그만, 김인자 옮김, 『긍정심리학』(물푸레, 2014).

63 한상미 외, 「긍정심리치료가 노인들의 우울감, 생활만족도 및 삶의 질에 미치는 효과」
    『한국심리학회지』 31-4, 2012.

64 최병목, 앞의 논문, 23쪽.

65 조지 베일런트, 앞의 책, 17쪽.

66 키케로, 앞의 책, 27쪽.

67 김정운 칼럼: 시간이 아주 많은 어른이 되고 싶었다, 「한국일보」, 2011.8.8.

68 103살에 금메달 딴 이 할머니의 정체(https://1boon.daum.net/jobsN/5d25a275cb631f7ba23
    a0d9a).

69 윤종모, 『치유명상』(정신세계사, 2006), 19~21쪽.

70 키케로, 앞의 책, 74쪽.

71 헬렌 니어링·스코트 니어링, 류시화 옮김, 『조화로운 삶』(보리, 2000).

72 채식 암예방엔 효과 있지만 암환자에게 적합하지 않아요, 『동아일보』, 2019.5.11.

73 조지 베일런트, 앞의 책, 313쪽.

74 하르트무트 라데볼트·힐데가르트 라데볼트, 앞의 책, 287쪽.

75 공부의 귀재 버릇 89세에도 책 끼고 산다, 『동아일보』, 2019.4.24.

76 뇌 건강에 춤이 가장 좋다. 『연합뉴스』, 2017.4.2.

77 75세부터 지각도 결근도 없이 17년, 『조선일보』, 2019.11.14.

78 박용주, 『노후 행복 레시피』(중앙북스, 2015), 268~269쪽.

79 위의 책, 269쪽.

80 치매 예방 운동했더니 키 크고 기억력 좋아졌어요, KBS, 2019.12.26.

81 『시바 상히타』, 1-69~72, 75~76.

82 개 키우는 사람 사망위험 24% 낮아, 『뉴시스』, 2019.10.11.

83 중노년 64% 미리 준비하고 주변 피해 없어야 좋은 죽음, 『연합뉴스』, 2019.7.19.

84 키케로, 앞의 책, 127쪽.

85 소갈 린포체, 오진탁 옮김, 『삶과 죽음을 바라보는 티베트의 지혜』(민음사, 1999).

86 장자, 안동림 역주, 『장자』(현암사, 2018), 188쪽.

87 김미영 외 지음, 『노년의 풍경』(글항아리, 2014), 165~171쪽.

88 게리 주커브 지음, 이화정 옮김, 『영혼의 의자』(나라원, 2000).

89 미셀 푸코, 이영목 옮김, 『자기 배려』(나남출판, 2004)
    미셀 푸코, 심세광 옮김, 『주체의 해석학』(동문선, 2007).

90 안현수, 「푸코 철학에 있어서 '자기 배려'」『동서철학연구』54, 2009 참조.

91 타라 브랙 지음, 『자기 돌봄』(생각정원, 2018), 8쪽.

92 머니+행복한 백세시대, 『서울경제』, 2018.11.10.

93 나이듦에 긍정적이면 신체 능력도 향상, 『연합뉴스』, 2014.11.3.

94 계단 오르기 잘하면 장수하는 이유, 『코메닷컴』, 2019.4.14.

95 근육은 젊음 찾아주는 회춘약, 『동아일보』, 2020.2.8.

96 토마스 한나, 최광석 옮김, 『소마틱스』(행복에너지, 2012).

97 회춘보다 '뇌춘'…왼손으로 양치질하고 뒤로 걸어보세요, 『헬스조선』, 2019.2.1.

98 뇌 건강에 춤이 가장 좋다, 『연합뉴스』, 2017.4.2.

99 배해수 엮음, 『요가비전』(지혜의 나무, 2005), 320쪽.

100 『시바 상히타』, 2-39~2-57.

101 김순금, 「요가경과 대승기신론의 流轉, 還滅과정에 대한 비교고찰」『종교연구』33, 2003 참조.

102 한영란·정영수, 「영성교육의 교육적 의미」『한국교육학연구』10-1, 2004, 6쪽.

103 이숙종, 「인간교육에서 영성교육의 중요성」『한국기독교신학논총』21, 298쪽.

104 『시바 상히타』, 3-19~20, 3-36~38.

105 이재수, 「응용불교학의 성과와 과제」『불교평론』41, 2009.

106 장현갑, 「왜 현대인은 명상에 열광하고 있는가?」『한국명상학회지』7-1, 2017, 1쪽.

107 장현갑, 앞의 논문, 2017, 1쪽.

108 윤종모, 앞의 책, 27~29쪽.

109 윤종모, 앞의 책, 28~29쪽.

110 건강수명 10년 늘려주는 생활습관 5가지, 『한겨레』, 2020.2.16.

111 웬디 우드, 김윤재 옮김, 『해빗』(다산북스, 2019).

112 성공하려면 매일 꾸준히 해야 하는 6가지 습관, 『머니투데이』, 2019.6.29.

113 나이 들어 좋은 습관을 참고한 책들.

타쿠마 타케도시, 운춘정, 서혜경 옮김, 『행복한 노후를 위한 좋은 습관』(동인, 1995).

사카키바라 세쓰코, 윤경희 옮김, 『50대, 꼭 해야 할 100가지』(북앳북스, 2015).

박용주, 『노후 행복 레시피』(중앙북스, 2015).

우정, 『인문학에 노년의 길을 묻다』(도서출판 JMG, 2015).

114 40대 중반 걸음걸이 보면 건강 보인다, 『연합뉴스』, 2019.10.13.

115 햇빛 쬐면, 심혈관 건강 지키는 유전자 활성화된다, 『연합뉴스』, 2019.8.9.

116 10cm만 보폭 넓혀도 10년은 젊어집니다, 『조선일보』, 2019.07.05.

117 노년에 갑자기 적게 먹는 건 장수에 도움 안돼, 『연합뉴스』, 2019.10.28.

118 존 레인, 고기탁 옮김, 『나이 드는 즐거움』(베이지북스, 2017), 73~74쪽.